黑龙江省博士后科研启动金项目（LBH－Q19108）研究成果

中国自由贸易试验区建设研究

蒲明 著

中国财经出版传媒集团
中国财政经济出版社

图书在版编目（CIP）数据

中国自由贸易试验区建设研究／蒲明著. ––北京：中国财政经济出版社，2021.7

ISBN 978 – 7 – 5223 – 0653 – 7

Ⅰ.①中… Ⅱ.①蒲… Ⅲ.①自由贸易区 – 经济建设 – 研究 – 中国　Ⅳ.①F752

中国版本图书馆 CIP 数据核字（2021）第 133911 号

责任编辑：牛婧丽　　　　　责任校对：张　凡
封面设计：孙俪铭　　　　　责任印制：张　健

中国财政经济出版社 出版

URL：http://www.cfeph.cn

E – mail：cfeph@ cfeph.cn

（版权所有　翻印必究）

社址：北京市海淀区阜成路甲 28 号　邮政编码：100142
营销中心电话：010 – 88191522
天猫网店：中国财政经济出版社旗舰店
网址：https://zgczjjcbs.tmall.com
北京财经印刷厂印刷　各地新华书店经销
成品尺寸：170mm×240mm　16 开　13.5 印张　204 000 字
2021 年 7 月第 1 版　2021 年 7 月北京第 1 次印刷
定价：56.00 元
ISBN 978 – 7 – 5223 – 0653 – 7
（图书出现印装问题，本社负责调换，电话：010 – 88190548）
本社质量投诉电话：010 – 88190744
打击盗版举报热线：010 – 88191661　QQ：2242791300

前　言

自 2013 年我国第一个自由贸易试验区在上海成立以来，自由贸易试验区历经 5 次扩容，数量增至 21 个，所辖片区数量达到 70 个，覆盖 49 个城市。21 个自由贸易试验区好似星星之火，点燃我国改革探索、扩大开放、激发创新、促进发展的燎原之势。2018 年，在自由贸易试验区成立 5 周年之际，习近平总书记对自由贸易试验区建设作出重要指示，指出：建设自由贸易试验区是党中央在新时代推进改革开放的一项战略举措，在我国改革开放进程中具有里程碑意义；面向未来，要在深入总结评估的基础上，继续解放思想、积极探索，加强统筹谋划和改革创新，不断提高自由贸易试验区发展水平，形成更多可复制可推广的制度创新成果，把自由贸易试验区建设成为新时代改革开放的新高地，为实现"两个一百年"奋斗目标、实现中华民族伟大复兴的中国梦贡献更大力量。

我国在改革开放伊始设立了"经济特区"，20 世纪 80 年代相继成立了"经济技术开发区""沿海经济开放区""高新技术产业开发区"，到 90 年代初期，陆续出现了"国家级新区"，从 2013 年中国（上海）自由贸易试验区挂牌至今，我国"自由贸易试验区"的建设已经走过了近 8 年的历程，我国自由贸易试验区的数量由最初的 1 个增加到现在的 21 个。研究自由贸易试验区在加快我国自由贸易试验区建设、深化改革开放、构建双循环新发展格局、推动"一带一路"合作、实现我国经济持续健康发展等方面具有重要意义。那么，我国在什么背景下以及为什么要设立自由贸易试验区？我国自由贸易试验区走过了怎样的建设历程？采用什么样的管理模式？取得了哪些建设成就？在建设自由贸易试验区的过程中遇到了哪些瓶颈和风险？未来应该如何建设自由贸易试验区？本书将对以上问题进行全面、充分的回答。

本书以我国自由贸易试验区的理论研究成果和实践经验为基础，采用科学的研究方法，对我国自由贸易试验区建设的上述问题开展深入系统的研究。全书共分为七章。第一章主要界定自由贸易试验区的概念，辨析与自由贸易试验区容易混淆的概念，阐释自由贸易试验区的理论基础。第二章从国际和国内两个方面分析自由贸易试验区建设的背景，阐明我国建立自由贸易试验区的战略意义。第三章研究我国自由贸易试验区的发展现状、战略布局以及各个自由贸易试验区的功能定位和产业布局。第四章考察我国自由贸易试验区的行政管理体制以及在商事领域、投资领域、国际贸易领域、金融领域、监管领域的管理模式。第五章总结我国自由贸易试验区在制度创新、差异化探索等方面取得的成就。第六章分析我国自由贸易试验区建设的瓶颈和风险。第七章提出我国自由贸易试验区未来建设和发展的方向。

本书结构完整、条理清晰、内容丰富、数据翔实，展现了关于我国自由贸易试验区的最新研究成果。在理论上丰富和完善了我国自由贸易试验区的研究，在实践上总结了我国自由贸易试验区的建设成就，展望我国自由贸易试验区未来改革的方向，为建设高水平自由贸易试验区进而促进我国经济高质量发展提供参考。本书既可以作为介绍我国自由贸易试验区的读物，也可以作为自由贸易试验区研究和实践的参考书。

在本书付梓之际，要向我国自由贸易试验区的设计者、管理者以及理论和实践工作者致敬，是你们以勇气和魄力，创新和担当，智慧和汗水促进我国自由贸易试验区建设持续推进，引领我国改革开放的航船行稳致远、扬帆远航！由于研究我国自由贸易试验区建设涉及众多理论知识，加之作者水平和时间所限，书中难免有不足之处，敬请广大读者不吝赐教，批评指正！

蒲　明

2021 年 5 月

目　　录

第一章　认识自由贸易试验区 （1）

第一节　自由贸易试验区概念界定 （1）
第二节　自由贸易试验区相关概念辨析 （5）
第三节　自由贸易试验区理论基础 （8）

第二章　我国自由贸易试验区建设的背景及战略意义 （20）

第一节　国际背景 （20）
第二节　国内背景 （29）
第三节　战略意义 （36）

第三章　我国自由贸易试验区的发展现状 （47）

第一节　我国自由贸易试验区的设立情况 （47）
第二节　我国自由贸易试验区的战略布局 （53）
第三节　我国各自由贸易试验区的功能定位与产业布局 （56）

第四章　我国自由贸易试验区的管理模式 （67）

第一节　自由贸易试验区管理形式 （67）

第二节　商事领域 …… （70）
第三节　投资领域 …… （73）
第四节　国际贸易领域 …… （79）
第五节　金融领域 …… （84）
第六节　监管领域 …… （97）

第五章　我国自由贸易试验区的发展成就 …… （103）

第一节　制度创新成就 …… （103）
第二节　差异化探索成就 …… （108）
第三节　各自由贸易试验区建设成效 …… （126）

第六章　我国自由贸易试验区建设的瓶颈与风险 …… （136）

第一节　我国自由贸易试验区建设的瓶颈 …… （136）
第二节　我国自由贸易试验区建设的风险 …… （139）

第七章　我国自由贸易试验区未来发展展望 …… （151）

第一节　推进深层次改革 …… （151）
第二节　推动高水平开放 …… （157）
第三节　促进要素流动 …… （170）
第四节　促进科技创新 …… （182）
第五节　发展优势产业 …… （187）
第六节　完善监管体系 …… （193）

参考文献 …… （200）

第一章

认识自由贸易试验区

第一节
自由贸易试验区概念界定

一、自由贸易区

"自由贸易区"的英文是 Free Trade Area（FTA），起源于世界贸易组织（WTO）的有关规定。根据世界贸易组织的有关解释，所谓"自由贸易区"，是指两个以上的主权国家或单独关税区通过签署协定，在世界贸易组织最惠国待遇基础上，相互进一步开放市场，分阶段取消绝大部分货物的关税和非关税壁垒，改善服务和投资的市场准入条件，从而形成的实现贸易和投资自由化的特定区域。① 这种区域性安排不仅包括货物贸易自由化，而且还涉及服务贸易、便利投资、政府采购、知识产权保护、标准

---

① 中国经济网. 自由贸易区（FTA）与自由贸易园区（FTZ）[EB/OL]. (2013-09-18) [2020-11-01]. http://intl.ce.cn/specials/zxxx/201309/17/t20130917_1516369.shtml.

化规则等诸多领域的相互承诺，是一个国家实施多双边合作的重要方式（辛昱辰和萧安，2020）。

自由贸易区的特征包括以下三个方面。第一，在各参加者之间取消了商品贸易的障碍，使各个成员经济体内的厂商之间真正实现了商品的自由贸易，但是这种贸易待遇仅仅被限定在参加国或成员国之间，成员国与非成员国之间是无法享受这一待遇的。第二，在自由贸易区的各成员国之间没有共同的对外关税。各成员国之间的自由贸易并不会影响各个成员国针对非自由贸易区成员国所采取的其他贸易政策。第三，为区分来自非成员国和成员国的产品，以保持各国对外关税的有效性，通常采取"原产地原则"，只有产自成员国经济体内的商品才享有自由贸易、豁免进口税的待遇。

随着中国改革开放的深入和中国经济的发展，中国在国际贸易中的地位和作用日益重要，现已成为世界第一货物贸易大国，利用外资、对外投资规模均位居世界第二。[①] 到目前为止，我国已经签订协议的自由贸易区包括《区域全面经济伙伴关系协定》（RCEP）、中国—柬埔寨、中国—毛里求斯、中国—马尔代夫、中国—格鲁吉亚、中国—澳大利亚、中国—韩国、中国—瑞士、中国—冰岛、中国—哥斯达黎加、中国—秘鲁、中国—新西兰（含升级）、中国—新加坡、中国—新加坡升级、中国—智利、中国—智利升级、中国—巴基斯坦、中国—巴基斯坦第二阶段、中国—东盟、中国—东盟（"10+1"）升级、内地与港澳更紧密经贸关系安排。正在谈判的自贸区包括中国—海合会、中日韩、中国—斯里兰卡、中国—以色列、中国—挪威、中国—摩尔多瓦、中国—巴拿马、中国—韩国自贸协定第二阶段谈判、中国—巴勒斯坦、中国—秘鲁自贸协定升级谈判。正在研究的自贸区包括中国—哥伦比亚、中国—斐济、中国—尼泊尔、中国—巴新、中国—加拿大、中国—孟加拉国、中国—蒙古国、中国—瑞士自贸协定升级联合研究。[②]

二、自由贸易园区

"自由贸易园区"的英文是 Free Trade Zone (FTZ)。根据世界贸易组

---

① 李金磊. 中国成世界第二大消费市场、第一货物贸易大国 [EB/OL]. (2019-09-29) [2020-11-01]. https：//www.chinanews.com/cj/2019/09-29/8968662.shtml.

② 中国自由贸易区服务网. 协定专题 [EB/OL]. [2020-11-02]. http：//fta.mofcom.gov.cn/.

织的有关解释，自由贸易园区指的是在某一国家或地区境内设立的实行优惠税收和特殊监管政策的小块特定区域，类似于世界海关组织（WCO）的前身——海关合作理事会所解释的"自由区"。按照该组织1973年订立的《京都公约》的解释："自由区（Free Zone）系指缔约方境内的一部分，进入这一部分的任何货物，就进口税费而言，通常视为在关境之外，并免于实施通常的海关监管措施。有的国家还使用其他一些称谓，例如自由港、自由仓等"。因此，自由贸易园区可以看作在一个主权国内或主权区域内划定设立的特殊区域，该区域内的企业设立、货物监管、外汇管理以及税收政策等可以实行优惠和特殊监管等政策，属于主权国或主权区域在本国或地区境内设立的境内关外的行为，主要目的是降低货物交易成本（辛昱辰和萧安，2020）。中国的经济特区、保税区、出口加工区、保税港、经济技术开发区等特殊经济功能区都具有自由贸易园区的某些特征，但目前中国尚没有与自由贸易园区完全对应的区域。①

辛昱辰和萧安（2020）具体分析了自由贸易园区与自由贸易区的联系和区别。两者的相同之处在于无论是FTA还是FTZ，设立的初衷都是为了降低国家间贸易的成本，促进企业投资和扩大对外贸易而设立的特殊区域。不同之处在于以下五个方面。一是从设立主体来看，自由贸易区一般是指由两个或两个以上的主权国家或多个具有主权区域的单独关税区设立的特殊区域；而自由贸易园区则是在一个主权国内或主权区域内划定设立的特殊区域。二是从设立范围来看，自由贸易区的范围包括两个或两个以上的主权国家或多个具有主权的区域，范围要大于和包含自由贸易园区；而自由贸易园区的范围则是在单个主权国家内设立的小范围特殊区域，范围可以隶属和被包含于自由贸易区的范围。三是从依据规则来看，自由贸易区的规则更多是来自世界贸易组织规定中涉及的自由贸易区规定，贸易成员国或缔约国之间存在贸易开放、税收优惠以及取消贸易壁垒等相关规定，同时又保留各自主权国家之间的投资贸易政策；而自由贸易园区的规则则更多是来自世界海关组织制定的《京都公约》约定。按照《京都公约》的相关约定，主权国家或主权区域内设立的自由贸易园区，在这一特殊区域内进入的贸易货物的关税和各类税费应按照货物关境外对

---

① 中国经济网. 自由贸易区（FTA）与自由贸易园区（FTZ）[EB/OL]. (2013-09-18) [2020-11-01]. http://intl.ce.cn/specials/zxxx/201309/17/t20130917_1516369.shtml.

待,免于实施惯常的海关监管制度,并辅以所得税税费优惠的相关投资政策。四是从法律规定来看,自由贸易区采用的更多是双边或多边的法律协议来进行法律保护;而自由贸易园区则更多是采用主权国家的法律法规来进行法律保护。五是从管理模式来看,自由贸易区的管理更偏重于对贸易开放、投资建设以及金融管理等方面的管理,尤其是通过自由贸易区的投资、贸易和金融协议来促进和带动本国经济的发展;而自由贸易园区的管理更偏重于"一线开放、二线管住"的境内关外管理模式。一线指国境线,即从境外到自由贸易园区内;二线指自由贸易园区的空间分割线,即自由贸易园区与境内其他区域之间的分割线。所谓"一线放开",指境外及区内的货物可以不受海关监管自由出入境,即自由贸易园区与境外实现货物、资金和人员等要素自由流动;"二线管住"是指从自由贸易园区出入国境内其他区域的货物,纳入全国海关通关一体化,实行常规监管,要征收相应的税收,并纳入贸易统计。

三、自由贸易试验区

"自由贸易试验区"的英文是 Pilot Free Trade Zone(PFTZ)。类似于自由贸易园区,但更强调"试验"二字。它既不属于双边或多边国际贸易条约下或区域经济一体组织框架下的自由贸易区,也不属于《京都公约》中的"自由区",而是我国单方自主设立的国内特殊经济贸易区(金维雄,2019)。我国的自由贸易"试验"区,加上"试验"两个字,强调了自由贸易区核心功能是制度创新,进行深化改革和不断扩大开放的风险测试、压力测试。① 每个自由贸易试验区又包含了若干片区或园区,并且各地及各片区"先行先试"的侧重点有所不同。

自由贸易试验区是以探索和实践推广管理国际化、制度创新法治化为目的,并以投资、货物贸易与服务贸易便利化等举措为主,以发展离岸业务为辅的新型自由贸易园区(张怡,2018)。在我国,自由贸易试验区是以保税区或出口加工区为基础建立的,并向境内试验区扩区,从而进一步推动我国新一轮对外开放,其最为显著的特征在于通过制度创新促进对外开放。自由贸易试验区属于一国主权内的制度安排,是一种"境内关外

---

① 合肥市人民政府. 自贸试验区到底有什么特别? 对老百姓有啥好处?[EB/OL].(2020-09-23)[2020-11-02]. http://www.hefei.gov.cn/ssxw/wghf/105439639.html.

区域"和"境内试验区"兼有的特殊区域,意味着境外货物和资金可自由进出该区域,企业可在区内保税开展货物储存、加工制造、展示交易等业务,创造更加自由化的营商环境,吸引外商投资和促进航运物流、离岸贸易、国际中转等贸易业态发展。自由贸易试验区是在国际贸易环境、全球化经济治理不断变化,国际贸易、国际投资出现新动向的背景下,通过先行先试,为我国参与国际双边或多边贸易谈判,进行国际双边或多边合作提供最新的实践管理经验。同时在接轨国际制度、法律规则、政府管理、运作模式等方面率先进行探索,形成制度突破和创新,为我国示范引领全方位改革开放以及带动区域和整体经济转型提供可借鉴的经验参考。

第二节
自由贸易试验区相关概念辨析

一、自由贸易试验区与保税区

最早是没有保税区的,货物过关入境是需要缴税的,直至1990年,上海外高桥有了中国的第一个保税区。保税区,又称保税仓库区,是一国海关设置的或经海关批准注册、受海关监督和管理的可以较长时间存储商品的区域。运入保税区的货物可以进行储存、改装、分类、混合、展览以及加工制造。外国货物可以在保税区与境外之间自由进出,但如果要进入关境就需缴纳关税了。

在自由贸易试验区出现之前,保税区就是境内最开放的地方。自由贸易试验区与保税区的区别体现在以下六个方面。[①]

(1) 就地理位置而言,自由贸易试验区是现有保税区的合并。

(2) 从政策上来讲,自由贸易试验区就是现有保税区的全方位升级,自由贸易试验区实行"境内关外"政策,保税区实行"境内关内"政策。

---

① 海运网. 自贸区和保税区有什么区别?[EB/OL]. (2016-09-15) [2020-11-03]. http://www.360doc.com/content/16/0915/09/36139716_591009131.shtml.

"境内关外"即海关对于进入自由贸易试验区的货物一般是不加干涉的,比如货物可以在自由贸易试验区内自由地买卖、存储,都不需要跟海关打交道。只有当自由贸易试验区的货物要进入境内非自由贸易试验区,才需要报关、缴税。"境内关内"即货物一旦进入保税区,就要受到海关的监管了。保税区相当于一个更大的保税仓库。①

（3）保税区在海关的特殊监管范围内,货物入区前须在海关登记,保税区货物进出境内、境外或区内流动有不同的税收限制;而自由贸易试验区是在海关辖区以外的、无贸易限制的关税豁免地区。

（4）保税区的货物存储有时间限定,一般为2—5年;而在自由贸易试验区内,货物存储期限不受限制。

（5）由于保税区内的货物是"暂不征税",对货物采用账册管理方式;而在自由贸易试验区,主要考虑货畅其流为基本条件,多数自由贸易试验区采取门岗管理方式,运作手续更为简化,交易成本更低。

（6）目前许多保税区的功能相对单一,主要是起中转存放的作用,对周边经济带动作用有限;而自由贸易试验区试行的主要任务和目标远远超过保税内容,不只是税收安排,还包括服务业开放、金融创新、管理方式改革等内容。自由贸易试验区将突破现有的条框,更加强调贸易和投资自由化,其在相关制度方面的突破和创新将有利于跨国公司内部的全球调拨,同时吸引更多金融机构在区内注册开业。自由贸易试验区一般是物流集散中心,大进大出,加工贸易比较发达,对周边地区具有强大的辐射作用,能带动区域经济的发展。②

二、自由贸易试验区与经济开发区

在改革开放后,为了加速社会主义现代化建设,我国建立了"经济特区",之后开辟了"沿海开放城市"和"沿海经济开放区",还有"经济开发区""高新区"等。

经济开发区、高新区和自由贸易试验区都是我国改革开放的平台载体,但是它们出现于不同时期,承载的历史使命不同,功能定位不同。自

---

① 法律快车. 保税区与自由贸易区有什么不同？[EB/OL]. (2019 - 03 - 19) [2020 - 11 - 03]. https://www.sohu.com/a/302321310_100075037.

② 佚名. 自由贸易试验区与保税区有什么区别？[EB/OL]. (2017 - 08 - 09) [2020 - 11 - 04]. http://ftz.shaanxi.gov.cn/cjwd/riQvEf.htm.

改革开放以来，我国建立了一大批经济技术开发区，其最初的目标是接纳国际资本和产业转移，引进外资，特别是制造业外资的需要。

高新区的设立始于1988年，是我国为发展高新技术为目的而设置的特定区——科技园区，是发展电子信息、生物医药、新材料、航空航天、先进制造、海洋工程、现代农业、节能环保等高新技术产业的基地，也是加速成果转化和科技创新创业的示范区。

我国从2013年开始设立自由贸易试验区。自由贸易试验区设立的背景主要是新时期我国确定了全方位对外开放新格局，要对标国际高标准的投资贸易自由化、便利化。自由贸易试验区以制度创新为核心，加快商品、服务、人才、资本、信息等便利自由流动，从要素的开放上升到国际贸易投资规则的开放。自由贸易试验区是新时期我国在投资、贸易、金融、外商投资服务和管理等方面开展探索，不断进行制度创新和扩大开放的高地。[①]

杜金岷（2018）具体分析了自由贸易试验区与经济开发区的区别，主要体现在以下三个方面。

（1）经济制度安排差异。自由贸易试验区需要在主权国家或地区的关境以外划出一部分特定的区域，外国商品能够被准许豁免关税并且自由进出。经济开发区是经济技术开发区、高新技术开发区、高科技工业园以及各类产业工业园（如汽车工业园、化学工业园、农业开发区等）的统称。经济开发区的经济制度安排特征主要体现在税收、用地等政策优惠。

（2）经济治理模式差异。自由贸易试验区的经济治理理念在于推动制度创新，简化行政流程，提高行政效率，妥善处理公共经济事务，即在稳定的法律制度框架下实现经济持续稳定健康发展。经济开发区实行的经济治理模式是"政企合一"，这种模式的特点是经济开发区的行政机构能够同时具备管理者和开发商的双重功能。

（3）主导产业差异。自由贸易试验区的产业发展主要依托于其高度开放的经济体制，充分发展外向型产业。经济开发区是在完善相关的基础设施建设的基础上充分挖掘该区域的潜力。

三、自由贸易试验区与自由贸易港

2020年6月1日，中共中央、国务院印发了《海南自由贸易港建设

---

① 芜湖市人民政府. 自贸试验区到底有什么特别？对老百姓有啥好处？[EB/OL]. (2020-09-23) [2020-11-04]. http://www.wuhu.gov.cn/openness/public/6596211/27128161.html.

总体方案》,并发出通知,要求各地区各部门结合实际认真贯彻。6月3日,海南自由贸易港建设正式拉开序幕,11个重点园区同步挂牌。

目前,国际上对自由贸易港没有明确的定义。不同国家或地区根据各自的政策文件或习惯对其有不同的称谓,如自由港、自由区等,但其核心内容差异不大。一般是指设在一国(或地区)境内关外、货物资金人员进出自由、绝大多数商品免征关税的特定区域,是目前全球开放水平最高的特殊经济功能区。

自由贸易试验区与自由贸易港的区别和联系体现在以下三个方面①。

(1) 在我国,自由贸易试验区是"试验田",探索试验可复制推广到全国各地的经验;自由贸易港是全面开放的新高地,作为全球开放水平最高的区域,需要在市场准入、金融制度、财政税收等方面作出一系列与国际接轨的政策安排。

(2) 自由贸易港和自由贸易试验区一样,实行"境内关外"政策。从地理范畴来看,是在一国或地区境内;从行政监管来看,是在海关管理关卡之外。

(3) 自由贸易港和自由贸易试验区虽说都是"一线放开、二线管住"的高度独立的境内关外区域,但自由贸易港比自由贸易试验区更为开放,政策更为灵活。

第三节
自由贸易试验区理论基础

一、自由贸易理论

1. 自由贸易理论概述

自由贸易理论(Free Trade Theory),创始者是英国经济学家亚当·斯

---

① 瑞丰德永. 什么是自由贸易港(自贸港)[EB/OL]. (2020-08-26)[2020-11-05]. http://www.rf.hk/news/3632.shtml.

密，其核心是自由贸易可使参与贸易的双方均获得贸易利益，它是通过对贸易原因的近于完美的实证分析和逻辑推论而得出，这是自由贸易理论获得广泛认同的主要原因；自由贸易理论自诞生以来，就一直是国际贸易的核心理论，成为整个国际贸易理论发展的主线，甚至成为国际贸易理论的理念和目标。

2. 自由贸易理论的发展

自由贸易理论的演变与发展大致可分为三个阶段：第一阶段是在18世纪60年代到19世纪60年代的资本主义自由竞争时期，第一次产业革命使自由贸易理论开始出现，这一时期的自由贸易理论通常被称为古典学派的自由贸易理论；第二阶段是在19世纪中叶到第二次世界大战结束，资本主义进入垄断时期，第二次产业革命的发生使自由贸易理论的发展出现了重大转折，这一时期的自由贸易理论可被称为现代学派的自由贸易理论；第三阶段的自由贸易理论是指第二次世界大战以后的自由贸易理论，第三次科技革命的出现带来了自由贸易理论的创新和全面发展（刘芹，2004）。

古典学派的自由贸易理论以亚当·斯密的绝对成本论、大卫·李嘉图的比较成本论和约翰·穆勒的相互需求原理为发展主线。现代学派的自由贸易理论以赫克歇尔和俄林提出的生产要素禀赋理论以及其后提出的与生产要素禀赋理论有相背离现象的里昂惕夫之谜为发展主线。第二次世界大战以后的自由贸易理论根据其成因可以分成两大群：第一群是为解释里昂惕夫之谜而产生的，被称为新要素贸易论；第二群是为解释新的国际贸易格局而产生的，可称之为国际贸易新理论。新要素贸易论认为，在考虑国际贸易中商品的比较优势时，人力技能、技术进展在国际贸易中也起着重要作用。它是对生产要素禀赋学说的发展与补充，所不同的是赋予了生产要素新的内涵，突破了原来的局限，这一理论群主要有人力资本论、人力技能论和技术差距论。在第二次世界大战后，国际贸易表现出新的特点与格局，传统国际贸易理论无法或不能全部解释这些现象，新国际贸易理论因此得以涌现发展。新国际贸易理论主要是指在第二次世界大战结束后，特别是20世纪80年代以来，为解释新的贸易现象而产生的一系列国际贸易理论学说。其主要代表人物包括迪可西特、克鲁格曼、赫尔普曼、斯宾塞和布兰德等，克鲁格曼是最主要的代表人物。① 具有代表性的理论包括：需求相似理论、规模经济理论、产品生命周期理论、产业内贸易理论等。

3. 自由贸易的利益

总结自由贸易理论，可以把自由贸易理论的要点概括如下。② 这些理论要点实际上阐述了通过自由贸易能够获取的利益。

（1）自由贸易可形成互相有利的国际分工。在自由贸易下，各国可按照自然条件，比较利益和要素丰缺状况，专门生产其有利较大或不利较小的产品，这种国际分工可带来很多利益，如专业化的好处、要素的最优配置、社会资源的节约以及技术创新等。

（2）扩大真实国民收入。各国根据自己的禀赋条件发展具备比较优势的部门，要素就会得到合理有效的分配和运用，再通过贸易以较少的花费换回更多的东西，从而增加国民财富。

（3）在自由贸易中，由于进口廉价商品，国民开支减少。

（4）自由贸易可加强竞争，减少垄断，提高经济效益。企业在自由贸易条件下，要与外国同行进行竞争，这样就会消除或削弱垄断势力，从长远看，能促进一国经济增长。

（5）自由贸易有利于提高利润率，促进资本积累。对外贸易可阻止国内利润率下降的趋势，通过商品进出口的调节，可以降低成本，提高收入水平，增加资本积累，使经济得以不断发展。

中国自由贸易试验区是以自由贸易理论为基础。通过实现贸易投资便利化，获取自由贸易利益，促进我国外向型经济发展，深化改革开放。

二、区域经济理论

区位是指人类行为活动的空间。具体而言，区位除了解释为地球上某一事物的空间几何位置，还强调自然界的各种地理要素和人类经济社会活

---

① 佚名. 新国际贸易理论［EB/OL］.［2020 - 11 - 06］. https：//baike. baidu. com/item/% E6%96% B0% E5%9B% BD% E9%99% 85% E8% B4% B8% E6%98% 93% E7%90%86% E8% AE% BA/788675？fr = Aladdin.

② 佚名. 自由贸易理论［EB/OL］.［2020 - 11 - 06］. https：//baike. baidu. com/item/% E8%87% AA% E7%94% B1% E8% B4% B8% E6%98%93% E7%90%86% E8% AE% BA/282843？fr = Aladdin.

动之间的相互联系和相互作用在空间位置上的反映。① 区域经济理论是研究生产资源在一定空间（区域）优化配置和组合，以获得最大产出的学说。生产资源是有限的，但有限的资源在区域内进行优化组合，可以获得尽可能多的产出。② 区域经济理论起源于19世纪，在近200年的发展历程中始终贯穿两条主线，一个是区位理论，另一个是区域经济发展理论（徐云松，2014）。

（一）从古典区位理论到现代区位理论

古典区位论对企业生产和定价的地域空间效应进行了研究，主要关注微观区位的布局均衡，忽视了宏观区位选择的一般均衡问题（陈文福，2004）。典型的微观区位使用局部均衡模型，把产出水平、最小化指标、投入产出的市场价格作为参数，采用新古典经济学的静态局部均衡分析方法，以完全竞争市场结构下的价格理论为基础来研究单个厂商的最优区位决策，因而又叫古典区位论。

第二次世界大战以后，空间相互作用模式、各种规划模式、网络和扩散理论、系统论及运筹学思想与方法的应用使区位论获得迅速发展，对区域经济运行的动态性、总体性研究促使地域空间结构理论、现代区位论逐渐形成。而现代区位论一方面使区位研究从单个厂商的区位决策发展到区域总体经济结构及其模型的研究，从抽象的纯理论模型推导，发展为建立接近区域实际的、具有应用性的区域模型。另一方面，使区位决策客体扩大到第三产业。现代区位论的区位决策目标不仅包括生产者利润最大化，而且包括消费者的效用最大化。战后区位理论的发展主要是由美国学者推动的，其中，艾萨尔德把古典区位论动态化、综合化，根据区域经济和社会综合发展要求，把研究重点由部门的区位决策转向区域综合分析，建立区域的总体空间模型，研究了区域总体均衡及各种要素对区域总体均衡的影响。现代区位论开始立足于整个国民经济，着眼于地域空间经济活动的最优组织（王素娟，2009）。

---

① 佚名. 古典区位理论 [EB/OL]. (2012-11-16) [2020-11-06]. https：//wenku. baidu. com/view/68075218fc4ffe473368ab71. html.

② 佚名. 区域经济理论 [EB/OL]. [2020-11-06]. https：//baike. baidu. com/item/% E5% 8C% BA% E5% 9F% 9F% E7% BB% 8F% E6% B5% 8E% E7% 90% 86% E8% AE% BA/9572974？fr = Aladdin.

(二) 区域经济发展理论

陈华和刘永新(2006)较系统地总结了主流区域经济增长理论。

1. 新古典主义区域均衡发展理论

新古典主义区域均衡发展理论源于发展经济学的经济增长理论,其代表人物有纳克斯、罗森斯坦-罗丹、鲍茨和斯坦等。

(1) 罗森斯坦-罗丹的大推进理论。著名发展经济学家罗森斯坦-罗丹(Posenstein-Rodan)(1943)是该理论的倡导者和集大成者。该理论主张发展中国家在投资上以一定的速度和规模持续作用于众多产业,从而突破其发展瓶颈,推进经济全面高速增长。大推进理论的论据和理论基础建立在生产函数、需求、储蓄供给的三个"不可分性"上面。

(2) 诺斯的出口基地理论。封闭经济模型主要缺陷是没有看到贸易对经济增长的潜在作用,出口基地模型弥补了这一弱点。出口基地理论(Export Base Theory)最初由美国经济学家诺斯(North)(1955)提出,后经蒂博特(Tiebout)、罗曼斯(Romans)以及博尔顿(Bolton)等人的发展而逐步完善。其理论基础是静态比较分析中的外贸乘数概念;其基本思想是:一个区域的经济增长取决于其输出产生的增长,区域外生需求的扩大是内生增长的主要原动力。根据这个理论,如果每个地区都集中力量发挥自己的优势,自由贸易会逐步平衡地区间的要素(资本和劳动力)、价格(利润和工资),从而使地区差距不断缩小。

(3) 纳克斯的贫困恶性循环理论。该理论是由美国经济学家纳克斯(Nurkse)(1953)提出的,纳克斯认为,发展中国家在宏观经济中存在着供给和需求两个恶性循环。从供给方面看,低收入意味着低储蓄能力,低储蓄能力引起资本形成不足,资本形成不足使生产率难以提高,低生产率又造成低收入,这样周而复始完成一个循环。从需求方面看,低收入意味着低购买力,低购买力引起投资引诱不足,投资引诱不足使生产率难以提高,低生产率又造成低收入,这样周而复始又完成一个循环。两个循环互相影响,使经济状况无法好转,经济增长难以实现。

2. 区域经济非均衡发展的二元结构主义理论

针对罗森斯坦-罗丹、纳克斯等人提出的部门、区域的均衡增长理论,另一些经济学家则从相反方向提出了区域经济非均衡增长理论。主要代表人物有赫希曼(Hirsehman)、罗斯托(Rostow)、佩鲁(Perrous)等。

(1) 佩鲁的增长极理论。"增长极"概念是由法国经济学家佩鲁首先提出来的，他把经济空间中在一定时期起支配和推动作用的经济部门（产业）称为增长极。作为经济空间的增长极，它不是一个空间区位，而是处于经济空间极点上的一个或一组推进型经济部门，它本身具有较强的创新和增长能力，并通过外部经济和产业之间的关联乘数效应推动其他产业增长。因此，作为经济单位的增长极是与主导产业相联系的。该理论从两个方面打破了经济均衡分析的新古典传统，为区域经济发展理论提供了新思路。一方面，它反对均衡增长的自由主义观念，主张区域经济非均衡增长；另一方面，通过引入空间变量丰富了抽象经济学分析的内容。

(2) 缪尔达尔的二元经济结构理论。诺贝尔奖获得者缪尔达尔提出了"地理上的二元经济"结构理论，认为生产要素自由流动，市场机制自发调节可以使各地区经济得到均衡发展的观点并不符合发展中国家的实际。他用"循环积累因果关系论"来说明地理上的二元经济产生的原因及其如何消除的问题。他认为，某些地区受外部因素的作用，经济增长速度快于其他地区，经济发展就会出现不平衡。这种不平衡发展会引起"累积性因果循环"，使发达地区发展更快，发展慢的地区更慢，从而逐渐增大地区经济差距，形成地区性二元结构。因此，不发达地区的政府应当制定相应的政策来发展自己的经济，缩小这种差别。

(3) 赫希曼与弗里德曼的"核心区—边缘区"理论。美国经济学家赫希曼提出了区域非均衡增长的"核心区—边缘区"理论。赫希曼认为，经济发展不会同时出现在所有地方，而一旦出现在某处，在巨大的集聚经济效应作用下，要素将向该地区集聚，使该地区的经济增长加速，最终形成具有较高收入水平的核心区，与核心区相对应，周边的落后地区被称为边缘区。在核心区与边缘区之间同时存在着两种不同方向的作用，赫希曼称其为"极化效应"和"涓滴效应"。在这一过程中，极化效应往往大于涓滴效应，因而市场的力量往往使区域间的差别扩大。

（三）区域经济理论研究的新进展

自20世纪80年代以来，世界经济呈现区域化、集团化、一体化的趋势，与此同时，区域经济学研究也出现了一些新的特征。区域经济学逐步分化形成了不同的理论流派，区域经济学的研究进入了一个全面发展的新阶段（白永秀和任保平，2007）。

1. 新经济地理学派

以克鲁格曼、藤田等学者为代表的新经济地理学派将不完全竞争模型引入区域经济的分析，研究中心—外围均衡的条件。经济地理学派理论的基石建立在三个经济学命题之上。一是收益递增。这一学派认为收益递增是经济活动通过区域集中而形成的，集中是规模经济的反映，其规模优势远远大于某一个部门或产业的集中优势。二是不完全竞争。不完全竞争模型被克鲁格曼引入了区域经济的分析中，"由于不完全竞争的存在，当某个地区的制造业发展起来之后，形成了具有集聚效应的工业地区，而另一个地区则仍处于农业地区，两者的优势被'锁定'，从而形成中心区与外围区的关系"，因而区域经济学要重视"研究中心与外围关系以及地理上中心地区的形成机理"。① 三是运输成本。即区域经济活动要追求运输成本的最小化。在这三个基石基础上，新经济地理学派设计出了区域经济的"中心—外围模型"。这一模型既是新经济地理学派对区域经济学的主要贡献，也是当代区域经济学最新进展的突出表现。

2. 新制度学派

区域经济学的新制度学派研究的中心是将制度要素引入区域经济分析中，研究政府及其体制和政策对区域经济发展的影响，并且通过制定相应的区域政策协调区域发展。所以，新制度学派研究的中心是研究区域政策的问题。约翰·弗里德曼认为，区域经济政策处理的是区位方面的问题，研究经济发展"在什么地方"，它反映了在国家层次上处理区域问题的要求。区域经济学的新制度学派认为区域经济政策的主要目标包括：提高区域内现有资源的利用水平；更有效地在区内各种用途间分配资源，实现空间资源配置的优化；实现区域内最佳增长；在区域间有效地再分配生产要素，而且认为在制定区域经济政策时，必须依据不同的区域和不同区域的发达程度进行合理的选择。

3. 区域管理学派

区域管理学派是区域经济学融入管理学的内容后形成的新区域经济学派，它是区域经济与管理学相结合而成的一个新学派，这一学派的形成代表了区域经济学的新进展，而且它对于区域经济学从理论到应用，起着一个桥梁的作用。区域管理理论由三个部分内容组成。一是区域经济发展管

---

① 孙久文，叶裕民. 区域经济学教程［M］. 北京：中国人民大学出版社，2003.

理。在公平竞争的前提下，通过对区域内经济资源的有效协调，使区域经济能够健康有效地发展。二是区域人口管理。区域人力资源开发是近年来颇受重视的一个区域发展的题目。在知识经济时代，人力资源是区域竞争力形成的决定性因素，区域经济的发展状况在很大程度上取决于这个区域人口教育水平、科技开发能力和技术创新精神。三是区域环境管理。这一理论认为区域环境管理主要是对区域的水资源、土地资源、大气污染、噪声及废弃物污染等进行管理，体现了区域可持续发展的思想。

（四）中国自由贸易试验区与区域经济发展

区域经济发展有三种可选择模式：一是均衡发展模式，即每个区域、每个产业都保持相同的发展速度；二是区域经济的非均衡发展模式，即发展有快有慢、有先有后；三是区域经济的非均衡协调发展模式，强调在区域经济非均衡发展的同时，采取积极的方法，对这种不均衡适度地调控，以期实现区域整体经济的快速、健康和可持续发展（陈华和刘永新，2006）。

中国建立自由贸易试验区的目的在于深化改革、扩大开放，打造经济增长极，充分发挥自由贸易试验区的辐射带动作用，推动区域经济协调发展。显然我国采取的区域经济的非均衡协调发展模式。国家根据需要和各地区的投资经营环境及投入产出效果，确定若干重点开发区域，并在资源分配和政策投入上，实行适度的倾斜政策。首先，非均衡协调发展模式尊重市场经济规律和市场的选择，强调按照最大效率原则配置和利用各种社会和经济资源，使之发挥最大的经济效益。这既是区域经济实现可持续发展的基础，又是产生区域经济发展非均衡的直接原因。其次，它强调区域经济的协调发展，即国家通过宏观政策和宏观调控确保区域经济非均衡的适度化，实现社会的稳定和区域经济的协调和可持续发展。因此，区域经济非均衡协调发展模式是我国在市场经济条件下，公平和效率的统一，"看得见的手"和"看不见的手"的完美结合。

非均衡协调发展模式能够实现区域之间的协调与互补。在经济建设中可以建立自由贸易试验区与非自由贸易试验区优势互补、互通有无的新格局。在比较利益选择和优化产业结构的基础上，创造真正的经济活力。以自由贸易试验区为龙头的非均衡发展模式实现了从沿海到沿边再到内陆的全方位开放格局，加快了从沿海地区向中西部地区产业转移的步伐。伴随着这种产业转移,将带动中西部地区的投资、消费与产业升级,这对于推动今后我国经济双循环中的内循环具有重要意义。

三、政策试验与政策扩散理论

(一) 政策试验理论

1. 政策试验的内涵

所谓"政策试验",是指在一项新的公共政策全面付诸实施之前,预先在一定的时间内和一定的地域范围内展开试行,并加以调整和完善,以便探寻政策执行的经验和精细方法,预估该政策在广泛实施后可能带来的政治、经济和社会效果,为下一步全面推广积累经验(穆军全,2015)。

2. 政策试验的类型

学者们一般认为中国的政策试验包括三种类型:立法试验、试验区、试点(韩博天,2008;周望,2011)。"立法试验"是指为验证某项政策的正确性、可行性,并取得这一政策的具体实施方案,而在一定时期内为试行某项政策而制定的暂时性法规和规章,其具体表现为标题包含"试行"或"暂行"字样的法规和规章等。立法试验是以某一项具体的政策来作为试验内容的,试验有一定的时限以及和该法规所涉及领域相匹配的空间范围,目标侧重于在有限的时间段内对特定的某一项政策进行检验、测试和修正。"试验区"是指为测试特别是为创制某一项或某一领域的新政策、新制度而选定的一个地域性区划单位,具体表现为各种样式的特区、新区、开发开放区、专门性试验区以及综合性试验区等。试验区虽然也需要完成对某一项政策进行测试的相关工作,但其更为主要的目标还是侧重于在本区域内广泛地进行新政策、新制度方面的探索,担负着在现有体制之外或在现有体制之间建立新制度和对新事物进行尝试的任务。"试点"是中国政策过程中最为典型和普遍的一种政策试验方式,它是指在一定时间段和一定范围(特定的地域、政府部门或企事业单位)内所进行的一种局部性政策试验活动。近年来,比较受关注的试点项目包括"国家教育体制改革试点""省直管县改革试点""公立医院改革试点"等。

3. 政策试验的作用

政策试验是中国在公共政策正式大范围实施之前的一种重要考察评价

模式,是我国在长期的改革实践过程中不断探索形成的政策制定和施行的有效机制(张怡,2018)。政策试验的优势体现在以下五个方面①。

(1) 兼顾发展目标的紧迫性和发展过程的渐进性。通过政策试验,能够确定合理的发展目标,避免发展目标过低导致的发展水平不高,也避免发展目标过高造成的急于求成,同时又能够确保发展目标以科学有效的方式实现,避免一蹴而就、急躁冒进。

(2) 提高决策民主性和科学性。政策试验形成了自下而上的、上下互动的决策流程,使分散的、无系统的优秀实践得到整合,经过总结和提高而形成决策,提高了决策的民主性。政策试验的实行使决策者可以根据实践经验设定科学的政策目标、开掘政策资源、配置政策工具、洞察事物的因果联系,从而使形成的政策更符合相关事物固有的规律,提高了决策科学性。

(3) 降低改革风险并节约改革成本。任何重大的政治、经济、社会和文化改革,由于涉及面广、环境复杂,都面临较大的风险。如果片面推行,就会付出巨大的成本。政策试验是在试点的基础上进行推广,有效降低改革风险和成本。

(4) 能够发现和扶持新生事物。改革开放的过程就是一个又一个新生事物破土而出、突破现行规制的过程。改革决策的根本任务就是要使这些事物从不被承认到得到认可、从受压制、受鄙视到获得健康成长所需要的制度空间。而政策试验由于它本身具有的探索精神和发现机制,使它往往能够为新生事物的发现和成长鸣锣开道,并为它们的生命力和优越性的施展创造条件。通过政策试验,一个又一个新生事物进入了改革决策的视野;决策者以扶持这些事物的成长为诉求,得以大刀阔斧地进行制度创新。

(5) 提供及时纠错和不断完善的机会。政策试验能够测试政策的可行性和执行效果,发现问题及时纠正,为政策的全面推广提供经验。政策试验还能够对正在实施的政策进行效果评估,对其进行修订完善,通过对政策调整的先行先试观察其实际效果,实现对政策的不断完善。

---

① 宁骚. 政策实验与中国的制度优势 [EB/OL]. (2014-02-17) [2020-11-08]. http://theory.people.com.cn/n/2014/0217/c40531-24379002.html.

(二) 政策扩散理论

1. 政策扩散内涵

政策扩散（Policy Diffusion）是指一种政策活动从一个地区或部门扩散到另一地区或部门，被新的公共政策主体采纳并推行的过程（王浦劬和赖先进，2013）。Wejnert（2015）、Conti 和 Jodes（2017）在系统视角下探究政策扩散框架，认为政策扩散是政策在社会系统中传递、创新的过程。

2. 政策扩散机制

周英男等（2019）认为政策扩散最主要的机制是学习、竞争、模仿和强制。学习机制是指政策主体有选择地向其他政策主体学习政策经验，本质上是获取、接收信息，进而改造政策理念的过程；竞争机制是指政府之间由于政治、经济等原因存在竞争关系导致的政策调整；模仿机制是指政策主体对其他地区政策活动的复制和克隆，具有极大风险；强制机制是指一个政府通过高压命令强迫另一政府的政策过程。

3. 政策扩散模式

朱亚鹏（2010）和周望（2012）总结现有研究提出政策扩散的四种模型。全国互动模型认为政府采纳新政策项目的概率与两地政府互动频次呈正相关性；区域传播模型是指政府采纳新政策的可能性受到邻近政府的施政影响；领导—跟进模型认为某些地方人民政府在采纳政策方面是领导者，其他地方人民政府以此展开学习、模仿和跟进；垂直影响模型表示地方人民政府效仿全国性政策的过程。

王浦劬和赖先进（2013）通过对中国公共政策扩散的研究提出政策扩散的四种模式：自上而下的层级扩散模式、自下而上的吸纳辐射扩散模式、同一层级的区域或部门之间的扩散模式和不同发展水平区域之间的政策跟进扩散模式。自上而下的层级扩散模式是指在政府科层组织体系内部，上级政策推动者选择和采纳某项政策，并用行政指令要求下级采纳和实施该项政策的公共政策扩散模式。自下而上的吸纳辐射扩散模式是指地方政策创新被上级采纳，然后在更大的范围推广实行，也就是上级政府吸纳下级政府的政策创新成果，然后辐射到更大的应用范围。同一层级的区域或部门之间的扩散模式是指政策在同一政府层级区域、部门之间的扩散模式，包括邻近区域、城市之间的政策扩散，部门之间的政策扩散以及区域之间的政策位移扩散。不同发展水平区域之间的政策跟进扩散模式是指由于公共政策在时间和空间上存在势能差或位势差，公共政策通常会沿着扩散动力源向周围政策势能较低的地区扩散。当前，这种模式在中国的集中表现是政策及其活动从东部发达地区向中西部地区扩散。

中国自由贸易试验区典型地体现了政策试验和政策扩散过程。国家通过顶层设计，首先把上海确定为第一个自由贸易试验区进行先行先试，这是政策试验的过程。政策扩散体现在国家对上海自由贸易试验区的试点经验效果进行评估、对试点经验进行总结后，在全国范围内全面推广。同时，也体现在全国各地纷纷学习和借鉴上海自由贸易试验区的改革试点经验，向国家层面提交各自的试点方案，并由中央政府在权衡国家整体规划、区域发展战略和地方利益的基础之上，建立下一批次的自由贸易试验区。

第二章

我国自由贸易试验区建设的背景及战略意义

第一节
国际背景

一、全球化与逆全球化并存

全球化是指货物、服务、人口、资金、技术、思想等各类要素和产品的跨国（区域）流动的动态过程。① 全球化发端于 15 世纪的地理大发现，已有超过 500 年的历史，其经历了四个阶段。第一阶段开始于世界发生航海革命，各国之间大规模的贸易和文化交流从此起步，世界市场开始形成。第二阶段开始于英国工业革命，蒸汽机的发明极大地提高了劳动生产力，发达资本主义国家需要在世界内获取原材料，同时需要将商品销往世界各地。第三阶段开始于电力革命，电力的广泛应用推动发达资本主义国

---

① 李莹. 这些大事件，哪一件会是全球化的终结者？［EB/OL］.（2021 – 01 – 04）［2021 – 01 – 15］. http://news.hexun.com/2021 – 01 – 04/202753968.html.

家经济迅猛增长，资本主义进入垄断阶段，全球化的形式从商品输出步入资本输出阶段。第四阶段是第二次世界大战结束之后，在美国的主导下，成立了世界银行（WB）、国际货币基金组织（IMF），签订了关税及贸易总协定（GATT）[①]。各国致力于减少贸易壁垒，促进生产要素在国际的自由流动，跨国公司的出现进一步推动了国际贸易、国际投资的发展，发展中国家经济开始发展并融入全球价值链中，信息技术、网络技术、数字经济的发展使各国之间的联系更加紧密，全球化的成本进一步降低。

全球化的深入发展离不开以下三大动力机制。（1）资本。资本具有逐利性的本质特征。资本对利润的追求使资本突破国家界限在国际流动。全球金融市场24小时"全天候"接续交易，资金从地球的这一端到那一端瞬间即可完成，全球外汇市场的每日成交量达6.6万亿美元。国际资本流动促进了生产、投资、贸易的国际化，使全球化向纵深领域发展。（2）科学技术。科学技术的发展使交通和通信日益便捷，商品和信息的流动能够遍布全球。科学技术促进了国际分工的深化和细化，商品的不同零部件可以在不同的国家生产，不同的工序可以在不同国家完成，极大地提高了劳动生产率。科学技术降低了交通和通信的成本，人员在各国之间可以频繁流动，加强了世界各国人民之间的交往和世界文化交融发展。（3）跨国公司。跨国公司为了实现最优的资源配置，在世界各地建立子公司和分公司，在全球范围组织生产经营活动，加速了国际生产专业化、协作化的发展，扩大和加深了国际分工。跨国公司生产经营活动的全球化布局促进产业内和产品内贸易，直接推动了国际贸易的快速发展。跨国公司生产经营的国际化促进了技术在各国之间的传播，缩小了各国之间的技术差距，增加了各国之间的相互依赖。

全球化的积极影响不言而喻：（1）全球化促进了国际分工的深化，提高了生产力和生产效率；（2）全球化实现了生产要素的跨境流动，加速了技术的扩散，促进全球经济发展；（3）全球化促进了国际贸易的发展，贸易还极大地丰富了人们的生活，使全球福利增加；（4）全球化促进了各国之间的交流与合作，能更好地解决环境、资源、人口等人类共同

---

① 关税及贸易总协定也指后来建立的支持该协议的国际组织，是世界贸易组织（WTO）的前身。

面临的问题。① 全球化同样存在着负面影响：（1）全球化导致了发展差距和贫富差距。发达国家通过主导全球化，推行经济霸权主义和强权政治，成为全球化的最大的受益者，扩大了发达国家与发展中国家的差距。即使在发达国家内部，全球化的利益也没有被平均分配，而给社会带来了严重的两极分化；（2）跨国公司出于追求自身利益最大化的目的，需要向劳动力价格低廉、税收和投资市场较好的国家和地区转移资本，客观上减少了本国的就业机会，造成了发达国家"产业空心化";② （3）全球化增加了全球治理的难度和风险，局部的危机可能被放大，形成更大范围的动荡。

　　正是由于全球化的弊端近年来日益显现，逆全球化开始涌现。逆全球化表现在两个方面。（1）政治方面。逆全球化在政治上表现为民粹主义。民粹主义的基本含义是它的极端平民化倾向，即极端强调平民群众的价值和理想，把平民化和大众化作为所有政治运动和政治制度合法性的最终来源，以此来评判社会历史的发展。③ 2016年英国公投脱欧，拉开逆全球化序幕；2017年特朗普就任美国总统，其名言"美国优先"，经济逆全球化趋势进一步明朗。进而德国、法国、意大利和巴西等国的政治局势都不同程度地转向保守与民粹，"意大利优先""巴西高于一切"等民族主义抬头。④ （2）经济方面。2018年第一季度以来，美国政府已先后对比利时、哥伦比亚、泰国、加拿大、南非、乌克兰、中国、印度、韩国、希腊、土耳其等国家进行了贸易制裁。据统计，从2008年经济危机到2018年8月，美国政府开展的贸易干预约1700余次，位居全球之首。受美国贸易干预的国家遍布全球，受影响最大的国家分别为加拿大、中国、德国、日本、意大利、韩国、法国、英国和墨西哥，几乎涵盖了世界主要经济体。⑤ 可见美国不仅对中国挑起贸易摩擦，甚至连自己的盟友也不放过。

---

① 佚名. 经济全球化的利弊 [EB/OL]. (2020-02-05) [2020-11-10]. https://zhidao.baidu.com/question/254021739.html.
② 寒竹. 全球化不再是资本主义的，因为中国来了 [EB/OL]. (2021-01-07) [2021-01-15]. https://www.guancha.cn/HanZhu/2021_01_07_577037_3.shtml.
③ 佚名. 民粹主义 [EB/OL]. [2020-11-10]. https://baike.baidu.com/item/%E6%B0%91%E7%B2%B9%E4%B8%BB%E4%B9%89/1437330?fr=Aladdin.
④ 林采宜，王耀辉. 经济逆全球化的原因和影响 [EB/OL]. (2019-01-14) [2020-11-11]. http://finance.sina.com.cn/stock/stockzmt/2019-01-14/doc-ihqfskcn7122785.shtml.
⑤ 金沙滩. 美国挑起贸易摩擦的企图是独占世界市场 [EB/OL]. (2019-05-18) [2020-11-11]. http://www.xinhuanet.com/world/2019-05/18/c_1210137492.htm.

中美两国贸易摩擦也不断升级,并从经济领域蔓延到科技领域。

放眼未来,推动全球化的动力机制依然存在,逆全球化的根本诱因——全球红利分配问题也无法在短期内得到根本解决,因此在未来一段时间内会出现全球化与逆全球化共存的局面。

二、世界经济增长乏力

1. 世界经济增长缓慢

2018年的数据显示,大部分国家的经济增速都低于2.5%,其中包括绝大部分发达国家,如韩国、日本、法国、加拿大、德国、英国、意大利,其中欧元区增速为1.8%;还有部分新兴国家,如南非、俄罗斯、沙特、墨西哥,其中阿根廷经济遭遇重创,增速为-2.6%。在发达国家中,只有美国和澳大利亚是例外,都维持在3%左右的增速水平。[①]

2019年,世界经济增速放缓至近十年来的最低水平,主要经济体经济呈现同步减速趋势。全球制造业活动普遍疲弱,国际贸易增长近乎停滞,外国直接投资(FDI)增速持续下降,全球货币政策转向宽松(陆燕,2020)。国际货币基金组织2019年10月发布的报告分析,经济增长放缓已经影响全球90%的地区,并把2019年世界经济增长预期调降至3%,为自2008年国际金融危机以来最低水平。其中,发达经济体经济增速将放缓至1.7%,新兴市场和发展中经济体增速将放缓至3.9%,均比2018年下降0.6个百分点。

2. 新冠肺炎疫情使世界经济雪上加霜

2020年新冠肺炎疫情席卷全球,夏季有所好转,但进入秋季以来,第二波疫情重袭欧美国家,感染人数和影响程度远超第一波疫情。2020年9月欧洲的平均每日新增病例为4.75万例,10月12日首次达到10万例,10月22日首次突破20万例。美国单日新增病例从10月中旬的七八万例,飙升到2021年1月的25万例左右。

新冠肺炎疫情重创全球经济。各国封锁措施一度使经济大面积停摆、失业率飙升,2020年第二季度GDP跌幅普遍创历史极值;在疫情缓解后,重启经济虽然使第三季度GDP大幅反弹,但也造成疫情强烈反扑。

---

① 智本社. 为什么最近几十年世界经济增长速度越来越慢? [EB/OL]. (2020-01-12) [2020-11-12]. https://zhidao.baidu.com/daily/view?id=191379.

一些国家被迫重新"禁足",第四季度经济活动再次收缩;更多国家在"保生命"和"保生计"之间的艰难平衡中更倾向于后者,但经济"带病上岗",复苏势头明显减缓。①

国际货币基金组织 2020 年 10 月发布的《世界经济展望报告》预计,2020 年全球经济将萎缩 4.4%,相当于 2009 年跌幅的 7 倍,为自 20 世纪 30 年代经济大萧条以来最严重的衰退,也是自第二次世界大战以来的最低增长速度。2021 年 1 月 5 日世界银行发布的《全球经济展望》显示,2020 年世界经济增长率为 -4.3%,发达经济体经济增长率为 -5.4%。其中,美国为 -3.6%,欧元区国家为 -7.4%,日本为 -5.3%,新兴市场和发展中经济体经济增长率为 -2.6%。在世界银行统计的 137 个国家中,有 113 个国家经济增长率为负值。

3. 世界经济增长动能趋于枯竭

在国际投资方面,2018 年全球外国直接投资连续 3 年下滑,流入量从 2017 年的 1.5 万亿美元下降至 1.3 万亿美元,同比下降 13%,虽然降幅较上年有所收窄,但全球外国直接投资流入量仍是自 2010 年以来的最低水平。② 2019 年全球外国直接投资温和增长,达到 1.54 万亿美元,外国直接投资流入量增加了 3%,但仍然低于过去 10 年的平均值,比 2015 年峰值低 25%。2020 年,受新冠肺炎疫情影响,各国经济普遍受到严重冲击,生产和需求受到较大影响,企业经济效益下降,外国直接投资显著下降。联合国贸易和发展会议发布的《2020 年世界投资报告》预计 2020 年全球外国直接投资将急剧减少 40%,低于 2019 年的 1.54 万亿美元,达到近 20 年来的最低水平,发展中经济体的外国直接投资降幅最大。拉丁美洲和加勒比地区的 2020 年外国直接投资预计减少一半,非洲地区预计减少 25%—40%,商品价格低迷将加剧这种负面趋势,由于容易受到供应链中断影响,流入亚洲地区发展中经济体的资金将受到严重影响。2015—2019 年全球对外直接投资流入量及 2020—2022 年的预测如图 2-1

---

① 陆晓明,吴丛司,李志兰. 2020 年全球经济形势分析及 2021 年展望 [EB/OL]. (2020 - 12 - 21) [2021 - 01 - 02]. https://baijiahao.baidu.com/s?id = 1686669122457854825&wfr = spider&for = pc.

② 王辉耀,苗绿. 2018—2019 年全球外国直接投资现状和特点 [EB/OL]. (2020 - 07 - 25) [2020 - 11 - 13]. https://www.sohu.com/a/409707742_828358?_f = index_betapagehotnews_3&_trans_ = 000016_ucweb.

所示。

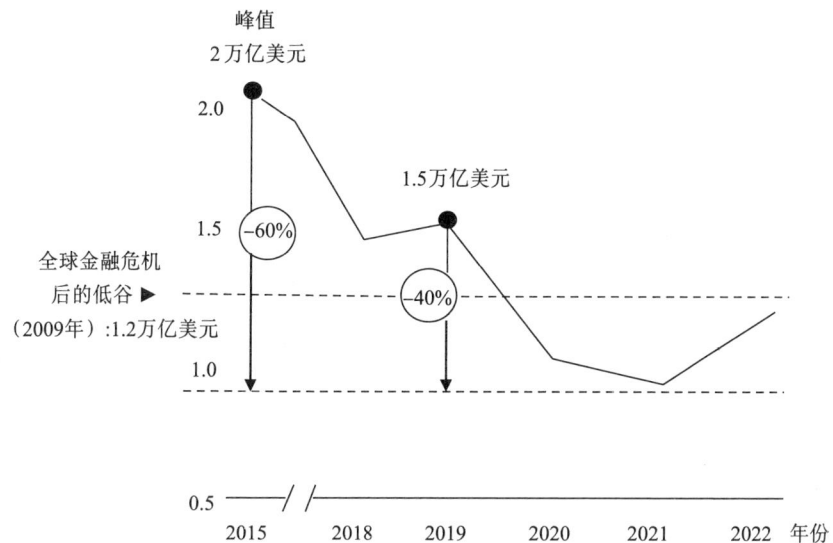

图 2-1　2015—2019 年全球外国直接投资流入量及对 2020—2022 年的预测

资料来源：United Nations Conference on Trade and Development. World investment report 2020 [R]. New York：UNCTAD, 2020.

在市场需求方面，世界新市场开拓难度加大，导致市场需求不足。市场的开拓可以分为依赖地理维度上发现新市场的外延式市场开拓和借助存量市场发展壮大的内涵式市场开拓（杜金岷，2018）。纵观从第二次世界大战结束至今 70 多年的历史，至少出现了三轮世界经济新市场开拓。① 第一轮是从第二次世界大战结束到 20 世纪 70 年代初，欧洲国家和日本的战后的恢复与建设产生了强大的市场需求。第二轮是在 20 世纪 70 年代中后期，"亚洲四小龙"的经济腾飞开拓了新的市场需求。第三轮是在 20 世纪 90 年代以中国为代表的新兴经济体崛起，释放出强大的市场需求。每一轮新市场的开拓都带来世界经济的强劲增长。从当前形势看，无论是外延式的市场开拓还是内涵式的市场开拓都再难出现，因此出现市场需求疲弱、世界经济增长放缓的局面。

在国际贸易方面，2018 年商品贸易量增长放缓是全面的，反映了发

---

① 青年人网编辑部. 全球经济格局的五大新特点 [EB/OL]. (2016-07-08) [2020-11-15]. https://www.sohu.com/a/102378037_211119.

达国家和发展中国家进口需求的疲软。在出口方面，增长放缓主要是因为发达国家的出口减少，2018 年之中的三个季度，发达国家的出口同比收缩。在进口方面，发达国家全年增长缓慢，特别是 2018 年上半年。与此同时，尽管在 2018 年早些时候商品贸易量增长强劲，但发展中经济体第四季度进口大幅下降（-2.1%）。① 2019 年，受全球贸易紧张局势和经济增长放缓影响，全球货物贸易量下降 0.1%，为国际金融危机之后的首次下跌。全球货物贸易额为 18.89 万亿美元，下降 3%。全球商业服务出口额为 6.03 万亿美元，增长 2%，与 2018 年 9% 的增幅相比，增速明显放缓。② 进入 2020 年，新冠肺炎疫情大肆蔓延，市场需求萎缩，商品的生产、运输、流通等环节受到严重影响，让原本就已低迷的世界贸易雪上加霜。根据世界贸易组织 2020 年 10 月的预测，全球商品贸易将比 2019 年下降 9.2%。而联合国贸易和发展会议则预计：2020 年全球商品贸易额将比上年下降 5.6%。③ 这将是自 2009 年以来最大幅度的商品贸易下降，当时贸易下降了 22%。与 2019 年相比，2020 年服务贸易额可能下降 15.4%。这将是自 1990 年以来的最大跌幅。在 2009 年全球金融危机之后，服务贸易额下降了 9.5%。

三、国际经贸规则重塑

进入 21 世纪以来，中国等新兴市场国家快速发展，成为世界经济增长的最主要贡献者。1980—2019 年，发达经济体占全球 GDP 的份额由 75.8% 下降至 59.8%，而亚洲新兴经济体 GDP 的份额由 6.8% 升至目前的 23.5%。同期，以七国集团（G7）为代表的发达国家在全球商品出口贸易中的份额由 50% 以上降至 30% 左右，而新兴经济体特别是亚洲新兴经济体所占份额则显著上升。传统的以 WTO 为代表的多边经贸规则已经不能适应当前经贸格局。一方面，新兴经济体在国际经贸规则治理体系中的话语权和经济地位早已不相匹配；另一方面，发达国家认为，发展中国

---

① 倪炜瑜. 2018 年全球贸易回顾及展望［EB/OL］.（2019 - 06 - 11）[2020 - 11 - 15]. http://www.istis.sh.cn/list/list.aspx? id = 12147.
② 中商情报网. 2020 年世界经济贸易总体形势分析：全球贸易受到严重冲击［EB/OL］.（2020 - 07 - 02）[2020 - 11 - 15]. https://s.askci.com/news/hongguan/20200702/1711371162968.shtml.
③ 联合国贸发会议. 2020 年全球贸易统计手册［EB/OL］.（2020 - 12 - 15）[2021 - 01 - 03］. http://www.199it.com/archives/1171683.html.

家和新兴经济体在当前的治理体系下存在所谓的"搭便车"行为。在这种情况下，全球经贸治理体系亟待重塑。①

随着主要经济体在全球经贸版图中所占的份额发生根本性转变，短期内以 WTO 为代表的多边贸易体系难以有效协调主要经济体之间的政策分化矛盾，发达经济体和新兴经济体均有重塑当前全球经贸治理体系的动机和诉求。自 2017 年以来，《加拿大—欧盟综合性经济贸易协定》（CETA）、《全面与进步跨太平洋伙伴关系协定》（CPTPP）、《日本—欧盟经济伙伴关系协定》（EPA）和《美墨加协定》（USMCA）等主要发达经济体主导的自贸协定先后签署，从而使国际经贸治理框架由多边转向区域。

发达国家参与、主导的新一轮国际经贸规则以"非市场经济国家"、竞争中立问题、产业补贴问题等为借口，意图将中国排除在新一轮经贸规则改革进程中，通过"规则合围"筑高中国所面临的贸易投资壁垒。同时新一轮国际经贸规则从边境向边境后措施延伸，不仅包括经济因素，更包含了众多非经济因素；成员国不仅要受贸易规则的约束，还将受到法律法规、生态环境、商业模式要求等多方约束。② 这对中国贸易、投资、产业与经济增长方式是巨大的挑战。如果不参与制定和接受新规则，中国可能被美国、日本、欧洲国家联合排斥在下一轮全球化之外，中国面临的贸易投资壁垒将显著上升，③ 而且还会产生贸易转移效应，加速我国出口型加工制造企业向海外转移。而全面接受国际经贸规则对于仍然处于发展中国家的中国会产生很大的冲击和风险，因此可以通过设立自由贸易试验区在局部进行风险和压力测试，逐步对标国际经贸规则。

四、中美两国博弈全面展开

自改革开放以来，中国经济高速发展，综合实力不断增强。2010 年中国 GDP 超越日本，成为世界第二经济大国。2014 年中国的 GDP 首次达

---

① 中国银行研究院全球经济金融研究课题组. 国际经贸规则调整及其对全球产业链布局的影响 [EB/OL]. (2020 - 10 - 12) [2020 - 11 - 16]. https://www.sohu.com/a/424176408_463913.
② 张茉楠. 全球新一轮经贸规则发展呈七大新趋势 [EB/OL]. (2019 - 10 - 08) [2020 - 11 - 16]. https://www.chinatimes.net.cn/article/90633.html.
③ 张茉楠. 我国应加快适应新一轮国际经贸规则演变 [EB/OL]. (2020 - 07 - 27) [2020 - 11 - 16]. http://www.china - cer.com.cn/hongguanjingji/202007276908_2.html.

到了美国 GDP 的 60%，2018 年达到约 66%，而且占比逐年上升。① 正是在这个时候，美国开始发难、打压中国。2018 年 3 月 23 日美国正式打响中美两国贸易战第一枪，双方博弈便从一个理论命题变成真刀真枪，并将持续主导中美两国关系。美国作为传统超级大国，中国作为新兴崛起大国，相互竞争必然成为 21 世纪最重大的历史事件。通过对中美两国博弈过程中美国的策略分析，中国人民理性地看到，第一与第二之争从来都是现实之争、自然之争、必然之争，两国大博弈就是传统强国和崛起强国在特定历史时期的必然走向。②

中美两国博弈虽然从贸易摩擦开始，却已经超出了贸易领域，升级至科技战、金融战、地缘政治战、舆论战等全方位博弈。任泽平提出两国博弈的六大角斗场，分别是贸易、金融、科技、地缘、规则、舆论。③ 在经贸领域，美国对中国加征关税规模不断扩大、税率不断提高，签署《美加墨协定》设置"毒丸条款"针对中国。自 2018 年 3 月中美两国贸易摩擦发酵升级至 2019 年 8 月，双方加征关税的规模逐步扩大至 5500 亿美元，基本实现全面对中国加征关税。在金融领域，美国发起对中资银行的调查，同时在人民币市场化贬值及中国并不符合美国"汇率操纵国"认定标准的前提下，强行认定中国为"汇率操纵国"。美国可能通过攻击金融制度、制裁金融主体和攻击金融工具（资产）等方式打压中国。在科技领域，美国已采取六大手段打压中国高科技：限制高科技产品出口、限制投资、封锁市场、切断供应链、修法撤销对中国知识产权保护、干扰正常学术交流及科研合作。打压以华为技术有限公司为代表的中国高科技企业，试图将中国排除在美国的科技创新体系之外。在地缘政治领域，美国对中国开展了三个层面的打压：（1）插手中国香港和中国台湾事务，挑战主权及领土完整；（2）制裁对中国相对友好的国家，间接挑战中国海外经济和政治利益；（3）削弱并污名化中国国际地位和影响力。在国际组织与规则领域，美国不承认中国市场经济和发展中国家地位等，单方面

---

① 佚名. 中美博弈的终极预测 [EB/OL]. (2020-03-10) [2020-11-16]. https://www.meipian.cn/2sbn2zzt.
② 周新民. 中国人民从中美大博弈中博出了哪些共识？[EB/OL]. (2020-12-31) [2021-01-05]. http://www.dh.gov.cn/syq/Web/_F0_0_28D00DG2L64FGGE0GFEIKUCKK6.htm.
③ 任泽平. 中美大博弈的六大角斗场与四种结局 [EB/OL]. (2019-10-09) [2020-11-17]. http://openapi.jrj.com.cn/flipboard/2019/10/9/28216278.shtml.

施压 WTO 修改国际规则，在其现实利益被触犯时，甚至打破其自身建立的体系。在国际舆论领域，美国基本把控传统媒体、新兴社交媒体舆论，联合盟友共同诋毁中国国际形象。

美国对中国遏制的战略从奥巴马时期就开始形成，在特朗普时期达到巅峰。如今特朗普虽然已经结束总统生涯，拜登成为美国第 46 任总统，但是经过奥巴马时代的铺垫、特朗普时代的洗脑，反华仇华情绪与态度已经成为美国政客和民众的基本情绪与态度。全力打压中国、搞垮中国，确保美国的霸主地位，把中国视为最大的竞争者甚至是最大威胁，是美国共和党、民主党两党一致的认识和立场。① 尽管拜登可能回归多边主义，纠正特朗普时期极端的对话政策，但在中国崛起的背景下，拜登必然会维护美国利益，在避免冷战、脱钩的基础上制衡中国。因此，美国对华遏制的基调不会改变，但方式方法有变。在贸易领域，美国可能会通过联合盟友、制定国际规则制衡中国。在科技领域，美国可能会通过制定行业标准等手段打压中国高科技。②

第二节 国内背景

一、深化改革

改革的实质是制度变迁或制度创新，改革红利是指由制度变迁或制度创新所带来的收益。改革通过制度变革和创新，激发了人的积极性。改革结束了"大锅饭"的分配体制，突破了平均主义藩篱，推动劳动成果与个人利益有机结合，改变了过去"干与不干一个样、干多干少一个样、

---

① 罗富强. 拜登上任后中美关系走向的三大判断 [EB/OL]. (2021-01-23) [2021-02-01]. http://www.kunlunce.com/ssjj/guojipinglun/2021-01-23/149793.html.

② 任泽平，华炎雪，范城恺，等. 拜登及新内阁对华思想全景图：中美经贸关系走向何方？ [EB/OL]. (2021-01-21) [2021-02-02]. https://new.qq.com/omn/20210121/20210121A05WKV00.html.

干好干坏一个样"的状况,实现了从为别人工作到为自己工作,从政府的一个积极性到人民群众千千万万个积极性的深刻变革(李明圣和高春花,2019)。改革通过制度变革和创新,提高了资源配置的效率。从高度集中的计划经济体制到以计划经济为主、市场调节为辅,再到有计划的商品经济,最后到社会主义市场经济,改革的深化提高了资源配置效率,使社会财富不断涌流出来。具体来说,推行农村家庭联产承包责任制、国有企业股份制改革、分税制改革等,使市场配置资源的基础性作用得到越来越充分的发挥,资源配置不断优化,激发了市场活力,促进了经济的跨越式发展。① 改革通过制度变革和创新,激发了企业的创新力。破除所有制问题上的传统观念束缚,为非公有制经济发展打开了大门,形成了以公有制经济为主体、多种所有制经济共同发展的基本经济制度,个体企业、私营企业、外资企业、混合所有制企业如雨后春笋破土而出,多种所有制企业百花齐放、融合发展(李明圣和高春花,2019)。

中国改革开放所带来的制度优势塑造了中国经济的奇迹,但是随着改革进入攻坚期,过去改革开放的制度红利在慢慢消失。在现有的政府行政管理框架下,进一步改革已经变得举步维艰。在原有的强势政府管理制度和政策框架下,无论是国有企业的改革、财税体制的改革,还是投资管理体制的改革、干部人事制度的改革等都碰到了各自的"天花板",只有推动政府管理体制的进一步改革,才能释放更大的制度红利(赵红军,2014)。在中国经济腾飞的40多年里,面临过很多考验,但都通过深化改革、攻坚克难,实现了进一步发展。现在,我们仍然需要以制度建设为主线深化改革,不断释放更多制度红利。②

中国的改革采取的是"先试验,后推广"的渐进式改革模式,即先在局部地区进行试点,试点达到满意效果后,再由点到面,全面推广,从而降低制度创新的风险和成本。自由贸易区试验区实际上肩负着全面深化改革和扩大开放探索新途径、积累新经验的重要使命,发挥示范带动、服务全国的积极作用。③ 自由贸易试验区的亮点和卖点主要不是在优惠政策

---

① 佚名. 改革红利 [EB/OL]. [2020 – 11 – 18]. https://baike.baidu.com/item/%E6%94%B9%E9%9D%A9%E7%BA%A2%E5%88%A9/7903840? fr = Aladdin.
② 李拯. 让制度红利不断"显化" [N]. 人民日报, 2020 – 01 – 13.
③ 学术堂. 上海自由贸易区建立的国内背景分析 [EB/OL]. (2016 – 10 – 27) [2020 – 11 – 18]. http://www.lunwenstudy.com/zhengzhijj/115227.html.

而是在制度创新,① 自由贸易试验区建设也不是争取优惠政策,而是要形成一套适应改革开放要求和投资贸易需求的新的制度体系,通过在投资、贸易、金融、政府管理等方面的制度性变革理顺政府与市场的关系。既要充分发挥市场决定作用,又要更好发挥政府服务作用,破除妨碍生产要素自由流动和公平竞争的壁垒,大幅度减少政府对资源的直接配置,实现资源配置效益最大化和效率最优化。②

二、扩大开放

我国 40 多年的对外开放不仅打通了国际国内两个市场,带来了生产力的巨大提升,而且改变了人们的思想观念和行为模式,培育和塑造了意义深远的开放包容精神。我国的对外开放创造了以开放促改革、促发展的典范,推动我国经济取得一系列重大历史性进展,包括成为全球第二大经济体、第一大出口国、第二大进口国和对外投资国以及第一大外汇储备国等(黄永富,2019)。

经过 40 多年的改革开放,我国制造业的竞争能力已大幅度提升。从 2010 年中国制造业增加值超过美国至今,我国一直居全球第一制造业大国之位。③ 我国制造业通过全面对外开放、全面参与全球竞争、全面融入世界经济,取得了长足的发展和进步。但我国制造业总体上仍处在全球产业链的中低水平,与世界制造业强国差距明显,同时又面临其他发展中国家的追赶,传统规模优势不断衰减,形成了在全球制造业市场上两端受压的不利局面。④ 因此需要通过对外开放抢占新一轮技术革命的发展机遇,促进我国制造业的转型升级。

在过去 40 多年中,我国的改革开放主要集中在工业制造业领域,我

---

① 熊玉琴.专访毛艳华,谈自贸试验区亮点和卖点[EB/OL].(2016-05-11)[2020-11-19]. https://www.sohu.com/a/74775303_125484.

② 中国(广西)自由贸易试验区工作办公室.我自贸试验区建设面临怎样的国内背景?[EB/OL].(2019-08-27)[2020-11-19]. http://gxftz.gxzf.gov.cn/index.php?case=archive&act=show&aid=1196#.

③ 新浪财经.世界银行数据:自 2010 年中国多年稳居全球制造业第一[EB/OL].(2019-07-10)[2020-11-19]. http://finance.sina.com.cn/china/hgjj/2019-07-10/doc-ihytcerm2576758.shtml.

④ 杨雄.以高水平对外开放促进制造业高质量发展[EB/OL].(2019-06-20)[2020-11-19]. http://politics.people.com.cn/n1/2019/0620/c1001-31171407.html.

国服务业发展与开放落后于制造业,有巨大潜力可挖。第四次全国经济普查结果显示:2018 年服务业占国内生产总值的比重达到 53.3%,比 2013 年提高 6.4 个百分点;2013—2018 年,服务业对经济增长的贡献率超过 59%。2018 年我国服务进出口总额为 5.24 万亿元,占对外贸易总额的比重达到 14.7%。① 尽管我国服务贸易规模较大,但长年存在逆差问题,服务贸易一直是中国外贸逆差的主要来源。在当今世界已经进入服务经济时代的背景下,我国服务业的全面对外开放能够促进服务业融入全球,参与全球竞争,提高服务业领域的效率和竞争能力,为我国经济高质量发展提供动力。

在新的时代,中国的发展更离不开世界,需要更高水平的对外开放,学习国外的先进技术、管理经验、体制机制和创新思维方法,融入国际价值链、生产链、创新链,利用国外国内两个市场、两种资源,解决我国经济发展面临的新的主要问题,增强我国经济可持续发展的能力。我国自由贸易试验区的建设将在对外开放领域进行更多有益的尝试和探索,打造对外开放的新高地,提高我国整体的对外开放水平,形成我国对外开放的新格局,打造我国国际合作与竞争的新优势,促进我国向现代化强国迈进。

三、经济转型

目前中国正从传统的社会形态向现代社会形态转型;从农业、半工业化国家向工业化、信息化国家转型;从不完全开放向完全开放转型。② 这几个转型增加了中国经济发展的复杂性,美国学者巴里·诺顿认为:"中国经济的多样性源自两个未完成的转型。第一,中国仍然在完善从计划经济向市场经济的转型。第二,中国正处在工业化过程中,这是一个仍在延续的从农村向城市社会的转变。中国正处于'经济发展'的过程中,这是一个经济体的各个方面,即社会和文化各个方面的转型过程。这两个转型都还远没有完成。所以,今天的中国拥有传统的、社会主义的、当代的和市场的各种成分,所有这些混杂在一起,呈现出一种极不寻常的复

---

① 邢志宏. 服务业在新时代改革开放中迈向高质量发展 [EB/OL]. (2020 - 01 - 21) [2020 - 11 - 19]. http://finance.people.com.cn/n1/2020/0121/c1004 - 31558432.html.

② 学术堂. 上海自由贸易区建立的国内背景分析 [EB/OL]. (2016 - 10 - 27) [2020 - 11 - 20]. http://www.lunwenstudy.com/zhengzhijj/115227.html.

杂性。"①

我国经济增长速度从2012年开始结束近20年10%的高速增长,转而进入增速换档期。表2-1列出了我国近30年的经济增长率。可以看出,2012—2015年,我国经济增长率为7%—8%;2016—2019年,我国经济增长率为6%—7%。2020年受新冠肺炎疫情的严重冲击,我国经济增长率为2.3%。因此,2013年12月10日习近平总书记在中央经济工作会议上首次提出"新常态"。我国经济进入新常态的重要特点是:增长速度要从高速转向中高速,发展方式要从规模速度型转向质量效率型,经济结构调整要从增量扩能为主转向调整存量、做优增量并举,发展动力要从主要依靠资源和低成本劳动力等要素投入转向创新驱动。

表2-1　　　　1991—2020年我国年经济增长率走势　　　　单位:%

年份	经济增长率	年份	经济增长率	年份	经济增长率
1991	9.26	2001	8.34	2011	9.55
1992	14.22	2002	9.13	2012	7.86
1993	13.88	2003	10.04	2013	7.77
1994	13.04	2004	10.11	2014	7.43
1995	10.95	2005	11.39	2015	7.04
1996	9.92	2006	12.72	2016	6.85
1997	9.24	2007	13.23	2017	6.95
1998	7.85	2008	9.65	2018	6.75
1999	7.66	2009	9.4	2019	6.11
2000	8.49	2010	10.64	2020	2.3

资料来源:佚名.中国历年GDP年度增长率[EB/OL].[2020-11-21]. https://www.kylc.com/stats/global/yearly_per_country/g_gdp_growth/chn.html.

我国经济转型面临不少困难和挑战。第一,要素价格上升。我国劳动力成本、能源价格、土地价格、融资成本不断上升,传统行业的利润空间不断缩小,不仅导致企业产品竞争力下降、利润降低、研发投入减少,还导致整个国家在国际上的竞争力和竞争优势下降。第二,科技创新能力不足。自改革开放以来,我国科学技术发展突飞猛进,取得令人瞩目的成就,但是由于我们在诸多领域未掌握核心技术,"卡脖子"问题仍然普遍

---

① 诺顿.中国经济:转型与增长[M].上海:上海人民出版社,2018.

存在，导致我国企业和行业的发展处处受制，直接影响我国经济社会发展目标的实现及综合国力的提升。第三，资源环境约束。中国经济快速发展，中国成为全球第二大经济体，这是在巨大的资源能源支撑下实现和取得的，同时也造成了大量污染物排放。我国三大环境要素——空气、水和土壤，都遭受了严重污染。如果不改变我国现有的经济发展方式，不对污染采取措施，不治理污染，只降低经济增长速度以实现污染物的减排，经济增长速度应该维持在4%之下。①

2014年我国人均国民总收入超过7000美元，2019年我国人均GDP正式突破1万美元大关。根据世界银行2008年制定的划分标准，我国属于人均国民总收入为3856—11905美元的中等偏上收入国家。进入上中等收入国家，同时意味着我国面临着"中等收入陷阱"风险。②"中等收入陷阱"这一概念最早是出自世界银行的《东亚经济发展报告（2006）》，是指一个国家由于不能顺利实现经济发展方式的转变，导致经济增长动力不足，最终出现经济停滞的一种状态；同时，快速发展中积聚的问题集中爆发，造成贫富分化加剧、产业升级艰难、城市化进程受阻、社会矛盾凸显等。③ 跌入这一陷阱的国家人均GDP始终徘徊在4000—12000美元，却不能突破12000美元的关卡，进而迈入发达国家的行列，经济增长也往往极容易出现大幅波动或陷入停滞。④ 像巴西、阿根廷、墨西哥、智利、马来西亚等在20世纪70年代均进入了中等收入国家行列，但至今这些国家仍然陷入增长的停滞期，既无法在劳动力成本方面与低收入国家竞争，又无法在尖端技术研制方面与发达国家竞争。国际上公认的成功跨越"中等收入陷阱"的国家仅有日本和韩国，而拉美地区和东南亚地区的一些国家则被认为是陷入"中等收入陷阱"的典型代表。⑤

---

① 马中. 经济增长需兼顾环保：绿色发展之路如何推行？[EB/OL]. (2020 - 05 - 29) [2020 - 11 - 21]. https：//www. sohu. com/a/398434633_114988.

② 张占斌. 中国经济新常态的提出及背景 [EB/OL]. (2016 - 01 - 09) [2020 - 11 - 21]. https：//www. sohu. com/a/53500328_119903.

③ 佚名. 中等收入国家陷阱 [EB/OL]. [2020 - 11 - 21]. https：//baike. baidu. com/item/%E4%B8%AD%E7%AD%89%E6%94%B6%E5%85%A5%E5%9B%BD%E5%AE%B6%E9%99%B7%E9%98%B1/3376851? fr = Aladdin.

④ 付一夫. "中等收入陷阱"的十字路口 [EB/OL]. (2020 - 11 - 25) [2020 - 12 - 01]. https：//baijiahao. baidu. com/s? id = 1684293431724220593&wfr = spider&for = pc.

⑤ 张杰. "中等收入陷阱"对中国来说是个"伪命题" [EB/OL]. (2020 - 04 - 27) [2020 - 11 - 22]. https：//baijiahao. baidu. com/s? id = 1665105432725329052&wfr = spider&for = pc.

我国通过自由贸易试验区建设能够营造良好的营商环境，促进高端生产要素集聚，转换经济增长动力，推动我国经济转型升级，跨越"中等收入陷阱"。

四、转变政府职能

政府职能转变是指国家行政机关在一定时期内，根据国家和社会发展的需要，对其应担负的职责和所发挥的功能、作用的范围、内容、方式的转移与变化。从根本上来说，加快政府职能转变就是要合理界定和健全政府职责体系，正确行使政府职能（魏礼群，2010）。自党的十八大以来，以习近平同志为核心的党中央对加快转变政府职能提出了明确要求。党的十八届二中全会指出，转变政府职能是深化行政体制改革的核心。党的十八届三中全会强调，经济体制改革的核心问题是处理好政府和市场的关系，使市场在资源配置中起决定性作用和更好发挥政府作用，关键是转变政府职能（马宝成等，2017）。党的十九届五中全会对加快转变政府职能作出重要部署，为全面加强政府建设、完善国家行政体系指明了方向、提供了行动指南（肖捷，2020）。

卜珍和（2021）从以下四个方面总结了转变政府职能的必要性。

在国家治理方面，现在仍然存在政府权力高度集中、行政指挥违背市场规律、政企不分、政府管理工作效率低下、官僚主义等突出问题，还存在政府职能错位、越位、缺位等现象，这就要求必须加快转变政府职能，优化政府职责体系，理顺部门职责关系，加快简政放权，不断完善政府经济调节、市场监督、社会管理、公共服务、生态环境保护等职能，全面提高政府效能，助推国家治理体系和治理能力现代化。

在依法行政方面，仍有许多不足之处，主要表现在：一些干部自身法制观念不强，少数干部对普法工作的重要性认识不足，执法队伍建设有待加强，公权缺乏约束和监督，执法人员依法行政能力欠缺，行政监督和问责力度不够等。这就要求加快转变政府职能，推进机构、职能、权限、程序、责任法定化，推进各级人民政府事权规范化、法律化，强化对行政权力的制约和监督，进一步提高政府工作人员依法行政意识和能力，坚决克服不作为、慢作为、乱作为，坚决纠正懒政、怠政，确保政府各项工作在法治轨道上有序推进。

在市场经济方面，我国已经建立了比较完善的社会主义市场经济体制,但还存在产权制度不完善、各类市场发育程度参差不齐、公平竞争制度不健全、市场运行的法规制度建设不足、要素市场发育滞后等短板和弱项。构建高水平的社会主义市场经济体制,必须在这些关键性、基础性领域实现突破和创新,着力形成新发展格局,有效弥补市场失灵。同时要求加快转变政府职能,将有为政府和有效市场更好地结合起来,最大限度地减少政府对市场资源的直接配置,减少政府对微观经济活动的直接干预,更加尊重市场经济的运行规律,大力激发和保护市场主体活力。

在服务民众方面,当前我国社会主要矛盾已经发生变化,已从人民日益增长的物质文化需要同落后的社会生产之间的矛盾,转化为人民日益增长的美好生活需要和不平衡不充分的发展之间的矛盾。在为民服务方面的短板和弱项主要有:民生领域还有不少短板,脱贫攻坚任务艰巨,城乡区域发展和收入分配差距依然较大,环境治理还不尽如人意,群众在就业、教育、医疗、居住、养老等方面面临不少难题。社会主要矛盾的转变及民众服务的短缺要求我国必须加快转变政府职能,始终坚持以人民为中心的发展思想,不断优化政府服务,创造更加良好的发展环境,抓住人民最关心、最直接、最现实的利益问题,大力保障和改善民生,不断增强人民福祉,促进社会公平正义,让人民群众有更多的获得感、幸福感、安全感。

自由贸易试验区是推进改革和提高开放型经济水平的"试验田"。加快政府职能转变是自由贸易试验区的重要任务。通过自由贸易试验区的先行先试,探索转变政府职能的路径及政府管理的有效模式,理顺政府和企业、市场、社会的关系,形成可复制的经验,在全国推广。

第三节
战略意义

一、服务国家战略

1. 区域发展

20 世纪 80 年代,我国根据全国各地经济发展水平的强弱,将全国划分为四大经济区：东部地区、中部地区、西部地区和东北地区。①

在 2006 年国家"十一五"规划纲要和 2007 年党的十七大报告中均明确提出鼓励东部地区率先发展的战略（张耀木，2019）。东部地区包括北京、天津、河北、上海、江苏、浙江、福建、山东、广东和海南 10 个省份（直辖市）。如今东部 10 个省份（直辖市）都设立了自由贸易试验区，支持东部地区率先发展战略。

2006 年，党中央、国务院颁布实施《中共中央 国务院关于促进中部地区崛起的若干意见》，为中部地区提供了重要战略机遇。② 中部地区包括山西、河南、安徽、湖北、湖南和江西 6 个省份。其中，河南、安徽、湖北、湖南设立了自由贸易试验区，支撑中部地区崛起战略。

1999 年，党中央、国务院正式提出西部大开发战略，有关部门先后制定实施了一系列西部地区发展规划和政策。西部地区包括内蒙古、广西、重庆、四川、贵州、云南、西藏、陕西、甘肃、青海、宁夏和新疆 12 个省份。其中，广西、重庆、四川、云南、陕西设立了自由贸易试验区，助力西部大开发战略。

2003 年，党中央、国务院作出实施东北地区等老工业基地振兴战略重大决策，吹响东北振兴的号角。2015 年，《中共中央 国务院关于全面振兴东北地区等老工业基地的若干意见》印发实施，为新一轮东北振兴战略注入政策动力。东北地区包括辽宁、吉林和黑龙江三省，曾经是我国的老工业基地和经济最发达的地区，而如今却没有了曾经的辉煌。辽宁、黑龙江自由贸易试验区的设立为东北振兴提供了动力。

2014 年 2 月 26 日，习近平主持召开京津冀三地协同发展座谈会，将京津冀协同发展上升为国家战略，并对三地协作提出七项具体要求。③ 北京、天津、河北自由贸易试验区的设立实现了京津冀的全覆盖，对促进京津冀协同发展具有重要作用。

长江三角洲区域规划于 2010 年 5 月 24 日，由国务院正式批准实施。

---

① 佚名. 我国四大经济板块，有望形成 9 个区域增长极，看看你家乡属于哪个极？[EB/OL]. (2020 - 01 - 05) [2020 - 11 - 23]. https://www.sohu.com/a/364890424_100052351.

② 佚名. 70 年：我国区域经济竞相发展 [EB/OL]. (2019 - 09 - 09) [2020 - 11 - 23]. https://www.sohu.com/a/339741303_120060249.

③ 河北党史网. 京津冀协同发展历程（1986—2018）[EB/OL]. (2019 - 03 - 11) [2020 - 11 - 23]. http://www.hebeidangshi.gov.cn/article/20190311/2 - 2019 - 11482.html.

2018年11月5日,习近平总书记在首届中国国际进口博览会上宣布,支持长江三角洲区域一体化发展并上升为国家战略。2019年12月1日,《长江三角洲区域一体化发展规划纲要》发布。长江三角洲地区包括上海、江苏、浙江、安徽。① 上海、江苏、浙江、安徽自由贸易试验区的设立实现了长江三角洲区域全覆盖,有利于推动长江三角洲区域一体化。

2. "一带一路"倡议

2013年9月7日,习近平首次提出建设"丝绸之路经济带"。2013年10月3日,习近平提出建设"21世纪海上丝绸之路"。"一带一路"是"丝绸之路经济带"和"21世纪海上丝绸之路"的简称。"一带一路"倡议旨在借用古代丝绸之路的历史符号,高举和平发展的旗帜,积极发展与沿线国家的经济合作伙伴关系,共同打造政治互信、经济融合、文化包容的利益共同体、命运共同体和责任共同体。② "一带一路"路线发端于中国,横贯中亚、东南亚、南亚、西亚以及欧洲的部分区域,东牵亚太经济圈,西系欧洲经济圈,覆盖约44亿人口,经济总量约达21万亿美元,分别占全球经济总量的63%和29%(曾婧和罗清和,2016)。"丝绸之路经济带"涵盖中亚、西亚、东南亚、中东欧等多个地区,并最终通往欧洲,以起到整合欧亚大陆经济网络的作用。"21世纪海上丝绸之路"则是从海路形成一个联通欧亚非三个大陆的贸易运输网络。截至2021年年初,中国与171个国家和国际组织签署了205份共建"一带一路"合作文件。

"一带一路"倡议和自由贸易试验区是我国开放型经济领域的两个最重要的政策举措。但是也要意识到,"一带一路"倡议是我国今后相当长的一个时期内对外开放和对外合作的总体规划,自由贸易试验区在一定程度上要服务于"一带一路"建设(谢谦和刘洪愧,2019)。从"一带一路"倡议的国内布局来看,"丝绸之路经济带"圈定了新疆、重庆、陕西、甘肃、宁夏、青海、内蒙古、黑龙江、吉林、辽宁、广西、云南、西藏共13个省份。"21世纪海上丝绸之路"则主要包括上海、福建、广东、浙江、海南5个省份。我国21个自由贸易试验区中有11个与"一带一

---

① 佚名. 长江三角洲区域一体化发展 [EB/OL]. [2020 – 11 – 25]. https://baike.baidu.com/item/%E9%95%BF%E6%B1%9F%E4%B8%89%E8%A7%92%E6%B4%B2%E5%8C%BA%E5%9F%9F%E4%B8%80%E4%BD%93%E5%8C%96%E5%8F%91%E5%B1%95.

② 佚名. 一带一路 [EB/OL]. [2020 – 11 – 25]. https://baike.baidu.com/item/%E4%B8%80%E5%B8%A6%E4%B8%80%E8%B7%AF/13132427?fr = Aladdin.

路"省份完全重合，分别是重庆、陕西、黑龙江、辽宁、广西、云南、上海、福建、广东、浙江、海南，自然会支撑"一带一路"建设。其他自由贸易试验区也根据自身的实际情况和优势，有针对性地提出了服务于"一带一路"建设的试验任务（陈宏和程健，2019）。比如，河南自由贸易试验区要建设成为服务于"一带一路"建设的现代综合交通枢纽；江苏自由贸易试验区加快"一带一路"建设的交汇点建设；安徽自由贸易试验区发挥在推进"一带一路"建设中的重要节点作用；湖北作为"一带一路"国际产能合作的典范省份，设立自由贸易试验区有助于省内优势企业加快"走出去"的步伐，助力"一带一路"建设；在四川建设自由贸易试验区有利于探索符合我国内陆尤其是西部地区实际情况的开放机制，从而提升与"一带一路"沿线国家和地区的贸易、投资合作水平。①

自由贸易试验区至少可以在以下几个方面支撑"一带一路"建设。（1）自由贸易试验区促进"一带一路"人文交流。自由贸易试验区是我国改革开放的新高地，具有最高的对外开放程度。对外开放不仅促进了生产要素的流动，还促进了我国与"一带一路"沿线各国的人文交流。自由贸易试验区创新文化产业监管模式、放宽文化产业经营许可范围、简化文化活动审批流程、便利文化贸易、加强知识产权保护，有利于宣传"一带一路"倡议，以自由贸易试验区为桥梁和平台，加强我国与"一带一路"沿线各国的文化交流（李猛，2017；杨芳，2018）。（2）自由贸易试验区促进"一带一路"经贸合作。自由贸易试验区通过制度创新成为国内贸易最为便利、投资最为自由、市场准入最为宽松、监管模式最为先进的特色经济区域，有利于"一带一路"沿线各国企业进入中国市场，也有利于自由贸易试验区内中国企业开拓"一带一路"沿线市场，加强与"一带一路"沿线各国企业的经贸合作（李猛，2017）。（3）自由贸易试验区促进"一带一路"制度建设。自由贸易试验区通过先行先试，形成制度创新成果，为我国管理对外开放积累经验。被实践证明的先进制度对"一带一路"沿线各国具有借鉴作用，可以在"一带一路"沿线各国复制推广，并引入"一带一路"法治制度建设中，促进"一带一路"

---

① 徐惠喜. 自贸试验区肩负与"一带一路"衔接重任［EB/OL］.（2017 - 09 - 20）［2020 - 11 - 26］. http://finance.sina.com.cn/roll/2017 - 09 - 20/doc - ifykynia8515641.shtml.

各国之间制度的不断融合。另外,自由贸易试验区的制度创新成果可以运用到与"一带一路"沿线各国的谈判中,为我国与"一带一路"沿线各国进行战略谈判提供内容和参考。(4)自由贸易试验区促进"一带一路"交通互联。自由贸易试验区推动打通"一带一路"的海陆空大通道。沿海自由贸易试验区可以通过海港口岸对接海上丝绸之路。内陆自由贸易试验区通过基础设施建设,实现互利互通,发挥内陆自由贸易试验区区位中转集运的便利,发展现代陆上丝路贸易,中欧班列就是典型例证。中欧班列是往来于中国与欧洲国家及"一带一路"沿线各国的集装箱国际铁路联运班列,在各地试验区共同努力下,现已常态化运行,而且形成了西线、中线和东线三条通道(冯宗宪,2020)。自由贸易试验区通过加强航空枢纽建设、开通全货运航线等方式,形成助力"一带一路"建设开放发展的航空大通道。

3. 双循环

2020年5月14日,中共中央政治局常委会会议首次提出"深化供给侧结构性改革,充分发挥我国超大规模市场优势和内需潜力,构建国内国际双循环相互促进的新发展格局",之后新发展格局在多次重要会议中被提及。① 党的十九届五中全会通过的《中共中央关于制定国民经济和社会发展第十四个五年规划和二〇三五年远景目标的建议》提出,要加快构建以国内大循环为主体、国内国际双循环相互促进的新发展格局。

自由贸易试验区是我国改革开放的高地,具有位处国内、联通世界的优势(赵福军,2020),在构建新发展格局中发挥重要作用。

首先,自由贸易试验区对国内循环具有重要的拉动作用。(1)自由贸易试验区围绕企业、要素、产业、市场和政府五个方面开展供给侧改革,解决好"堵点""难点""痛点",为国内大循环清除"路障",打通关节。(2)自由贸易试验区通过制度创新推动科技创新,形成科技创新和制度创新"双轮驱动",既可以破除国内大循环中的制度性障碍,又可以解决国内经济大循环中的一系列技术"卡脖子"问题(张兴祥和王艺明,2020)。(3)自由贸易试验区通过更深层次的改革和更高水平的开放,带动区域经济发展,同时增强改革发展的协同性,实现我国各区域经

---

① 闫雨昕."双循环"这个密钥你get到了吗?[EB/OL].(2020-8-26)[2020-11-26]. https://baijiahao.baidu.com/s?id=1676072903194658813&wfr=spider&for=pc.

济协调、有序发展。

其次,自由贸易试验区对国际循环产生重要的推动作用。(1) 自由贸易试验区实现了更深层次、更高水平、更宽领域、更大力度的对外开放,促进国际循环向纵深发展。(2) 自由贸易试验区对标国际先进水平,改革政府管理模式,增加国际规范的兼容性,促进贸易和投资的自由化和便利化。(3) 自由贸易试验区通过打造一流营商环境,吸引先进生产要素集聚,促进高端产业发展,培育参与国际合作和竞争新优势。

最后,自由贸易试验区不仅对国内和国际循环具有促进作用,而且是连接国内循环和国际循环的纽带或节点。(1) 自由贸易试验区是"引进来"和"走出去"的桥梁。自由贸易试验区通过建设市场化、法治化、国际化的营商环境,凭借我国超大规模的市场,形成了对国际资本强大的吸引力。自由贸易试验区的政策和制度优势提升了我国企业的国际竞争力,成为我国企业"走出去"的助推器。(2) 自由贸易试验区通过生产要素集聚,发展高端产业和新兴产业,促进我国产业转型升级,嵌入全球价值链和创新链的高端。(3) 自由贸易试验区通过建立便捷、高效、安全的国际物流运输体系以及资金、人才、信息等生产要素流动体系,实现了国内循环和国际循环的相互畅通和无缝连接。[①]

二、激发市场活力

1. 发挥市场在资源配置中的决定性作用

自由贸易试验区通过深化改革、扩大开放,推动货物、服务、资本、人员、信息、数据等要素自由流动,完善要素市场化配置,使市场在资源配置中发挥决定性作用。所谓"决定性作用",是指市场在所有社会生产领域的资源配置中处于主体地位,对于生产、流通、消费等各环节的商品价格拥有直接决定权。市场决定资源配置的机制,主要包括价格机制、供求机制、竞争机制以及激励和约束机制。其作用主要体现在以利润为导向引导生产要素流向,以竞争为手段决定商品价格,以价格为杠杆调节供求关系,使社会总供给和总需求达到总体平衡。生产要素的价格、生产要素

---

① 韩剑. 双循环战略下自贸试验区发展新格局 [EB/OL]. (2020 – 07 – 14) [2020 – 11 – 27]. https://theory.gmw.cn/2020 – 07/14/content_33993122.htm.

的投向、产品消费、利润实现、利益分配主要依靠市场交换来完成。① 理论和实践都证明,市场配置资源是最有效率的形式。只要实行市场经济体制,就必须尊重市场在资源配置中的主体地位和决定性作用,其他任何力量都不能代替市场的作用。

2. 更好发挥政府作用

自由贸易试验区通过行政管理体制改革,更好发挥政府作用,主要体现在三个方面。(1)切实转变政府职能,该放给市场和社会的权一定要放足、放到位,该政府管的事一定要管好、管到位,② 发挥好政府在保持宏观经济稳定、加强和优化公共服务、保障公平竞争、加强市场监管、维护市场秩序、推动可持续发展、促进共同富裕、弥补市场失灵等方面的职责和作用。③ (2)依法全面履行政府职能,要坚持依法行政,对行政权力行使要进行制约和监督,强化行政问责。(3)不断创新行政管理方式,以互联网技术为基础,打造"互联网 + 政务",促进政府管理和服务网上和网下的充分融合,以此提高政府服务效能。④

3. 改善营商环境

自由贸易试验区在"投资自由化、贸易市场化、金融国际化、行政管理法制化"等方面先行先试,营造市场化、国际化的营商环境,形成可复制、可推广的改革经验(陈宏和程健,2019)。七年来,自由贸易试验区已经形成的可复制可推广的措施达到了260项,涉及贸易自由化便利化、投资自由化便利化、金融服务实体经济、政府职能转变,都有效促进了政府治理理念的转变,有效推动了全国营商环境的改善,激发了市场主

---

① 共产党员网. 党章修正案为什么将发挥市场在资源配置中的基础性作用修改为发挥市场在资源配置中的决定性作用,更好发挥政府作用?[EB/OL]. (2018 - 02 - 14)[2020 - 11 - 28]. http://news.12371.cn/2018/02/14/ARTI1518560322356268.shtml.

② 人民网. 使市场在资源配置中起决定性作用和更好发挥政府作用[EB/OL]. (2017 - 06 - 19). [2020 - 11 - 28]. http://theory.people.com.cn/n1/2017/0619/c148980 - 29347273.html.

③ 共产党员网. 党章修正案为什么将发挥市场在资源配置中的基础性作用修改为发挥市场在资源配置中的决定性作用,更好发挥政府作用?[EB/OL]. (2018 - 02 - 14)[2020 - 11 - 28]. http://news.12371.cn/2018/02/14/ARTI1518560322356268.shtml.

④ 佚名. 浅论新时代行政管理体制改革的主要路径[EB/OL]. (2018 - 08 - 17)[2020 - 11 - 28]. http://www.xielwb.com/qiyeguanli/95058.html.

体的活力,形成了改革红利共享、开放成果普惠的良好局面。①

三、增强企业竞争优势

1. 降低企业成本

自由贸易试验区通过简化行政审批帮助企业降低成本。自由贸易区试验区超过 90% 的外商投资企业通过简易备案程序实现注册设立,以前外商投资企业设立需要 21 天左右时间,现在只要 1—3 个工作日,以前需要提交 10 份文件,现在减少到 3 份;货物进出口通关效率现在平均提高 40%。② 上海自由贸易试验区企业登记环节审批速度大幅提升 60% 以上,新设企业实现 2 天设立、4 天开业;企业投资项目审批实现带设计方案出让 24 个自然日办结,不带设计方案出让 80 个自然日办结;不动产登记从 20 多天缩减到 5 个自然日。

自由贸易试验区通过简化货物流通环节帮助企业降低成本。如上海自由贸易试验区的国际贸易单一窗口通过制度创新和技术创新,使货物申报由 1 天减到半小时,船舶申报由 2 天减到 2 小时;同时每年节约各类申报企业的成本可达 20 亿元以上。③

2. 集聚高端人才

自由贸易试验区大多位于我国经济发达省份,自由贸易试验区所包括的片区基本都是我国核心或重要城市。这些地区经济发展水平高、基础设施好、教育水平高,对于人才具有很大的吸引力。自由贸易试验区涉及贸易、投资、金融、行政在内的多方领域的全面改革,实现全方位高水平开放,吸引了具有世界眼光、熟悉国际惯例的公共管理人才。自由贸易试验区集聚高端产业和先进制造业,吸引了集成电路、人工智能、生物医药、民用航空等创新人才。自由贸易试验区不断深化服务业改革,促进服务业开放,吸引了金融、航运、商贸、电信、保险、证券、法律等领域的人

---

① 中国日报网. 中国日报网评:自贸试验区助力更高水平开放"十四五"期间更上层楼 [EB/OL]. (2020 - 10 - 26)[2020 - 11 - 28]. http://cn.chinadaily.com.cn/a/202010/26/WS5f968368a3101e7ce972b509.html.
② 王受文. 自由贸易试验区可以分为三批的改革试点经验的复制推广 [EB/OL]. (2016 - 11 - 11)[2020 - 11 - 29]. http://www.gov.cn/xinwen/2016 - 11/11/content_5131299.htm.
③ 张阿凤. 上海自贸试验区成立近 6 年,探索超百余项改革成果 [EB/OL]. (2019 - 08 - 28)[2020 - 11 - 29]. https://baijiahao.baidu.com/s? id = 1642973863870273707&wfr = spider&for = pc.

才,对建筑、规划、设计等专业服务以及教育、卫生、文化服务等领域人才的需求也会不断拓展。① 自由贸易试验区基本都出台了人才引进的政策。通过解决人才的任职、住房、就医、社保、子女教育等问题,改善引进人才的工作条件和生活待遇,完善人才服务体系,全面提升人才服务水平,创造有竞争力的人才环境,吸引优秀人才。

  自由贸易试验区积极创新人才体制机制,主要包括以下措施。畅通人才引进绿色通道,推动人才管理服务部门进一步简政放权,减少和规范行政审批事项。通过探索柔性引才机制,采取项目技术合作、技术咨询服务、兼职兼薪、联合开发、智力入股等各种灵活多样的方式引进或使用国内外优秀人才智力。鼓励探索符合国际惯例、具有引才竞争力的薪酬定价机制。建立人才资本产权激励制度,制定知识、技术、管理、技能等生产要素按贡献参与分配的办法,鼓励高层次人才以这些生产要素为资本创办企业。优化创业孵化机制,设立创业风险投资基金,加大财政贴息力度,建立健全创业金融服务体系和技术产权交易平台。积极培育创新文化和氛围,建设知识产权保护体系,保护人才和用人单位的创新权益,鼓励人才创新。进一步加大国际招才引智工作力度,遵循国际通行标准和录用程序,大力推进并实施面向全球的人才招聘制度。② 为外籍高层人才设立便利往来和签证居留政策,既要为其提供基本的国民待遇,如在子女教育、医疗、交通等方面提供良好服务,也要帮助其尽快了解国内的市场环境、工作要求,增强对企业文化和我国社会价值理念的认同。③ 完善外资设立人才中介机构政策,支持国际猎头公司或国际人才中介机构在自由贸易试验区设立合资或分支机构。吸引跨国公司、境外著名培训机构和国内培训机构以合资、合作等形式建立培训机构和举办紧缺人才培训项目。通过办学体制的多元化以及管理创新,建立自由贸易试验区建设紧缺急需人才的培训基地或培训平台。选派行业和部门的优秀人才到国内外大学和科研机

---

① 汪怿. 专家解读上海自贸区新片区人才政策:要让人才来得了、用得好[EB/OL]. (2019-08-07)[2020-11-29]. https://www.jiemian.com/article/3383268_qq.html.
② 陈清. 自贸区建设须先做好人才文章[EB/OL]. (2015-04-28)[2020-11-30]. https://epaper.gmw.cn/gmrb/html/2015-04/28/nw.D110000gmrb_20150428_2-16.htm.
③ 周爱军. 推动自贸试验区人才制度创新[EB/OL]. (2020-07-24)[2020-11-30]. https://theory.gmw.cn/2020-07/24/content_34024652.htm.

构进修深造,培养和增强各类人才参与国际贸易的竞争能力。[①]

3. 促进企业创新

创新是自由贸易试验区的题中应有之义,自由贸易试验区建设的核心是制度创新,而制度创新对企业创新具有很强的促进作用。首先,自由贸易试验区为企业创新提供了良好的环境。有些自由贸易试验区具有科技创新功能,如上海、北京的自由贸易试验区致力于建设具有全球影响力的科技创新中心。有些自由贸易试验区注重在特定领域的创新,如山东自由贸易试验区加快推动海洋科技创新。有些自由贸易试验区围绕高端产业开展创新,如江苏自由贸易试验区促进集成电路、人工智能、生物医药、纳米技术应用等产业创新发展。有些自由贸易试验区出台鼓励科技创新的政策,如辽宁自由贸易试验区沈阳片区发布了《中国(辽宁)自贸试验区沈阳片区促进科技创新发展的若干政策实施细则》。此细则按照沈阳片区功能定位和重点产业发展目录,根据国家和省市有关政策法规,制定了促进科技创新发展的若干政策。包括支持培育发展科技型企业、支持高新技术企业和科技小巨人企业发展、支持创新平台建设、促进科技成果转化、支持科技孵化基地建设等。[②] 其次,自由贸易试验区为企业创新提供了动力。自由贸易试验区实行更高水平的对外开放,大量国外竞争者涌入国内市场,同时企业也要参与国际市场竞争,激烈的市场竞争成为推动企业创新的原动力。最后,自由贸易试验区为企业创新提供了条件。自由贸易试验区的贸易自由化一方面通过进口促进创新要素集聚,提高资源配置效率,另一方面通过出口分摊创新成本,获得向国外学习的机会,有利于创新。自由贸易试验区的投资自由化吸引大量外资企业和跨国公司进入自由贸易试验区,产生技术和知识的溢出效应,有利于企业创新。自由贸易试验区通过金融改革、金融开放、金融创新加快了资本流动,缓解了企业创新的资金约束,有利于企业创新。

四、释放百姓红利

对于普通老百姓而言,自由贸易试验区的建立至少在以下四个方面为

---

① 佚名. 建设自贸区 人才很重要 [EB/OL]. (2018-09-07) [2020-11-30]. http://www.360doc.com/content/18/0907/11/59407651_784605359.shtml.

② 宗禾. 自贸区"创新之道",他们这样蹚路…… [EB/OL]. [2020-11-30]. http://xhv5.xhby.net/mp3/pc/c/201909/04/c680561.html.

百姓带来利好。

1. 享受更便利、更高效的政务服务

自由贸易试验区在转变政府职能、深化"放管服"改革等方面先行先试，然后将经验复制推广到全国，百姓到政府部门办事更加便利高效，有利于广大群众干事创业。①

2. 选购更丰富、更便宜的海外商品

通过自由贸易试验区开展汽车平行进口、保税商品展示交易、跨境电子商务等业务，百姓可以更加便捷地购买海外丰富优质的产品。同时，由于自由贸易试验区采取贸易便利化措施，省去了很多流通环节，商品的流动速度加快，成本下降，商品就会更加便宜。比如，来自智利的车厘子进入了中国寻常百姓家，一是得益于中国—智利自由贸易试验区的自由贸易协定（FTA）生效，包括车厘子在内97%的双方进出口商品实现零关税；二是上海自由贸易试验区的系列贸易便利化措施，使通关时间大大缩短，车厘子从智利机场起飞到进入中国市场，整个过程耗时不到48小时，成本和损耗率都大大下降。②

3. 享受更优质、更高端的服务

随着自由贸易试验区服务业开放力度的不断加大，很多国际著名的服务机构如保险公司、金融机构、医院、学校、旅行社会进入自由贸易试验区开展服务，老百姓就可以不出国门享受国际化的保险服务、多样的金融服务、高端的医疗与教育服务、个性化的旅游服务。

4. 获得更多、更好的就业机会

自由贸易试验区投资领域的开放、营商环境的改善，吸引大量的国内企业和外资企业在自由贸易试验区投资设厂，吸引大量的高端产业和新兴产业在自由贸易试验区集聚，必然会提供更多、更高质量的就业机会。

---

① 合肥市人民政府. 自贸试验区到底有什么特别？对老百姓有啥好处？［EB/OL］.（2020 – 09 – 23）［2020 – 12 – 01］. https: //baijiahao. baidu. com/s? id = 1678549278009604938&wfr = spider&for = pc.

② 张胜，王斯敏，蒋新军，等. 自贸试验区，怎样用好"更大改革自主权"［EB/OL］.（2019 – 08 – 20）［2020 – 12 – 01］. https: //baijiahao. baidu. com/s? id = 1642359363692937005&wfr = spider&for = pc.

第三章

我国自由贸易试验区的发展现状

第一节 我国自由贸易试验区的设立情况

一、我国自由贸易试验区设立过程

我国自由贸易试验区从 2013 年开始设立，至今已经分 6 批共设立了 21 个自由贸易试验区，形成了"1+3+7+1+6+3"的格局。

"1"：2013 年 8 月 22 日，国务院正式批准设立了中国（上海）自由贸易试验区，这是中国首个自由贸易试验区。2013 年 9 月 18 日，国务院批准《中国（上海）自由贸易试验区总体方案》。2013 年 9 月 29 日，上海自由贸易试验区挂牌成立。2019 年 8 月 6 日，国务院印发《中国（上海）自由贸易试验区临港新片区总体方案》，设立中国（上海）自由贸易试验区临港新片区。2019 年 8 月 20 日，上海自由贸易试验区临港新片区在滴水湖畔正式揭牌。

"3"：2014 年 12 月 12 日，党中央、国务院决定设立中国（广东）自由贸易试验区、中国（天津）自由贸易试验区、中国（福建）自由贸易试验区3个自由贸易试验区。2015年4月8日，国务院印发3个自由贸易试验区总体方案。2015年4月21日，3个自由贸易试验区挂牌成立。

"7"：2016年8月31日，党中央、国务院决定设立中国（辽宁）自由贸易试验区、中国（浙江）自由贸易试验区、中国（河南）自由贸易试验区、中国（湖北）自由贸易试验区、中国（重庆）自由贸易试验区、中国（四川）自由贸易试验区、中国（陕西）自由贸易试验区7个自由贸易试验区。2017年3月31日，国务院印发7个自由贸易试验区总体方案。2017年4月1日，7个自由贸易试验区挂牌成立。

"1"：2018年4月13日，习近平在庆祝海南建省办经济特区30周年大会上郑重宣布，党中央决定支持海南全岛建设中国（海南）自由贸易试验区。2020年6月1日，中共中央、国务院印发《海南自由贸易港建设总体方案》，标志着海南自由贸易港建设的开始。

"6"：2019年8月2日，国务院决定设立中国（山东）自由贸易试验区、中国（江苏）自由贸易试验区、中国（广西）自由贸易试验区、中国（河北）自由贸易试验区、中国（云南）自由贸易试验区、中国（黑龙江）自由贸易试验区6个自由贸易试验区，① 并印发6个自由贸易试验区建设总体方案。2019年8月30日，6个自由贸易试验区挂牌成立。

"3"：2020年9月21日，国务院发布在北京、湖南、安徽建立自由贸易试验区的总体方案以及《中国（浙江）自由贸易试验区扩展区域方案》，2020年9月24日，3个自由贸易试验区挂牌成立。至此，我国的自由贸易试验区数量增至21个。图3-1总结了我国各批自由贸易试验区的设立情况。

如今31个省份已经有21个开设了自由贸易试验区。前六批已在东部沿海和中部地区遍地开花，但仍有10个省份尚待设立，包括内蒙古、吉林、新疆、西藏、青海、甘肃、宁夏、山西、贵州、江西。② 近年来自由贸易试验区扩容步伐加快、"遍地开花"，有两个层面原因。在中央层面，

---

① 佚名. 中国自贸区总数增至18个！自贸发展历程梳理增加自贸区可以给老百姓什么利好？[EB/OL].（2019-09-05）[2020-12-02]. https://www.sohu.com/a/338985795_120172395.

② 何芸莹，管玉慧. 中国7年设立21个自贸区，还有哪些省份没有自贸区？[EB/OL].（2020-09-21）[2020-12-03]. https://www.bilibili.com/read/cv7687421/.

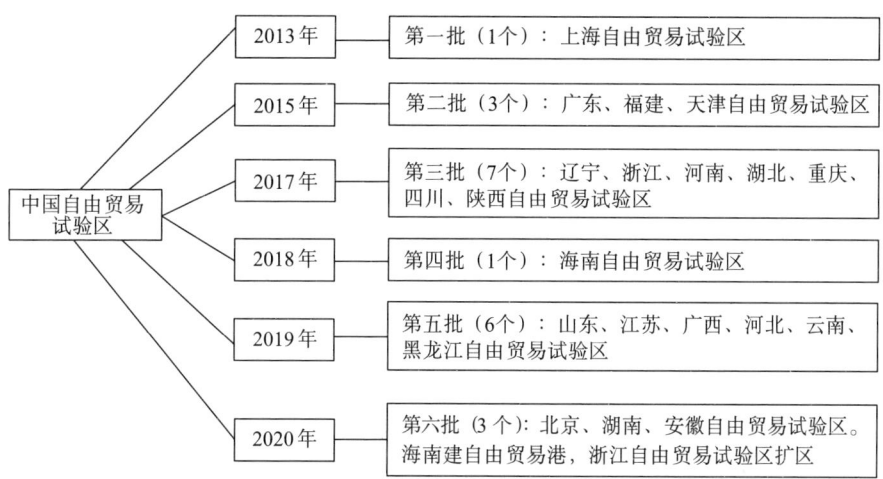

图 3-1 我国各批自由贸易试验区设立情况

资料来源：何芸莹，管玉慧. 中国 7 年设立 21 个自贸区，还有哪些省份没有自贸区？[EB/OL]. (2020-09-21) [2020-12-03]. https://www.bilibili.com/read/cv7687421/.

我国地域范围广、区域差异大、情况复杂，不可能让一个自由贸易试验区承担所有的试验任务，需要选择和新增不同的地区进行差异化探索；在地方层面，各省份处在不同的发展阶段、面临不同的发展问题，其他地区成功的经验不一定能在本地发挥作用，各地都希望拥有自由贸易试验区这一开放创新载体，探索适合自己的创新发展道路。[①]

二、我国各自由贸易试验区概况

上海自由贸易试验区的实施范围为 120.72 平方公里，涵盖上海外高桥保税区、上海外高桥保税物流园区、洋山保税港区、上海浦东机场综合保税区 4 个海关特殊监管区域（28.78 平方公里）以及陆家嘴金融片区（34.26 平方公里）、金桥开发片区（20.48 平方公里）、张江高科技片区（37.2 平方公里）。上海自由贸易试验区临港新片区：规划在上海大治河以南、金汇港以东以及小洋山岛、浦东国际机场南侧区域设置新片区。按照"整体规划、分步实施"原则，先行启动南汇新城、临港装备产业区、小洋山岛、浦东机场南侧等区域，面积为 119.5 平方公里。

---

① 贺沛. 我国自贸区的现状、问题与展望 [EB/OL]. (2020-11-02) [2020-12-03]. http://www.hmszqq.com/ArticleShow4.asp?ArticleID=6761.

广东自由贸易试验区的实施范围为116.2平方公里，涵盖三个片区：广州南沙新区片区60平方公里（含广州南沙保税港区7.06平方公里）、深圳前海蛇口片区28.2平方公里（含深圳前海湾保税港区3.71平方公里）、珠海横琴新区片区28平方公里。

天津自由贸易试验区的实施范围为119.9平方公里，涵盖三个片区：天津港片区30平方公里（含东疆保税港区10平方公里）、天津机场片区43.1平方公里（含天津港保税区空港部分1平方公里和滨海新区综合保税区1.96平方公里）、滨海新区中心商务片区46.8平方公里（含天津港保税区海港部分和保税物流园区4平方公里）。

福建自由贸易试验区的实施范围为118.04平方公里，涵盖三个片区：平潭片区43平方公里、厦门片区43.78平方公里（含象屿保税区0.6平方公里、象屿保税物流园区0.7平方公里、厦门海沧保税港区9.51平方公里）、福州片区31.26平方公里（含福州保税区0.6平方公里、福州出口加工区1.14平方公里、福州保税港区9.26平方公里）。

辽宁自由贸易试验区的实施范围为119.89平方公里，涵盖三个片区：大连片区59.96平方公里（含大连保税区1.25平方公里、大连出口加工区2.95平方公里、大连大窑湾保税港区6.88平方公里）、沈阳片区29.97平方公里、营口片区29.96平方公里。

浙江自由贸易试验区的实施范围为119.95平方公里，由陆域和相关海洋锚地组成，涵盖三个片区：舟山离岛片区78.98平方公里（含舟山港综合保税区区块二3.02平方公里）、舟山岛北部片区15.62平方公里（含舟山港综合保税区区块一2.83平方公里）、舟山岛南部片区25.35平方公里。浙江自由贸易试验区扩展区域实施范围为119.5平方公里，涵盖三个片区：宁波片区46平方公里（含宁波梅山综合保税区5.69平方公里、宁波北仑港综合保税区2.99平方公里、宁波保税区2.3平方公里）、杭州片区37.51平方公里（含杭州综合保税区2.01平方公里）、金义片区35.99平方公里（含义乌综合保税区1.34平方公里、金义综合保税区1.26平方公里）。

河南自由贸易试验区的实施范围为119.77平方公里，涵盖三个片区：郑州片区73.17平方公里（含河南郑州出口加工区A区0.89平方公里、河南保税物流中心0.41平方公里）、开封片区19.94平方公里、洛阳片区26.66平方公里。

湖北自由贸易试验区的实施范围为119.96平方公里，涵盖三个片区：武汉片区70平方公里（含武汉东湖综合保税区5.41平方公里）、襄阳片区21.99平方公里（含襄阳保税物流中心（B型）0.281平方公里）、宜昌片区27.97平方公里。

重庆自由贸易试验区的实施范围为119.98平方公里，涵盖三个片区：两江片区66.29平方公里（含重庆两路寸滩保税港区8.37平方公里）、西永片区22.81平方公里（含重庆西永综合保税区8.8平方公里、重庆铁路保税物流中心（B型）0.15平方公里）、果园港片区30.88平方公里。

四川自由贸易试验区的实施范围为119.99平方公里，涵盖三个片区：成都天府新区片区90.32平方公里（含成都高新综合保税区区块四（双流园区）4平方公里、成都空港保税物流中心（B型）0.09平方公里）、成都青白江铁路港片区9.68平方公里（含成都铁路保税物流中心（B型）0.18平方公里）、川南临港片区19.99平方公里（含泸州港保税物流中心（B型）0.21平方公里）。

陕西自由贸易试验区的实施范围为119.95平方公里，涵盖三个片区：中心片区87.76平方公里（含陕西西安出口加工区A区0.75平方公里、B区0.79平方公里、西安高新综合保税区3.64平方公里和陕西西咸保税物流中心（B型）0.36平方公里）、西安国际港务区片区26.43平方公里（含西安综合保税区6.17平方公里）、杨凌示范区片区5.76平方公里。

海南自由贸易港的实施范围是海南全岛，为3.54万平方公里，着力打造全面深化改革开放试验区、国家生态文明试验区、国际旅游消费中心、国家重大战略服务保障区，争创新时代中国特色社会主义生动范例，让海南成为展示中国风范、中国气派、中国形象的靓丽名片。

山东自由贸易试验区的实施范围为119.98平方公里，涵盖三个片区：济南片区37.99平方公里、青岛片区52平方公里（含青岛前湾保税港区9.12平方公里、青岛西海岸综合保税区2.01平方公里）、烟台片区29.99平方公里（含烟台保税港区区块二2.26平方公里）。

江苏自由贸易试验区的实施范围为119.97平方公里，涵盖三个片区：南京片区39.55平方公里、苏州片区60.15平方公里（含苏州工业园综合保税区5.28平方公里）、连云港片区20.27平方公里（含连云港综合保税区2.44平方公里）。

广西自由贸易试验区的实施范围为119.99平方公里，涵盖三个片区：

南宁片区46.8平方公里（含南宁综合保税区2.37平方公里）、钦州港片区58.19平方公里（含钦州保税港区8.81平方公里）、崇左片区15平方公里（含凭祥综合保税区1.01平方公里）。

河北自由贸易试验区的实施范围为119.97平方公里，涵盖四个片区：雄安片区33.23平方公里、正定片区33.29平方公里（含石家庄综合保税区2.86平方公里）、曹妃甸片区33.48平方公里（含曹妃甸综合保税区4.59平方公里）、大兴机场片区19.97平方公里。

云南自由贸易试验区的实施范围为119.86平方公里，涵盖三个片区：昆明片区76平方公里（含昆明综合保税区0.58平方公里）、红河片区14.12平方公里、德宏片区29.74平方公里。

黑龙江自由贸易试验区的实施范围为119.85平方公里，涵盖三个片区：哈尔滨片区79.86平方公里、黑河片区20平方公里、绥芬河片区19.99平方公里（含绥芬河综合保税区1.8平方公里）。

北京自由贸易试验区的实施范围为119.68平方公里，涵盖科技创新片区、国际商务服务片区、高端产业片区三个片区。其中，科技创新片区31.85平方公里，包括中关村科学城和北京生命科学园周边的部分区域。国际商务服务片区48.34平方公里，包括首都国际机场周边、北京CBD、金盏国际合作服务区以及城市副中心运河商务区和张家湾设计小镇周边的部分区域。高端产业片区共39.49平方公里，包括大兴国际机场西侧和北京经济技术开发区的部分区域。

湖南自由贸易试验区的实施范围为119.76平方公里，涵盖三个片区：长沙片区79.98平方公里（含长沙黄花综合保税区1.99平方公里）、岳阳片区19.94平方公里（含岳阳城陵矶综合保税区2.07平方公里）、郴州片区19.84平方公里（含郴州综合保税区1.06平方公里）。

安徽自由贸易试验区的实施范围为119.86平方公里，涵盖三个片区：合肥片区64.95平方公里（含合肥经济技术开发区综合保税区1.4平方公里）、芜湖片区35平方公里（含芜湖综合保税区2.17平方公里）、蚌埠片区19.91平方公里。

各自由贸易试验区的实施范围基本上为120平方公里左右，只有三个例外。一是海南自贸港，实施范围为全岛；二是上海自由贸易试验区，原实施范围120.7平方公里，在2019年8月又成立临港新片区（873平方公里，先行启动119.5平方公里）；三是浙江自由贸易试验区，原实施范围 120 平方公里，在 2020 年 9 月扩展到约 240 平方公里。①

第二节
我国自由贸易试验区的战略布局

一、我国自由贸易试验区的"雁阵"格局

中国的自由贸易试验区数量目前已经扩容至 21 个，有序分布在华东、华南、华北、华中、东北、西南地区，基本实现了沿海省份的全覆盖，连点成线，再连线成面，形成对外开放的前沿地带，全方位发挥沿海和沿边地区对腹地的辐射带动作用，更好地服务陆海内外联动、东西双向互济的对外开放总体布局（李善民，2020）。我国自由贸易试验区的地域分布呈现东西南北中协调、陆海统筹的新开放格局。

从地域上看，我国自由贸易试验区可以分为沿海、内陆、沿边三类。沿海包括上海、广东、福建、天津、浙江、辽宁、海南、江苏、山东、河北 10 个自由贸易试验区，已经实现了东部沿海地区的全覆盖；内陆包括湖北、河南、重庆、四川、陕西、北京、湖南、安徽 8 个自由贸易试验区；沿边包括广西、云南、黑龙江 3 个自由贸易试验区（张金杰，2020）。沿海自由贸易试验区形成对外开放的前沿地带，全方位发挥沿海地区对腹地的辐射带动作用。内陆自由贸易试验区是以开放倒逼改革，促进经济方式转变和产业结构调整，进而推动中西部地区全面深化改革，促进区域经济协调发展的重要平台和手段。② 沿边自由贸易试验区通过改革创新助推沿边开放，辐射带动沿边发展，为我国进一步密切同周边国家的

---

① 贺沛．我国自贸区的现状、问题与展望［EB/OL］．（2020 - 11 - 02）［2020 - 12 - 03］．http：//www.hmszqq.com/ArticleShow4.asp？ArticleID = 6761．
② 徐克强．中国内陆自由贸易试验区战略研讨会在京召开［EB/OL］．（2015 - 12 - 29）［2020 - 12 - 05］．http：//finance.sina.com.cn/roll/2015 - 12 - 29/doc - ifxmxxsp7250451.shtml．

经贸合作、提升沿边地区开放开发水平,提供可复制、可借鉴的改革经验。① 各个自由贸易试验区在战略布局上体现的共同特征是制度创新、改善营商环境、带动区域发展,但不同类型的自由贸易试验区在战略布局上又有不同的侧重点。

我国自由贸易试验区已经形成"雁阵"格局,这一格局是在总结我国改革开放历史经验的基础上,结合我国不同区域发展的特色差异和战略定位,在地理空间上全面拓展的结果。这种渐进的试验模式有利于自由贸易试验区压力测试和风险测试力度不断加大,辐射带动作用继续增强。自由贸易试验区的"雁阵"布局可形成更丰富多样的制度创新成果,为全面深化改革和全方位扩大开放探索新路径、积累新经验。②

二、我国自由贸易试验区的沿海布局

沿海自由贸易试验区的战略侧重点体现在三个方面。(1) 以港口为依托发展外向型经济。每个沿海自由贸易试验区都有港口,可以加强港口的开发和利用,制定相关优惠政策,扩大对外开放水平,实现自由贸易试验区的整体发展。沿海自由贸易试验区还可以大力发展海洋经济,加快转变经济增长方式,调整产业结构,尤其是海南自由贸易港、山东自由贸易试验区和以舟山群岛为主片区的浙江自由贸易试验区在发展海洋经济方面具有巨大的空间。(2) 大力推动高端产业和现代服务业发展。我国沿海地区是我国经济最发达的地区,拥有很多高端制造业和现代服务业企业。沿海自由贸易试验区的建设和发展将有效发挥沿海地区的现有优势,借鉴国际先进经验和做法,发展具有高技术含量、高附加值、强竞争力的产业,同时注重发展新兴服务业,用新技术、新业态和新服务方式改造传统服务业,创造需求、引导消费,向社会提供高附加值、高层次、知识型的生产服务和生活服务。(3) 承接对外开放与"一带一路"合作发展的排头兵任务。沿海地区一直我国改革开放的重要阵地,自由贸易试验区的建

---

① 于佳欣,何欣荣,王雨萧. 新"雁阵"引领开放新格局:聚焦自贸试验区再扩围 [EB/OL]. (2019 - 08 - 27) [2020 - 12 - 05]. http://www.gov.cn/zhengce/2019 - 08/27/content_5424821.htm.

② 张胜,王斯敏,蒋新军,等. 自贸试验区,怎样用好"更大改革自主权" [EB/OL]. (2019 - 08 - 20) [2020 - 12 - 05]. https://baijiahao.baidu.com/s?id=1642359363692937005&wfr=spider&for=pc.

设和发展将进一步提高开放水平，促进外向型经济发展。例如，广东自由贸易试验区提出建设全国新一轮改革开放先行地，海南自由贸易港提出加快构建开放型经济新体制，推动形成全面开放的新格局，把海南打造成为我国面向太平洋和印度洋的重要对外开放门户。很多沿海自由贸易试验区还具有承接"一带一路"合作的重要作用。例如，广东自由贸易试验区提出建设"21世纪海上丝绸之路"重要枢纽，福建自由贸易试验区提出建设"21世纪海上丝绸之路"核心区。

三、我国自由贸易试验区的内陆布局

内陆自由贸易试验区的战略侧重点体现在三个方面（张金杰，2020）。（1）打造新兴产业和高端制造业。内陆自由贸易试验区虽然不具有沿海地区的港口优势，但北京、西安、武汉等城市却具有强大的科技实力，适合发展战略性新兴产业和高新技术产业。（2）承担中国经济内循环的重要节点功能。因为受劳动力成本和房地产价格快速上涨的不利因素影响，不少沿海的内外资企业一直在向中西部地区转移。而内陆自由贸易试验区的设立将有利于中西部地区有序承接来自沿海地区的产业转移。伴随着这种产业转移，将带动中西部地区的投资、消费与产业升级，这对于推动今后我国经济双循环中的内循环，具有重要意义。（3）对接"一带一路"建设。内陆自由贸易试验区能够起到对接、辐射、服务"一带一路"建设的重要作用。例如，河南处于我国在"一带一路"的南向、西向和连接"海上丝绸之路"的中心，建设现代立体交通体系和现代物流体系也可以更好地服务于"一带一路"建设的发展。

四、我国自由贸易试验区的内陆布局

沿边自由贸易试验区的战略侧重点体现在两个方面（张金杰，2020）。（1）促进产业结构升级换代。广西、云南、黑龙江3个省份经济发展相对滞后，产业结构不优。通过自由贸易试验区的建设，大力发展新兴产业和现代服务业，优化和升级产业结构，实现经济的快速发展。（2）加强与周边国家合作。广西、云南是我国与南亚、东南亚地区经济合作的两个最重要省份，这两个自由贸易试验区设立的出发点自然离不开跨境经贸合作。在广西和云南的自由贸易试验区发展方案中，都重点提到了面向南亚、东南亚地区，特别是面向东盟各国，在自由贸易试验区的加

工贸易、跨境金融、跨境电子商务、交通基础设施建设乃至对外文化交流方面的国际合作。同样，作为最北端的黑龙江自由贸易试验区，其战略定位是建成向北开放的重要窗口，打造对俄罗斯及东北亚区域合作的中心枢纽。

第三节
我国各自由贸易试验区的功能定位与产业布局

一、我国各自由贸易试验区的功能定位

上海自由贸易试验区的功能定位是：率先建立同国际投资和贸易通行规则相衔接的制度体系，把自由贸易试验区建设成为投资贸易自由、规则开放透明、监管公平高效、营商环境便利的国际高标准自由贸易园区，健全四个体系——各类市场主体平等准入和有序竞争的投资管理体系、促进贸易转型升级和通关便利的贸易监管服务体系、深化金融开放创新和有效防控风险的金融服务体系、符合市场经济规则和治理能力现代化要求的政府管理体系，率先形成法治化、国际化、便利化的营商环境和公平、统一、高效的市场环境。上海自由贸易试验区临港新片区的功能定位是：建成具有较强国际市场影响力和竞争力的特殊经济功能区，形成更加成熟定型的制度成果，打造全球高端资源要素配置的核心功能，成为我国深度融入经济全球化的重要载体。

广东自由贸易试验区的功能定位是：依托港澳、服务内地、面向世界，将自由贸易试验区建设成为粤港澳深度合作示范区、"21世纪海上丝绸之路"重要枢纽和全国新一轮改革开放先行地。

天津自由贸易试验区的功能定位是：以制度创新为核心任务，以可复制可推广为基本要求，努力成为京津冀协同发展高水平对外开放平台、全国改革开放先行区和制度创新试验田、面向世界的高水平自由贸易园区。

福建自由贸易试验区的功能定位是：围绕立足两岸、服务全国、面向世界的战略要求，充分发挥改革先行优势，营造国际化、市场化、法治化

营商环境，把自由贸易试验区建设成为改革创新试验田；充分发挥对台优势，率先推进与台湾地区投资贸易自由化进程，把自由贸易试验区建设成为深化两岸经济合作的示范区；充分发挥对外开放前沿优势，建设"21世纪海上丝绸之路"核心区，打造面向"21世纪海上丝绸之路"沿线国家和地区开放合作新高地。

辽宁自由贸易试验区的功能定位是：以制度创新为核心，以可复制可推广为基本要求，加快市场取向体制机制改革、积极推动结构调整，努力将自由贸易试验区建设成为提升东北老工业基地发展整体竞争力和对外开放水平的新引擎。

浙江自由贸易试验区的功能定位是：以制度创新为核心，以可复制可推广为基本要求，将自由贸易试验区建设成为东部地区重要海上开放门户示范区、国际大宗商品贸易自由化先导区和具有国际影响力的资源配置基地。浙江自由贸易试验区扩展区域要发挥"一带一路"建设、长江经济带发展、长江三角洲区域一体化发展等国家战略叠加优势，着力打造以油气为核心的大宗商品资源配置基地、新型国际贸易中心、国际航运和物流枢纽、数字经济发展示范区和先进制造业集聚区。[①]

河南自由贸易试验区的功能定位是：以制度创新为核心，以可复制可推广为基本要求，加快建设贯通南北、连接东西的现代立体交通体系和现代物流体系，将自由贸易试验区建设成为服务于"一带一路"建设的现代综合交通枢纽、全面改革开放试验田和内陆开放型经济示范区。

湖北自由贸易试验区的功能定位是：以制度创新为核心，以可复制可推广为基本要求，立足中部、辐射全国、走向世界，努力成为中部有序承接产业转移示范区、战略性新兴产业和高技术产业集聚区、全面改革开放试验田和内陆对外开放新高地。

重庆自由贸易试验区的功能定位是：以制度创新为核心，以可复制可推广为基本要求，全面落实党中央、国务院关于发挥重庆战略支点和连接点重要作用、加大西部地区门户城市开放力度的要求，努力将自由贸易试验区建设成为"一带一路"和长江经济带互联互通重要枢纽、西部大开发战略重要支点。

---

① 佚名. 宁波46平方公里！浙江自由贸易试验区扩区方案发布（附全文）[EB/OL]. (2020-09-21)[2020-12-06]. http://nb.ifeng.com/a/20200921/14535196_0.shtml.

四川自由贸易试验区的功能定位是：以制度创新为核心，以可复制可推广为基本要求，立足内陆、承东启西，服务全国、面向世界，将自由贸易试验区建设成为西部门户城市开发开放引领区、内陆开放战略支撑带先导区、国际开放通道枢纽区、内陆开放型经济新高地、内陆与沿海沿边沿江协同开放示范区。

陕西自由贸易试验区的功能定位是：以制度创新为核心，以可复制可推广为基本要求，全面落实党中央、国务院关于更好发挥"一带一路"建设对西部大开发带动作用、加大西部地区门户城市开放力度的要求，努力将自由贸易试验区建设成为全面改革开放试验田、内陆型改革开放新高地、"一带一路"经济合作和人文交流重要支点。

海南自由贸易港的功能定位是：发挥海南岛全岛试点的整体优势，紧紧围绕建设全面深化改革开放试验区、国家生态文明试验区、国际旅游消费中心和国家重大战略服务保障区，实行更加积极主动的开放战略，加快构建开放型经济新体制，推动形成全面开放新格局，把海南打造成为我国面向太平洋和印度洋的重要对外开放门户。根据中共中央、国务院印发的《海南自由贸易港建设总体方案》，到 2025 年，初步建立以贸易自由便利和投资自由便利为重点的自由贸易港政策制度体系。营商环境总体达到国内一流水平，市场主体大幅增长，产业竞争力显著提升，风险防控有力有效，适应自由贸易港建设的法律法规逐步完善，经济发展质量和效益明显改善。到 2035 年，自由贸易港制度体系和运作模式更加成熟，以自由、公平、法治、高水平过程监管为特征的贸易投资规则基本构建，实现贸易自由便利、投资自由便利、跨境资金流动自由便利、人员进出自由便利、运输来往自由便利和数据安全有序流动。营商环境更加优化，法律法规体系更加健全，风险防控体系更加严密，现代社会治理格局基本形成，成为我国开放型经济新高地。到 21 世纪中叶，全面建成具有较强国际影响力的高水平自由贸易港。

山东自由贸易试验区的功能定位是：以制度创新为核心，以可复制可推广为基本要求，全面落实中央关于增强经济社会发展创新力、转变经济发展方式、建设海洋强国的要求，加快推进新旧发展动能接续转换，发展海洋经济，形成对外开放新高地。

江苏自由贸易试验区的功能定位是：以制度创新为核心，以可复制可推广为基本要求，全面落实中央关于深化产业结构调整、深入实施创新驱动发展战略的要求，推动全方位高水平对外开放，加快"一带一路"交汇点建设，着力打造开放型经济发展先行区、实体经济创新发展和产业转型升级示范区。

广西自由贸易试验区的功能定位是：以制度创新为核心，以可复制可推广为基本要求，全面落实中央关于打造西南、中南地区开放发展新的战略支点的要求，发挥广西与东盟国家陆海相邻的独特优势，着力建设西南、中南、西北出海口及面向东盟的国际陆海贸易新通道，形成"21世纪海上丝绸之路"和"丝绸之路经济带"有机衔接的重要门户。

河北自由贸易试验区的功能定位是：以制度创新为核心，以可复制可推广为基本要求，全面落实中央关于京津冀协同发展战略和高标准高质量建设雄安新区要求，积极承接北京非首都功能疏解和京津科技成果转化，着力建设国际商贸物流重要枢纽、新型工业化基地、全球创新高地和开放发展先行区。

云南自由贸易试验区的功能定位是：以制度创新为核心，以可复制可推广为基本要求，全面落实中央关于加快沿边开放的要求，着力打造"一带一路"和长江经济带互联互通的重要通道，建设连接南亚、东南亚大通道的重要节点，推动形成我国面向南亚、东南亚的辐射中心及开放前沿。

黑龙江自由贸易试验区的功能定位是：以制度创新为核心，以可复制可推广为基本要求，全面落实中央关于推动东北全面振兴、全方位振兴，建成向北开放重要窗口的要求，着力深化产业结构调整，打造对俄罗斯及东北亚区域合作的中心枢纽。

北京自由贸易试验区的功能定位是：以制度创新为核心，以可复制可推广为基本要求，全面落实中央关于深入实施创新驱动发展、推动京津冀协同发展战略等要求，助力建设具有全球影响力的科技创新中心，加快打造服务业扩大开放先行区、数字经济试验区，着力构建京津冀协同发展的高水平对外开放平台。

湖南自由贸易试验区的功能定位是：以制度创新为核心，以可复制可推广为基本要求，全面落实中央关于加快建设制造强国、实施中部崛起战略等要求，发挥东部沿海地区和中西部地区过渡带、长江开放经济带和沿海开放经济带接合部的区位优势，着力打造世界级先进制造业集群、联通长江经济带和粤港澳大湾区的国际投资贸易走廊、中非经贸深度合作先行区和内陆开放新高地。

安徽自由贸易试验区的功能定位是：以制度创新为核心，以可复制可推广为基本要求，全面落实中央关于深入实施创新驱动发展、推动长江三角洲区域一体化发展战略等要求，发挥在推进"一带一路"建设和长江经济带发展中的重要节点作用，推动科技创新和实体经济发展深度融合，加快推进科技创新策源地建设、先进制造业和战略性新兴产业集聚发展，形成内陆开放新高地。

二、我国各自由贸易试验区的产业布局

上海自由贸易试验区的产业布局如下。陆家嘴金融片区是上海国际金融中心的核心区域、上海国际航运中心的高端服务区、上海国际贸易中心的现代商贸集聚区。这里将探索建立与国际通行规则相衔接的金融制度体系，与总部经济等现代服务业发展相适应的制度安排，持续推进投资便利化、贸易自由化、金融国际化和监管制度创新，加快形成更加国际化、市场化、法治化的营商环境。保税片区成为中国实行政府职能转变、金融制度、贸易服务、外商投资和税收政策等多项改革措施的试验田，并大力推动上海市转口、离岸业务的发展。金桥片区将以创新政府管理和金融制度、打造贸易便利化营商环境、培育能代表国家参与国际竞争的战略性新兴产业为重点，不断提升经济发展活力和创新能力。张江高科技片区是上海贯彻落实创新型国家战略的核心基地。这里将推动上海自由贸易试验区建设与张江国家自主创新示范区建设深度联动，提升张江园区创新力，主要在国家科学中心、发展"四新"经济、科技创新公共服务平台、科技金融、人才高地和综合环境优化等重点领域开展探索创新。世博地区是上海新一轮发展的重点区域，正在打造总部经济、航运金融、高端服务业集聚区。①

上海临港新片区的产业布局如下。临港新片区将构筑具有国际竞争力的"七大"前沿产业集群，聚焦产业链核心环节和价值链高端地位，以重点"布局"带动"全局"，集聚发展集成电路、人工智能、生物医药、民用航空、智能新能源汽车、高端装备制造、绿色再制造等前沿产业，促

---

① 上海市人民政府. 中国（上海）自由贸易试验区区域概览［EB/OL］.［2020-12-07］. http://www.shanghai.gov.cn/nw39342/index.html.

进产业基础高级化和产业链现代化，打造创新发展的"点火器"。同时，临港新片区将构筑具有全球辐射力的"五大"现代服务产业集群。以强化全球资源配置功能为导向，重点发展以新型国际贸易、跨境金融服务、现代航运服务、信息服务、专业服务为代表的高能级服务业，提升上海在全球贸易、金融、航运、创新网络中的节点功能和辐射能力，打造辐射全球的"服务器"。此外，临港新片区将构筑具有时代影响力的"四大"开放创新经济业态，积极拓展经济发展新空间，培育经济发展新动能，探索发展以离岸经济、智能经济、总部经济、蓝色经济为特色的开放创新经济业态，打造赋能驱动的"加速器"。①

广东自由贸易试验区的产业布局如下。广州南沙新区重点发展航运物流、特色金融、国际商贸、高端制造等产业，建设以生产性服务业为主导的现代产业新高地和具有世界先进水平的综合服务枢纽。深圳前海蛇口片区重点发展金融、现代物流、信息服务、科技服务等战略性新兴服务业，建设我国金融业对外开放试验示范窗口、世界服务贸易重要基地和国际性枢纽港。珠海横琴新区片区重点发展旅游休闲健康、商务金融服务、文化科教和高新技术等产业，建设文化教育开放先导区和国际商务服务休闲旅游基地，打造促进澳门经济适度多元发展新载体。

天津自由贸易试验区的产业布局如下。天津港片区重点发展航运物流、国际贸易、融资租赁等现代服务业。天津机场片区重点发展航空航天、装备制造、新一代信息技术等高端制造业和研发设计、航空物流等生产性服务业。滨海新区中心商务片区重点发展以金融创新为主的现代服务业。

福建自由贸易试验区的产业布局如下。平潭片区重点建设两岸共同家园和国际旅游岛，在投资贸易和资金人员往来方面实施更加自由便利的措施。厦门片区重点建设两岸新兴产业和现代服务业合作示范区、东南国际航运中心、两岸区域性金融服务中心和两岸贸易中心。福州片区重点建设先进制造业基地、"21世纪海上丝绸之路"沿线国家和地区交流合作的重要平台、两岸服务贸易与金融创新合作示范区。

辽宁自由贸易试验区的产业布局如下。大连片区重点发展港航物流、金融商贸、先进装备制造、高新技术、循环经济、航运服务等产业，推动

---

① 方卓然. 上海临港新片区发布创新产业规划，构建世界级、开放型、现代化产业体系[EB/OL]. (2020-09-24) [2020-12-07]. https://www.jiemian.com/article/5032934.html.

东北亚国际航运中心、国际物流中心建设进程，形成面向东北亚开放合作的战略高地。沈阳片区重点发展装备制造、汽车及零部件、航空装备等先进制造业和金融、科技、物流等现代服务业，提高国家新型工业化示范城市、东北地区科技创新中心发展水平，建设具有国际竞争力的先进装备制造业基地。营口片区重点发展商贸物流、跨境电商、金融等现代服务业和新一代信息技术、高端装备制造等战略性新兴产业，建设区域性国际物流中心和高端装备制造、高新技术产业基地，构建国际海铁联运大通道的重要枢纽。

浙江自由贸易试验区的产业布局如下。舟山离岛片区的鱼山岛重点建设国际一流的绿色石化基地，鼠浪湖岛、黄泽山岛、双子山岛、衢山岛、小衢山岛、马迹山岛重点发展油品等大宗商品储存、中转、贸易产业，海洋锚地重点发展保税燃料油供应服务。舟山岛北部片区重点发展油品等大宗商品贸易、保税燃料油供应、石油石化产业配套装备保税物流、仓储、制造等产业。舟山岛南部片区重点发展大宗商品交易、航空制造、零部件物流、研发设计及相关配套产业，建设舟山航空产业园，着力发展水产品贸易、海洋旅游、海水利用、现代商贸、金融服务、航运、信息咨询、高新技术等产业。浙江自由贸易试验区扩展区域涵盖宁波片区、杭州片区、金义片区三个片区，其产业布局如下。宁波片区建设链接内外、多式联运、辐射力强、成链集群的国际航运枢纽，打造具有国际影响力的油气资源配置中心、国际供应链创新中心、全球新材料科创中心、智能制造高质量发展示范区。杭州片区打造全国领先的新一代人工智能创新发展试验区、国家金融科技创新发展试验区和全球一流的跨境电商示范中心，建设数字经济高质量发展示范区。金义片区打造世界"小商品之都"，建设国际小商品自由贸易中心、数字贸易创新中心、内陆国际物流枢纽港、制造创新示范地和"一带一路"开放合作重要平台。

河南自由贸易试验区的产业布局如下。郑州片区重点发展智能终端、高端装备及汽车制造、生物医药等先进制造业以及现代物流、国际商贸、跨境电商、现代金融服务、服务外包、创意设计、商务会展、动漫游戏等现代服务业，在促进交通物流融合发展和投资贸易便利化方面推进体制机制创新，打造多式联运国际性物流中心，发挥服务"一带一路"建设的现代综合交通枢纽作用。开封片区重点发展服务外包、医疗旅游、创意设计、文化传媒、文化金融、艺术品交易、现代物流等服务业，提升装备制造、农副产品加工国际合作及贸易能力，构建国际文化贸易和人文旅游合作平台，打造服务贸易创新发展区和文创产业对外开放先行区，促进国际文化旅游融合发展。洛阳片区重点发展装备制造、机器人、新材料等高端制造业以及研发设计、电子商务、服务外包、国际文化旅游、文化创意、文化贸易、文化展示等现代服务业，提升装备制造业转型升级能力和国际产能合作能力，打造国际智能制造合作示范区，推进华夏历史文明传承创新区建设。

湖北自由贸易试验区的产业布局如下。武汉片区重点发展新一代信息技术、生命健康、智能制造等战略性新兴产业和国际商贸、金融服务、现代物流、检验检测、研发设计、信息服务、专业服务等现代服务业。襄阳片区重点发展高端装备制造、新能源汽车、大数据、云计算、商贸物流、检验检测等产业。宜昌片区重点发展先进制造、生物医药、电子信息、新材料等高新产业及研发设计、总部经济、电子商务等现代服务业。

重庆自由贸易试验区的产业布局如下。两江片区着力打造高端产业与高端要素集聚区，重点发展高端装备、电子核心部件、云计算、生物医药等新兴产业及总部贸易、服务贸易、电子商务、展示交易、仓储分拨、专业服务、融资租赁、研发设计等现代服务业，推进金融业开放创新，加快实施创新驱动发展战略，增强物流、技术、资本、人才等要素资源的集聚辐射能力。西永片区着力打造加工贸易转型升级示范区，重点发展电子信息、智能装备等制造业及保税物流中转分拨等生产性服务业，优化加工贸易发展模式。果园港片区着力打造多式联运物流转运中心，重点发展国际中转、集拼分拨等服务业，探索先进制造业创新发展。

四川自由贸易试验区的产业布局如下。成都天府新区片区重点发展现代服务业、高端制造业、高新技术、临空经济、口岸服务等产业，建设国家重要的现代高端产业集聚区、创新驱动发展引领区、开放型金融产业创新高地、商贸物流中心和国际性航空枢纽，打造西部地区门户城市开放高地。成都青白江铁路港片区重点发展国际商品集散转运、分拨展示、保税物流仓储、国际货代、整车进口、特色金融等口岸服务业和信息服务、科技服务、会展服务等现代服务业，打造内陆地区联通"丝绸之路经济带"的西向国际贸易大通道重要支点。川南临港片区重点发展航运物流、港口贸易、教育医疗等现代服务业，以及装备制造、现代医药、食品饮料等先进制造和特色优势产业，建设成为重要区域性综合交通枢纽和成渝城市群南向开放、辐射滇黔的重要门户。

陕西自由贸易试验区的产业布局如下。自由贸易试验区中心片区重点发展战略性新兴产业和高新技术产业，着力发展高端制造、航空物流、贸易金融等产业，推进服务贸易促进体系建设，拓展科技、教育、文化、旅游、健康医疗等人文交流的深度和广度，打造面向"一带一路"建设的高端产业高地和人文交流高地。西安国际港务区片区重点发展国际贸易、现代物流、金融服务、旅游会展、电子商务等产业，建设"一带一路"国际中转内陆枢纽港、开放型金融产业创新高地及欧亚贸易和人文交流合作新平台。杨凌示范区片区以农业科技创新、示范推广为重点，通过全面扩大农业领域国际合作交流，打造"一带一路"现代农业国际合作中心。

海南自由贸易港的产业布局如下。以发展旅游业、现代服务业、高新技术产业为主导，科学安排海南岛产业布局。按发展需要增设海关特殊监管区域，在海关特殊监管区域开展以投资贸易自由化、便利化为主要内容的制度创新，主要开展国际投资贸易、保税物流、保税维修等业务。在三亚选址增设海关监管隔离区域，开展全球动植物种质资源引进和中转等业务。

山东自由贸易试验区的产业布局如下。济南片区重点发展人工智能、产业金融、医疗康养、文化产业、信息技术等产业，开展开放型经济新体制综合试点试验，建设全国重要的区域性经济中心、物流中心和科技创新中心。青岛片区重点发展现代海洋、国际贸易、航运物流、现代金融、先进制造等产业，打造东北亚国际航运枢纽、东部沿海重要的创新中心、海洋经济发展示范区，助力青岛打造我国沿海重要中心城市。烟台片区重点发展高端装备制造、新材料、新一代信息技术、节能环保、生物医药和生产性服务业，打造中韩两国贸易和投资合作先行区、海洋智能制造基地、国家科技成果和国际技术转移转化示范区。

江苏自由贸易试验区的产业布局如下。南京片区建设具有国际影响力的自主创新先导区、现代产业示范区和对外开放合作重要平台。苏州片区建设世界一流高科技产业园区，打造全方位开放高地、国际化创新高地、高端化产业高地、现代化治理高地。连云港片区建设亚欧地区重要国际交通枢纽、集聚优质要素的开放门户、"一带一路"沿线国家（地区）交流合作平台。

广西自由贸易试验区的产业布局如下。南宁片区重点发展现代金融、智慧物流、数字经济、文化传媒等现代服务业，大力发展新兴制造产业，打造面向东盟的金融开放门户核心区和国际陆海贸易新通道重要节点。钦州港片区重点发展港航物流、国际贸易、绿色化工、新能源汽车关键零部件、电子信息、生物医药等产业，打造国际陆海贸易新通道门户港和向海经济集聚区。崇左片区重点发展跨境贸易、跨境物流、跨境金融、跨境旅游和跨境劳务合作，打造跨境产业合作示范区，构建国际陆海贸易新通道陆路门户。

河北自由贸易试验区的产业布局如下。雄安片区重点发展新一代信息技术、现代生命科学和生物技术、高端现代服务业等产业，建设高端高新产业开放发展引领区、数字商务发展示范区、金融创新先行区。正定片区重点发展临空产业、生物医药、国际物流、高端装备制造等产业，建设航空产业开放发展集聚区、生物医药产业开放创新引领区、综合物流枢纽。曹妃甸片区重点发展国际大宗商品贸易、港航服务、能源储配、高端装备制造等产业，建设东北亚经济合作引领区、临港经济创新示范区。大兴机场片区重点发展航空物流、航空科技、融资租赁等产业，建设国际交往中心功能承载区、国家航空科技创新引领区、京津冀协同发展示范区。

云南自由贸易试验区的产业布局如下。昆明片区加强与空港经济区联动发展，重点发展高端制造、航空物流、数字经济、总部经济等产业，建设面向南亚和东南亚的互联互通枢纽、信息物流中心和文化教育中心。红河片区加强与红河综合保税区、蒙自经济技术开发区联动发展，重点发展加工及贸易、大健康服务、跨境旅游、跨境电商等产业，全力打造面向东盟的加工制造基地、商贸物流中心和中国—越南经济走廊创新合作示范区。德宏片区重点发展跨境电商、跨境产能合作、跨境金融等产业，打造沿边开放先行区、中国—缅甸经济走廊的门户枢纽。

黑龙江自由贸易试验区的产业布局如下。哈尔滨片区重点发展新一代信息技术、新材料、高端装备、生物医药等战略性新兴产业，科技、金融、文化旅游等现代服务业和寒地冰雪经济，建设对俄罗斯及东北亚全面合作的承载高地和联通国内、辐射欧亚地区的国家物流枢纽，打造东北全面振兴、全方位振兴的增长极和示范区。黑河片区重点发展跨境能源资源综合加工利用、绿色食品、商贸物流、旅游、健康、沿边金融等产业，建设跨境产业集聚区和边境城市合作示范区，打造沿边口岸物流枢纽和中俄两国交流合作重要基地。绥芬河片区重点发展木材、粮食、清洁能源等进口加工业和商贸金融、现代物流等服务业，建设商品进出口储运加工集散中心和面向国际陆海通道的陆上边境口岸型国家物流枢纽，打造中俄两国战略合作及东北亚开放合作的重要平台。

北京自由贸易试验区的产业布局如下。科技创新片区重点发展新一代信息技术、生物与健康、科技服务等产业，打造数字经济试验区、全球创业投资中心、科技体制改革先行示范区。国际商务服务片区重点发展数字贸易、文化贸易、商务会展、医疗健康、国际寄递物流、跨境金融等产业，打造临空经济创新引领示范区。高端产业片区重点发展商务服务、国际金融、文化创意、生物技术和大健康等产业，建设科技成果转换承载地、战略性新兴产业集聚区和国际高端功能机构集聚区。

湖南自由贸易试验区的产业布局如下。长沙片区重点对接"一带一路"建设，突出临空经济，重点发展高端装备制造、新一代信息技术、生物医药、电子商务、农业科技等产业，打造全球高端装备制造业基地、内陆地区高端现代服务业中心、中国—非洲经贸深度合作先行区和中部地区崛起增长极。岳阳片区重点对接长江经济带发展战略，突出临港经济，重点发展航运物流、电子商务、新一代信息技术等产业，打造长江中游综合性航运物流中心、内陆临港经济示范区。郴州片区重点对接粤港澳大湾区建设，突出湘港澳直通，重点发展有色金属加工、现代物流等产业，打造内陆地区承接产业转移和加工贸易转型升级重要平台以及湘粤港澳合作示范区。

安徽自由贸易试验区的产业布局如下。合肥片区重点发展高端制造、集成电路、人工智能、新型显示、量子信息、科技金融、跨境电商等产业，打造具有全球影响力的综合性国家科学中心和产业创新中心引领区。芜湖片区重点发展智能网联汽车、智慧家电、航空、机器人、航运服务、跨境电商等产业，打造战略性新兴产业先导区、江海联运国际物流枢纽区。蚌埠片区重点发展硅基新材料、生物基新材料、新能源等产业，打造世界级硅基和生物基制造业中心、皖北地区科技创新和开放发展引领区。

第四章

我国自由贸易试验区的管理模式

第一节
自由贸易试验区管理形式

一、自由贸易试验区管理概况

　　我国对于自由贸易试验区的管理首先是出台自由贸易试验区总体方案，由国务院印发。在此基础上，大多数自由贸易试验区采取"两步走"的方式，即先制定自由贸易试验区管理办法，然后再制定自由贸易试验区条例。也有一些自由贸易试验区采取"一步走"的方式，即直接制定自由贸易试验区条例，如辽宁、浙江、山东、江苏、广西、海南。其中，自由贸易试验区管理办法需要由省（直辖市）人民政府常务会议审议通过，自由贸易试验区条例需要由省（直辖市）人民代表大会常务委员会通过。目前，我国21个自由贸易试验区中有15个自由贸易试验区制定了条例，1个自由贸易试验区拟制定条例，3个自由贸易试验区只制定了管理办法，2个自由贸易试验区由于新近设立还没有制定管理办法和条例。各自由贸易试验区的具体情况如表 4-1 所示。

表 4-1　　各自由贸易试验区管理办法与条例制定情况

管理方式		自由贸易试验区
制定管理办法	先制定办法，后制定条例	上海、广东、福建、天津、河南、湖北、重庆、四川、陕西、河北自由贸易试验区
	只制定办法	云南、黑龙江、湖南自由贸易试验区
制定管理条例	两步制定	上海、广东、福建、天津、河南、湖北、重庆、四川、陕西、河北自由贸易试验区
	一步制定	辽宁、浙江、山东、江苏、广西自由贸易试验区
拟制定管理条例		海南自由贸易港
未制定管理办法和条例		北京、安徽自由贸易试验区

二、自由贸易试验区管理体制

尽管各自由贸易试验区的管理体制略有差异，但总体上来讲大同小异。自由贸易试验区设立工作领导小组（或称议事协调机构）负责统筹研究自由贸易试验区政策、发展规划，研究决定自由贸易试验区发展重大问题，统筹指导改革试点任务。工作领导小组的办事机构（或工作办公室）设在省（直辖市）人民政府商务主管部门，承担自由贸易试验区工作领导小组的日常工作，主要履行如下职责：（1）组织实施《总体方案》，协调推进各项试验任务；（2）拟定总体发展规划，指导、督促片区和有关部门完善发展规划并落实阶段性改革任务；（3）协调研究和解决自由贸易试验区改革创新中的难点和问题；（4）发布自由贸易试验区相关公共信息，开展对外宣传、联络和交流；（5）总结评估自由贸易试验区形成的改革创新经验，提出可复制可推广的创新成果建议。

自由贸易试验区各片区设立片区管理机构，负责片区具体事务，在业务上接受省自由贸易试验区工作办公室的指导，承担其交办的任务。主要履行的职责包括：（1）组织落实片区各项试验任务；（2）组织实施片区发展规划，统筹片区产业布局和重大项目引进与建设；（3）制定实施片区行政管理制度，组织开展片区内行政许可、行政处罚、公共服务等行政事务；（4）组织实施片区综合监管工作；（5）协调有关部门在片区内的行政工作；（6）做好信息管理、发布工作，为社会提供咨询和服务。

对于设在各省的自由贸易试验区，省人民政府、自由贸易试验区片区所在地市人民政府及其有关部门根据改革创新发展需要，依照国家规定向其下放经济社会管理权限。自由贸易试验区片区管理机构、工作机构依据授权或者委托，行使自由贸易试验区改革发展需要的其他权限。对于设在直辖市的自由贸易试验区，市人民政府及其有关部门应当根据改革创新需要，依法向其下放市级经济管理权限和市人民政府确定的其他管理权限。

自由贸易试验区所在地人民政府及其有关部门应当支持自由贸易试验区的各项工作，按照各自职责承担相关行政事务。海关、检验检疫、海事、边检、金融、税务、公安、邮政等部门驻自由贸易试验区的工作机构，依法履行相关行政管理职责，落实有关自由贸易试验区的政策措施，支持自由贸易试验区改革创新工作。

自由贸易试验区片区的创新措施涉及省（直辖市）人民政府及其部门权限的，省（直辖市）人民政府及其有关部门应当支持先行先试。自由贸易试验区片区的创新措施涉及国家有关部门权限的，省人民政府及其有关部门应当为片区积极争取国家有关部门支持先行先试。

自由贸易试验区片区的创新活动需要暂时调整或者停止适用法律、行政法规的部分规定的，有关部门应当及时提出意见，依法定程序争取国家支持先行先试；需要暂时调整或者停止适用省（直辖市）或者片区所在地制定的地方性法规的，省（直辖市）、片区所在地人民政府可以提请省（直辖市）、片区所在地人民代表大会及其常务委员会作出决定；需要暂时调整或者停止适用省（直辖市）或者片区所在地制定的规章的，省（直辖市）、片区所在地人民政府应当及时作出相关规定。

自由贸易试验区可以建立委托第三方机构综合评估机制，对自由贸易试验区改革创新经验总结评估，并按照分类审查程序在省内其他区域复制推广改革创新经验。自由贸易试验区应当建立行政咨询机制，为其发展规划、重大项目引进、重大创新措施和方案的制定等提供咨询意见。自由贸易试验区应当建立综合统计制度，及时统计相关数据，分析预测区内经济社会的运行情况。自由贸易试验区应当建立风险防控和预警体系，完善突发事件应急预案及处置机制，确保改革试验风险合理可控。

第二节
商事领域

一、"证照分离"的含义

"证照"是企业进入市场的两把"钥匙"。所谓的"照"指的是工商部门颁发的营业执照,而"证"指的是各相关主管部门颁发的经营许可证。"证照分离"是中国近年来商事制度改革的重要内容。原先要开办一家公司,首先要取得主管部门的经营许可证,才能到工商部门申办营业执照。开展"证照分离"改革,主要是聚焦办证环节,通过采取改革审批方式和加强综合监管,进一步完善市场准入,使企业办证更加快速、便捷、高效。所谓的"证照分离"指的是"证"与"照"的相互独立,即办理营业执照和办理经营许可证是独立分开的,既可以"先照后证",又可以"先证后照",二者没有强制办理的顺序。目前,106 项"证照分离"改革在全国推广,523 项改革在全国自由贸易试验区全覆盖试点,已经实现了市场准入领域的"先照后证",也就是只要到工商部门领取一个营业执照,就可以从事一般性的生产经营活动,如果从事需要许可的生产经营活动,再到相关审批部门办理许可手续。①

二、我国"证照分离"改革进展

从 2014 年起,"先照后证"商事制度改革在全国推开,拿"照"容易了,甚至立等可取。但难题不算完,五花八门的"证"实在太多,仍是创业经营的"高门槛"。② 国务院常务会议 2015 年 12 月 16 日审议通过了《关于上海市开展证照分离改革试点总体方案》,决定在上海浦东新区

---

① 中国(广西)自由贸易试验区. 什么是"证照分离"?[EB/OL]. (2019 - 08 - 20) [2020 - 12 - 08]. http://gxftz.gxzf.gov.cn/index.php? case = archive&act = show&aid = 510.
② 中国政府网. 秒懂国务院 |"证照分离",分手快乐![EB/OL]. (2018 - 11 - 10) [2020 - 12 - 08]. http://www.gov.cn/guowuyuan/2018 - 11/10/content_5339067.htm.

率先开展"证照分离"改革试点。2017年9月，国务院在10个自由贸易试验区复制推广上海市改革试点成熟做法。2018年10月10日，国务院印发《关于在全国推开"证照分离"改革的通知》，国务院决定在全国推开"证照分离"改革。2019年11月6日，国务院印发《关于在自由贸易试验区开展"证照分离"改革全覆盖试点的通知》，部署在全国自由贸易试验区对所有涉企经营许可事项实行清单管理，开展"证照分离"改革全覆盖试点，并公布"'证照分离'改革全覆盖试点事项清单（中央层面设定，2019年版）"和"国务院决定在自由贸易试验区暂时调整适用有关行政法规、国务院决定规定目录"。自2019年12月1日起，中国在全国18个自由贸易试验区率先开展"证照分离"改革全覆盖试点。[①] 2021年6月3日，国务院正式印发《国务院关于深化"证照分离"改革 进一步激发市场主体发展活力的通知》，要求自2021年7月1日起，在全国范围内实施涉企经营许可事项全覆盖清单管理，同时在自由贸易试验区进一步加大改革试点力度，力争在2022年年底前建立简约高效、公正透明、宽进严管的行业准营规则，大幅提高市场主体办事的便利度和可预期性。

三、"证照分离"管理方式

根据国务院印发的《关于在全国推开"证照分离"改革的通知》，自2018年11月10日起，在全国范围内对第一批106项涉企行政审批事项分别按照直接取消审批、审批改为备案、实行告知承诺、优化准入服务等四种方式实施"证照分离"改革。[②]

（1）直接取消审批。对设定必要性已不存在、市场机制能够有效调节、行业组织或中介机构能够有效实现行业自律管理的行政审批事项，直接取消。市场主体办理营业执照后即可开展相关经营活动。

（2）取消审批，改为备案。对取消审批后有关部门需及时准确获得相关信息，以更好开展行业引导、制定产业政策和维护公共利益的行政审批事项，改为备案。市场主体报送材料后即可开展相关经营活动，有关部门不再进行审批。

---

① 佚名. 证照分离 [EB/OL]. [2020-12-08]. https：//baike. baidu. com/item/% E8% AF% 81% E7% 85% A7% E5% 88% 86% E7% A6% BB/19150142？fr = Aladdin.
② 国务院. 国务院关于在全国推开"证照分离"改革的通知 [EB/OL]. (2018-10-10) [2020-12-09]. http：//www. gov. cn/zhengce/content/2018-10/10/content_5329182. htm.

(3) 简化审批，实行告知承诺。对暂时不能取消审批，但通过事中事后监管能够纠正不符合审批条件行为的行政审批事项，实行告知承诺。有关部门要履职尽责，制作告知承诺书，并向申请人提供示范文本，一次性告知申请人审批条件和所需材料，对申请人承诺符合审批条件并提交有关材料的，当场办理审批。市场主体要诚信守诺，达到法定条件后再从事特定经营活动。有关部门实行全覆盖例行检查，发现实际情况与承诺内容不符的，依法撤销审批并予以从重处罚。

(4) 完善措施，优化准入服务。对关系国家安全、公共安全、金融安全、生态安全和公众健康等重大公共利益的行政审批事项，保留审批，优化准入服务。要针对市场主体关心的难点痛点问题，精简审批材料，公示审批事项和程序；要压缩审批时限，明确受理条件和办理标准；要减少审批环节，科学设计流程；要下放审批权限，增强审批透明度和可预期性，提高登记审批效率。

通过"证照分离"改革，有效区分"证""照"功能，让更多市场主体持"照"即可经营，着力解决"准入不准营"问题。营业执照是登记主管部门依照法定条件和程序，对市场主体资格和一般营业能力进行确认后，颁发给市场主体的法律文件。"多证合一"改革后，营业执照记载的信息和事项更加丰富，市场主体凭营业执照即可开展一般经营活动。许可证是审批主管部门依法颁发给特定市场主体的凭证。这类市场主体需持营业执照和许可证方可从事特定经营活动。对于"证照分离"改革后属于信息采集、记载公示、管理备查类的事项，原则上要通过"多证合一"改革尽可能整合到营业执照上，真正实现市场主体"一照一码走天下"。

四、"证照分离"改革的作用

(1) 释放市场主体活力。我国实行"先证后照"改革后，虽然办"照"容易了，但是办形形色色的"证"依然很难。"证照分离"改革的初衷是破解"先照后证"改革实施后存在的企业"准入不准营"问题。"证照分离"改革从市场主体办证的需求出发，在对审批事项科学分类的基础上进行改革，逐步实现"照后减证"，让企业拿到"照"获得商事主体资格后，还能够便捷地获得经营资格的"证"，降低微观市场主体的制度性成本，催生大量创新创业主体，释放市场活力，促进经济发展。

(2) 促进政府职能转变。"证照分离"改革不仅仅是纳入改革的事项在增加和覆盖范围在拓展,更是政府行政管理方式的根本性变革;不仅仅是审批事项的改革,更是政府行政理念的变革。取消审批、改为备案、告知承诺以及优化准入服务四种改革方式,体现了审批事项"能减必减""可简则简"的改革思路,并且在改革的推进方法上跳出了以往行政审批事项取消或下放的单一模式,在审批事项改革方式上做文章,挖掘改革事项背后的审批逻辑、审批关系,深刻触及政府流程再造,倒逼政府改变传统管理方式,主动寻求流程变革、监管变革、服务变革。①

(3)优化企业营商环境。"证照分离"就是进一步简化营业执照之后的行政审批,让企业尽快进入经营状态。② "证照分离"进一步深化了"放管服"改革,改变了政府部门的审批模式,优化了审批流程,创新了监管手段。"证照分离"推动了地方"最多跑一次""就近服务""网上服务""一次办成"等公共服务创新,企业营商环境得到优化。③ 企业领取营业执照、从事一般经营项目的便利化程度已经有了很大改善。世界银行《2020年营商环境报告》显示,中国"开办企业"便利度在全球190个经济体当中排名第27位。④

第三节
投资领域

一、我国外资监管制度的变迁

1979年7月1日《中华人民共和国中外合资经营企业法》出台,

---

① 王果."证照分离":跑出"放管服"改革加速度[EB/OL].(2020-01-09)[2020-12-10]. http://theory.people.com.cn/n1/2020/0109/c40531-31541424.html.
② 新华社.国务院证照分离怎么回事?证照分离改革是怎样的有什么好处[EB/OL].(2018-09-13)[2020-12-10]. http://www.hxnews.com/news/gn/gnxw/201809/13/1611399.shtml.
③ 嘉峪关市市场监督管理局.一图知晓"证照分离"改革核心内容[EB/OL].(2019-01-15)[2020-12-10]. http://scjg.jyg.gov.cn/xxgk/gkml/bszn/201907/t20190712_475267.html.
④ 徐佩玉."证照分离"改革自由贸易试验区全覆盖[EB/OL].(2019-12-07)[2020-12-10]. http://www.gov.cn/zhengce/2019-12/07/content_5459207.htm.

1986年4月12日《中华人民共和国外资企业法》出台，1988年4月13日《中华人民共和国中外合作经营企业法》出台。这三部法律统称"外资三法"，共同确定了我国1979—2013年对外商投资全面审批的监管原则与监管理念，对外资企业的合同、章程、设立、变更等重大事项实行批准制度。① 1995年，《外商投资产业指导目录》开始实施。这份被称为"正面清单"的目录，规定了外商投资四大类，包括鼓励类、允许类、限制类和禁止类，成了对外商投资指导的主要文件。② 所有的外商投资和商业投资只能在规定的范围内活动。

2008年6月，在中美两国第四次战略经济对话中，双方正式启动双边投资协定（Bilateral Investment Treaty，BIT）谈判，2013年7月，在第五轮中美两国战略与经济对话期间，中方同意以"准入前国民待遇+负面清单"的模式进行实质性谈判。

2013年9月30日，上海市人民政府公布《中国（上海）自由贸易试验区外商投资准入特别管理措施（负面清单）（2013年）》，至此，负面清单在中国的实践正式开始。

2015年4月，国务院发布《自由贸易试验区外商投资准入特别管理措施（负面清单）》，负面清单的范围扩大到了上海、广东、天津、福建四个自由贸易试验区。③

自2016年10月起，自由贸易试验区的负面清单管理模式在全国推广。2017年，《外商投资产业指导目录》正式提出外商投资准入负面清单，自2017年7月28日起在全国范围内实施。④ 负面清单之外的领域，原则上不得实行对外资准入的限制性措施。内外资一致的限制性措施以及不属于准入范畴的限制性措施，不列入外商投资准入负面清单。

2018年，外商投资准入负面清单从以往的《外商投资产业指导目录》中独立出来，单独发布，并参照国际标准，以统一、透明的方式列明了股

---

① 路银雷. 我国外商投资监管法律体系的历史变化 [EB/OL]. (2020 – 06 – 23) [2020 – 12 – 11]. https://www.sohu.com/a/403759071_120068290.

② 张智. 外资准入40年：从正面清单到负面清单 [EB/OL]. (2018 – 07 – 27) [2020 – 12 – 11]. https://baijiahao.baidu.com/s?id=1607150936371032845&wfr=spider&for=pc.

③ 田宪鹏. 负面清单的正面效应 [3B/OL]. (2016 – 07 – 01) [2020 – 12 – 11]. http://www.chinalawedu.com/web/23182/jx1607015309.shtml.

④ 中国政府网. 7月28日起在全国范围内实施外商投资准入负面清单 [EB/OL]. (2017 – 06 – 28) [2020 – 12 – 11]. http://www.gov.cn/xinwen/2017 – 06/28/content_5206420.htm.

权要求、高管要求等特别管理措施，成为《外商投资准入特别管理措施（负面清单）（2018 年版）》。①

2019 年 3 月 15 日，第十三届全国人民代表大会第二次会议表决通过了《中华人民共和国外商投资法》。该法于 2020 年 1 月 1 日生效实施，替代之前的"外资三法"——《中外合资经营企业法》《中外合作经营企业法》《外资企业法》。《中华人民共和国外商投资法》规定对外商投资实行准入前国民待遇加负面清单管理制度。②

从正面清单到负面清单，虽然只是一个字发生变化，但实质上是我国外资管理模式发生了根本性的变化，实现外商投资管理方式由"逐案审批"转为信息报告制的重大变革。负面清单经常与准入前国民待遇相提并论，代表着一种外资管理模式。

二、准入前国民待遇

在国际投资法中，"国民待遇"的含义是给予外国投资者及投资的待遇不低于在相似情形下给予本国投资者及投资的待遇。联合国贸易和发展会议将外资国民待遇分为准入前国民待遇和准入后国民待遇。准入前国民待遇是指在企业设立、取得、扩大等阶段给予外国投资者及其投资不低于本国投资者及其投资的待遇。③ 准入后国民待遇是指外资设立的企业在运营、管理、维持、使用、享有、出售或处分方面不低于本国投资者及投资的待遇（张国平，2015）。在传统投资协定采取的控制模式中，国民待遇适用于投资建立之后的阶段，而准入前国民待遇则将国民待遇延伸至投资发生和建立前的阶段。④

准入前国民待遇不是绝对的，允许有例外。世界各国较为普遍采用负面清单的方式，将其核心关注的行业和领域列入其中，保留特定形式的进入限制。未列入负面清单之中的行业和领域，则不能对外资维持限制。准

---

① 路银雷. 我国外商投资监管法律体系的历史变化 [EB/OL]. (2020 – 06 – 23) [2020 – 12 – 11]. https://www.sohu.com/a/403759071_120068290.
② 何适.《外商投资法》出台背景及重大变化 [EB/OL]. (2019 – 05 – 08) [2020 – 12 – 12]. https://www.sohu.com/a/312584652_120006447.
③ 李海霞. 商务部：已有 77 个国家采用准入前国民待遇和负面清单模式 [EB/OL]. (2013 – 07 – 12) [2020 – 12 – 12]. http://finance.people.com.cn/n/2013/0712/c1004 – 22173506.html.
④ 中国（广西）自由贸易试验区. 什么是准入前国民待遇？[EB/OL]. (2019 – 08 – 20) [2020 – 12 – 12]. http://gxftz.gxzf.gov.cn/index.php?case = archive&act = show&aid = 506#.

入前国民待遇和负面清单的外资管理模式已逐渐成为国际投资规则发展的新趋势,世界上至少有77个国家采用了此种模式。①

三、负面清单管理

"负面清单"是英文"Negative listings"的直译。由于表达上的差异,"负面清单"还会被称为"负面列表""不服列表""否定清单""准入清单"等,在国际投资的大环境中,负面清单只是一种更为通俗、简洁的表达方式(潘清莲,2019)。负面清单是指把外商在投资过程中的一些与国民待遇、最惠国待遇等原则不符的业绩、高管等方面的管理措施均以清单的方式列明,这样的清单即为负面清单(施元红,2018)。负面清单管理制度是指清单规定的禁止投资领域,外国投资者不得投资。对于清单限制投资的领域,外国投资者应在符合相应法定条件及规定的情况下参与投资。负面清单并未规定的领域,则按照内部投资与外部投资相互一致的原则予以管理(丁一,2020)。

负面清单有利于构建开放型经济新体制。负面清单制度加快我国与国际通行规则接轨,通过自由贸易试验区的制度创新、先行先试到全面推广、法治建设,推进我国制度型开放,促进国际国内要素有序自由流动、资源高效配置、市场深度融合,不断提升我国国际竞争力,促进更大范围、更宽领域、更深层次的全面开放,以高质量开放推动经济高质量发展。我国自由贸易试验区负面清单只做减法、不做加法,自由贸易试验区成立七年来,负面清单瘦身6次,从最初的190项减少到现在的30项,未来负面清单条目还会进一步减少,并将以服务业为突破口,中国对外资开放的范围还会越来越广。

负面清单有利于我国吸引和利用外资。负面清单列举禁止或限制投资的行业和领域,并说明禁止或限制的特别管理措施。(1)通过负面清单,对外商投资的政策如哪些领域可以投资,哪些领域禁止或限制投资,限制的领域如何进行限制一目了然,增加了政策的透明度。②(2)负面清单减少了外资进入中国创办企业的时间,提高了外资进入效率。在2013年以

---

① 李海霞.商务部:已有77个国家采用准入前国民待遇和负面清单模式[EB/OL].(2013-07-12)[2020-12-12]. http://finance.people.com.cn/n/2013/0712/c1004-22173506.html.

② 田宪鹏.负面清单的正面效应[EB/OL].(2016-07-01)[2020-12-13]. http://www.chinalawedu.com/web/23182/jx1607015309.shtml.

前,没有通过负面清单进入中国的外资,所有程序需要经过 14 个政府部门审批,可能还要经过国家发展和改革委员会、国家外汇管理局的额外审批。一个外资企业从申请到落地,平均需要 8 个月时间。而有了负面清单后,2014 年,在上海自由贸易试验区内,外资企业进入自由贸易试验区,从申请到拿到营业执照,平均时间为 7 个工作日;到了 2015 年,按照新的负面清单,外商从申请到拿到执照的最快记录是 1 个工作日。① (3) 负面清单的不断缩短扩大了外资市场准入,降低了外资进入的门槛。

负面清单有利于发挥市场在资源配置中的决定性作用。负面清单使外资企业和内资企业享有同等的市场准入条件待遇,有利于落实市场主体自主权和激发市场活力,有利于形成各类市场主体依法平等使用生产要素、公开公平公正参与竞争的市场环境,有利于形成统一开放、竞争有序的现代市场体系,将为发挥市场在资源配置中的决定性作用提供更大空间。②

负面清单有利于更好发挥政府作用。负面清单制度明确了政府发挥作用的职责边界,有利于进一步深化行政审批制度改革,大幅收缩政府审批范围、创新政府监管方式,促进投资贸易便利化,不断提高行政管理的效率和效能,有利于促进政府运用法治思维和法治方式加强市场监管,推进市场监管制度化、规范化、程序化,从根本上促进政府职能转变。③

四、我国自由贸易试验区负面清单情况

2013 年 9 月,自由贸易试验区第一份负面清单因上海自由贸易试验区设立而出台,设立之初为 190 项,2014 年缩减至 139 项。2015 年,在自由贸易试验区扩容之际,负面清单减至 122 项,同时扩展到上海、广东、天津、福建四个自由贸易试验区。2017 版自由贸易试验区负面清单减至 95 项,并覆盖当时的 11 个自由贸易试验区。2018 年自由贸易试验区负面清单减至 45 项。2019 年进一步推出一批开放措施,自由贸易试验

---

① 张智. 外资准入 40 年:从正面清单到负面清单 [EB/OL]. (2018 - 07 - 27) [2020 - 12 - 13]. https://baijiahao.baidu.com/s?id=1607150936371032845&wfr=spider&for=pc.
② 国务院. 国务院关于实行市场准入负面清单制度的意见 [EB/OL]. (2015 - 10 - 19) [2020 - 12 - 13]. http://www.gov.cn/zhengce/content/2015-10/19/content_10247.htm.
③ 刘萌. 自贸区"负面清单"6 年 5 次"瘦身"条目将进一步减少 [EB/OL]. (2019 - 11 - 11) [2020 - 12 - 15]. https://baijiahao.baidu.com/s?id=1649863175737132575&wfr=spider&for=pc.

区外资准入负面清单条目减至 37 项,较 2018 年压减 17.8%。①

经党中央、国务院同意,国家发展和改革委员会、商务部于 2020 年 6 月 23 日发布第 32 号令和第 33 号令,分别发布了《外商投资准入特别管理措施(负面清单)(2020 年版)》和《自由贸易试验区外商投资准入特别管理措施(负面清单)(2020 年版)》,自 2020 年 7 月 23 日起施行。《外商投资准入特别管理措施(负面清单)(2019 年版)》和《自由贸易试验区外商投资准入特别管理措施(负面清单)(2019 年版)》同时废止。②

该次修订按照只减不增的原则,进一步缩减外商投资准入负面清单。其中,全国外商投资准入负面清单由 40 项减至 33 项,自由贸易试验区外商投资准入负面清单由 37 项减至 30 项,还有 1 项部分开放。与 2013 年版自由贸易试验区负面清单中的 190 项特别管理措施相比,2020 年版负面清单减至 30 项,缩减比例达 84.2%。2020 年版自由贸易试验区负面清单与 2019 年负面清单的主要变化体现在三个方面。一是加快服务业重点领域开放进程。在金融领域,取消证券公司、证券投资基金管理公司、期货公司、寿险公司外资股比限制。在基础设施领域,取消 50 万人口以上城市供排水管网的建设、经营须由中方控股的规定。二是放宽制造业、农业准入。在制造业领域,放开商用车制造外资股比限制,取消禁止外商投资放射性矿产冶炼、加工和核燃料生产的规定。在农业领域,将小麦新品种选育和种子生产须由中方控股放宽为中方股比不低于 34%。三是继续在自由贸易试验区进行开放试点。在全国开放措施基础上,自由贸易试验区继续先行先试。在医药领域,取消禁止外商投资中药饮片的规定。在教育领域,允许外商独资设立学制类职业教育机构。③

---

① 刘萌. 自贸区"负面清单"6 年 5 次"瘦身"条目将进一步减少[EB/OL]. (2019 - 11 - 11)[2020 - 12 - 15]. https://baijiahao.baidu.com/s?id = 1649863175737132575&wfr = spider&for = pc.

② 熊丽. 外资准入负面清单"瘦身"发挥自由贸易试验区试验田作用[EB/OL]. (2020 - 06 - 25)[2020 - 12 - 15]. https://www.chinanews.com/cj/2020/06 - 25/9221611.shtml.

③ 国家发展和改革委员会. 2020 年版外商投资准入负面清单:继续在自由贸易试验区开放试点[EB/OL]. (2020 - 06 - 24)[2020 - 12 - 15]. https://baijiahao.baidu.com/s?id = 1670364936702678385&wfr = spider&for = pc.

第四节
国际贸易领域

一、国际贸易"单一窗口"的含义

信息技术革命是推动世界贸易发展的重要动力。联合国贸易便利化与电子业务中心（UN/GEFAGT）在21世纪初公布了33号建议书《建立国际贸易单一窗口及指南》和35号建议书《建立国际贸易单一窗口的法律框架》。"单一窗口"作为联合国促进全球贸易便利化战略的核心，已经被世界上包括中国在内的70多个国家和经济体引进，作为国际通行做法。①

国际贸易单一窗口是指利用现代化的信息技术以及标准化理论，让参与国际贸易的进出口方等各个主体，通过单一平台提交标准化信息和单证以满足贸易规章制度和相关法律法规的要求。同时，政务部门会将处理结果反馈给申报者，实现精简通关手续，降低企业成本，最终促进了贸易便利化（夏志方，2020）。"单一窗口"的落地整合联通了外贸通关多个系统。以前，外贸企业或个人办理进出口业务，需要分别对接海关、检验检疫、海事、边检等部门进行数据申报，流程复杂。而使用"单一窗口"后，企业只需要在一个窗口、一次录入就能办完所有申报流程，从申报到放行结关最快只需2小时。②

二、国际贸易"单一窗口"的类型

目前，国际上比较流行的单一窗口主要分为三种模式：一是瑞典的"单一机构"模式，由一个机构来处理进出口业务，系统在收到企业进出

---

① 中国水运网. 国际贸易"单一窗口"建设带来了什么？[EB/OL]. (2019-05-03) [2020-12-16]. http://www.sofreight.com/news_33782.html.
② 佚名. 图解|国际贸易"单一窗口"标准版使用教程 [EB/OL]. (2017-11-28) [2020-12-16]. https://www.sohu.com/a/206989362_468675.

口贸易申报数据后，直接进行各项业务处理；二是美国的"单一系统"模式，只进行相关国际贸易电子数据的集中收集和分发，数据发往各政府部门系统进行业务处理；三是新加坡的"公共平台"模式，实现申报数据的收集和反馈，企业仅需要填制一张电子表格就可以向不同的政府部门申报，申报内容经各政府部门业务系统处理后，自动反馈结果到企业的计算机中。

我国所实施的企业准入"单一窗口"模式属于国际贸易"单一窗口"范畴，源于2013年9月上海自由贸易试验区试行的"一口受理"模式。当时"一口受理"适用于在自由贸易试验区工商局登记注册的内外资企业，受理的材料包括办理外资备案、工商营业执照、组织机构代码证、税务登记证等需要提交的申请材料，其受理审批流程与"单一窗口"相似，也由工商部门"一口受理"窗口统一向申请人发放相关文书和证照。目前，以上海自由贸易试验区为例，升级后的3.0版"单一窗口"能支撑的业务，已从口岸监管、贸易监管，更多地向贸易服务延伸。①

在系统方面，推进电子口岸公共平台的公共化、平等化和单一化，依托中央和地方两级平台，实现国家部委之间、地区之间以及国家部委与地区之间的互联互通，共同打造全国一体化的"单一窗口"环境。中央和地方两个层面推动建设，中央的国际贸易"单一窗口"标准版侧重共性功能（主要包括口岸执法基本服务功能、跨部门信息共享和联网应用、与境外信息交换），地方侧重个性化功能（主要包括口岸政务服务、口岸物流服务、口岸数据服务和口岸特色应用），②中央和地方口岸相关部门之间数据共享共用。中央层面依托中国电子口岸平台，以"总对总"方式与各口岸管理和国际贸易相关部门系统对接，实现信息数据互换共享，开展国际合作对接。各地原则上以省（区、市）为单位，依托本地电子口岸建设一个省域"单一窗口"，并实现省域"单一窗口"间互联互通，探索建设符合国家区域发展战略要求的区域"单一窗口"。③ 国际贸易

---

① 中国（广西）自由贸易试验区. 什么是国际贸易"单一窗口"？[EB/OL]. (2019 – 08 – 20) [2020 – 12 – 17]. http：//gxftz. gxzf. gov. cn/index. php? case = archive&act = show&aid = 499.

② 海关总署. 推广国际贸易"单一窗口"标准版 [EB/OL]. (2017 – 03 – 10) [2020 – 12 – 17]. http：//www. gov. cn/xinwen/2017 – 03/10/content_5176080. htm.

③ 中国国际贸易单一窗口网站. 国务院口岸工作部际联席会议办公室印发《关于国际贸易"单一窗口"建设的框架意见》[EB/OL]. (2016 – 10 – 14) [2020 – 12 – 17]. http：//www. singlewindow. cn/tzgg/1652. jhtml.

"单一窗口"标准版功能定位在四个方面：一是方便开展业务交流；二是引导广大进出口企业根据需要选择各地方"单一窗口"办理业务；三是加强口岸执法单位和地方行政管理部门信息系统连接与数据交换；四是实现企业申报数据"一次录入""跨系统共享""多部门共用"（夏志方，2020）。

三、我国国际贸易"单一窗口"牵头机构

1998年国务院机构改革，撤销了成立于1993年的国家口岸办公室，并将其口岸规划、审理职能交给海关总署承担。各地根据地方口岸情况，分别合并到不同的部门，多数省（市、自治区）合并到商务厅，对外统一为省（市、自治区）人民政府口岸办公室。2006年5月中央机构编制委员会办公室批复海关总署口岸规划办公室更名为"国家口岸管理办公室"，其主要职责是：研究提出各类对外开放口岸的整体规划及口岸规范的具体措施并组织实施；根据国务院的总体需求，组织协调口岸通关中有关部门的工作关系，指导和协调地方政府口岸工作（夏志芳，2020）。

四、我国国际贸易"单一窗口"建设进展

党的十八届三中全会提出"实现口岸管理相关部门信息互换、监管互认、执法互助"要求，建设"单一窗口"随即提上日程。2014年2月，国务院口岸办公室领头在部委层面成立了由中央各口岸查验监管部门（公安部、交通运输部、海关总署、国家质检总局）共同组成的"单一窗口"试点工作组。2014年6月18日，上海国际贸易"单一窗口"试点启动。2014年下半年，开始分阶段推进沿海口岸"单一窗口"建设。2014年12月，国务院印发《落实"三互"推进大通关建设改革方案》，明确要求实现申报人通过"单一窗口"向口岸管理相关部门一次性申报，执法结果通过"单一窗口"反馈申报人。①

2015年4月，国务院在《关于改进口岸工作支持外贸发展的若干意见》中，要求实现2015年年底在沿海口岸、2017年在全国所有口岸建成"单一窗口"的目标。2015年6月，国务院建立了国务院口岸工作部际联

---

① 佚名．"单一窗口"建设［EB/OL］．（2019-08-09）［2020-12-18］．http：//www.zyhscm.com/news/html/1280.html．

席会议制度。2016年10月14日,国务院口岸工作部际联席会议办公室印发《关于国际贸易"单一窗口"建设的框架意见》的通知(署岸函〔2016〕498号),明确了全国"单一窗口"建设的指导思想、建设目标、基本原则、总体布局、建设内容、建设阶段和保障措施等,标志着国家层面"单一窗口"建设的顶层设计正式出台。

到2017年,国际贸易"单一窗口"标准版覆盖中国31个省区市,每日申报业务量10万余单,累计注册用户3.5万家。① 到2018年年底,"单一窗口"已实现与25个部委的系统"总对总"对接,提供了货物申报、舱单申报、运输工具申报、展览品申报、许可证件申领、原产地证书申领、企业资质办理、查询统计、出口退税、税费支付、加贸保税、跨境电商等12大项基本功能,满足海运、空运、公路等各种口岸类型和特殊监管区、自由贸易试验区、跨境电商综合试验区业务办理,实现"一点接入、一次提交、一次查验、一键跟踪、一键办理",② 开发应用系统60个,对外提供服务495项,覆盖全国所有口岸和特殊监管区、自由贸易试验区、跨境电商综合试验区。截至2020年7月,中国国际贸易"单一窗口"累计注册用户已经达到了330万余家,日申报业务量达到1000万票,货物、舱单和运输工具三项主要业务应用率都达到百分之百。③ 到2021年实现智慧海关基本建成,到2025年全面实现智慧海关,海关科技水平跻身世界前列,在关键领域领跑全球海关科技发展。④

五、国际贸易"单一窗口"的优势

"单一窗口"将大通关流程由"串联"改为"并联",实现"一点接入、一次提交、一次查检、一键跟踪、一站办理"的"五个一"功能特

---

① 吴链科技. "单一窗口"真的来了! 标准版已覆盖中国31省区市[EB/OL]. (2017-11-28)[2020-12-18]. https://www.sohu.com/a/207230642_99944558.

② 佚名. 自贸区改革,国际贸易"单一窗口"建设释放更多红利[EB/OL]. (2018-11-20)[2020-12-18]. https://www.cifnews.com/article/39360.

③ 国新网. 中国国际贸易"单一窗口"建设取得长足进步[EB/OL]. (2020-07-22)[2020-12-18]. http://www.scio.gov.cn/32344/32345/42294/43314/zy43318/Document/1684189/1684189.htm.

④ 陈康亮. 国际贸易"单一窗口"标准版已覆盖全国所有口岸[EB/OL]. (2019-04-18)[2020-12-18]. https://www.chinanews.com/cj/2019/04-18/8813279.shtml.

色,持续改善口岸环境,促进贸易便利,取得了明显成效。①

国际贸易"单一窗口"包括以下六个优势。

一是减少环节,通过推进"单一窗口"建设,变有纸为无纸、线下为线上、串行为并行,让贸易更加简单自如。全国推行运输工具(船舶)"一单多报",一次性取消企业原申报所需44类、70余种、共计150页左右的纸质申报材料,船舶进出境全流程通关手续办理由原先的16小时压缩至2小时。

二是优化流程,打通了企业通关贸易中的堵点、切中痛点、破除难点,让数据多跑路、企业少跑腿。重庆通达报关服务有限公司反映,"单一窗口"将转关单核销状态信息推送收货人及代理人,仅这一环节优化即节约0.5天时间。中国舟山外轮代理有限公司反映,通过"单一窗口"运输工具(船舶)"一单多报",企业原来需要跑现场9次以上改为最多跑1次。

三是提高效率,将口岸各部门作业系统由"物理集中"到产生"化学反应"。企业无须频繁切换各部门作业系统,通过"单一窗口"全部搞定。湖南西联捷运国际货运代理有限公司反映,企业可一站式办结所有通关手续,节省大量人力和时间成本。

四是降低成本,切实增强企业获得感,"单一窗口"减少企业大量重复性录入申报工作,并且实行免费申报制度,大大减轻企业负担,实现普惠、共赢和公平。广州盈海国际货运代理有限公司反映,以前报关业务需要300多人来负责,要往返多地,现在企业报关业务的办公室已经腾退过半,报关员数量减少了2/3以上。

五是共享信息。口岸管理部门通过平台共享信息数据、实施职能管理,加快推进形成电子口岸跨部门共建、共管、共享机制,从而推动口岸管理部门间的"信息互换、监管互认、执法互助"。② 依托"单一窗口"实现信息交换共享,累计交换业务数据超过31亿条。推动国际航行船舶监管创新改革,促进船舶转港数据共享复用功能,使船舶进港数据申报过

---

① 国家口岸管理办公室. 国际贸易"单一窗口"建设 [EB/OL]. (2019-11-14) [2020-12-19]. http://gkb.customs.gov.cn/gkb/2691150/2691155/2691959/index.html.

② 佚名. 有关"单一窗口"的全面解析 [EB/OL]. (2019-05-28) [2020-12-19]. https://www.anywayshipping.com/news/items/468.html.

程由原来的一小时减少到最短 5 分钟。①

六是扩展功能。"单一窗口"平台功能具有可扩展性，可以由口岸通关执法向口岸物流、贸易、服务等全链条进行拓展。依托"单一窗口"创新了"外贸+金融"模式，推出在线国际结算、融资贷款、关税保证保险和出口信用保险等服务，有效解决了中小微企业"融资难、融资贵"问题，支持实体经济发展。自该项业务试点以来，累计服务企业 13 万余家，处理国际结算 67 亿美元，融资贷款合同金额达到 163.2 亿元人民币，出口信用保险单 5.98 万张。另外，大力推进了跟港口、机场、场站、码头等物流节点的对接和信息双向交互试点，促进相关物流单证能够电子化流转以及线上办理。

第五节
金融领域

一、自由贸易账户的含义与分类

自由贸易账户（Free Trade Account，FT 账户）是金融机构根据客户需要，在自由贸易试验区分账核算单元开立的规则统一的本外币账户，独立于现有的传统账户体系。FT 账户的设置是探索投融资汇兑便利、扩大金融市场开放和防范金融风险的一项重要制度安排。②

自由贸易账户按照"一线放开、二线管住、有限渗透"的原则进行管理。"一线放开"是指在自由贸易账户（包括居民和非居民）、境外账户及境内区外的非居民账户之间，资金可以自由划转。"二线管住"是指自由贸易账户与非自由贸易账户之间的资金流动，被视为跨境业务处理，

---

① 陈康亮. 国际贸易"单一窗口"标准版已覆盖全国所有口岸 [EB/OL]. (2019-04-18) [2020-12-19]. http://www.scio.gov.cn/32344/32345/42294/43314/zy43318/Document/1684189/1684189.htm.

② 天津市场监管. 什么是自由贸易账户？点我了解！[EB/OL]. (2020-05-09) [2020-12-20]. https://www.sohu.com/a/394028334_120207161.

资金流动需要符合相关规定。"有限渗透"是指对于自由贸易试验区内同一非金融机构主体的部分业务,可以在其自由贸易账户与其他银行结算账户之间,按规定办理同户名资金划转以及其他符合规定的跨境交易。①

FT 账户体系包含五类账户:区内个人自由贸易账户"FTI"、区内境外个人自由贸易账户"FTF"、区内机构自由贸易账户"FTE"、境外机构自由贸易账户"FTN"、同业机构自由贸易账户"FTU"。具体情况如表4-2 所示。

表 4-2　　　　　　　　自由贸易账户类型及适用主体

账户类型		账户标识	适用主体
机构类	区内机构	FTE	(1) 在自由贸易试验区内依法成立的企业(包括法人和非法人); (2) 境外机构驻自由贸易试验区内机构; (3) 自由贸易试验区内注册的个体工商户
	境外机构	FTN	在境外(含港、澳、台地区)注册成立的法人和其他组织
	同业机构	FTU	其他金融机构的自由贸易试验区分账核算单元和境外金融机构
个人类	区内个人	FTI	在自由贸易试验区内工作,并由其工作单位向中国税务机关代扣代缴 1 年以上所得税的中国公民
	区内境外个人	FTF	持有境外身份证明文件的境外(含港、澳、台地区)自然人

资料来源:谷川联行税筹. 好消息! FT 账户接入,四大自贸区迎来发展新机遇? [EB/OL]. (2020-07-27) [2020-12-20]. https://www.sohu.com/a/409971722_100190265.

二、自由贸易账户与其他账户的比较

离岸账户(Off-Shore Account, OSA)是指境外居民在允许开办离岸业务的境内银行开立的外汇账户。由于目前中国大陆经批准经营离岸银行业务的只有招商银行、浦发银行、交通银行和平安银行,因此离岸账户也就仅限于在上述四家银行的离岸部开立的外币账户,且该账号抬头应注册"OSA"(邓翊平,2016)。此外,中国境内的外资银行、中国大陆以外的

---

① 中国(广西)自由贸易试验区. 什么是自由贸易账户? [EB/OL]. (2019-08-20) [2020-12-20]. http://gxftz.gxzf.gov.cn/index.php?case=archive&act=show&aid=504.

银行（如中国香港、瑞士等国家或地区的银行）也可开立离岸账户。①

境外机构境内账户（Non - Resident Account，NRA）是指境外机构在境内银行开立的在岸账户，包括外汇账户和人民币账户两种。国家外汇管理局于2009年发布了《关于境外机构境内外汇账户管理有关问题的通知》，境内的中资和外资银行都可以为境外机构开立外汇账户（外币NRA账户）。②外汇NRA账户和人民币NRA账户均应加前缀"NRA"。自由贸易账户与其他账户的比较如表4-3所示。

通过比较，可以总结出FT账户特色如下③。

（1）自由贸易试验区主流结算工具。FT账户服务对象广泛，包括境内外企业、个人、金融机构等各类主体。在未来，随着金融改革政策不断推出，FT账户将逐渐作为自由贸易试验区企业主流金融服务工具。

（2）本外币账户合一。避免企业开立各种不同性质的专户，简单便捷。

（3）企业结算更便捷。对于符合一定条件的优质客户跨一线、二线划转业务可凭收付款指令办理，结算更加便捷，提高企业资金结算效率。

（4）账户功能全面，创新政策先行先试。可开展境外融资及要素市场投资等创新业务。同时，伴随自由贸易试验区政策不断出台和金融改革创新，FT账户作为政策创新载体将实现创新政策先行先试。

（5）汇率市场化，产品更丰富。FT账户适用人民币离岸汇率（CNH），境内结算账户适用人民币在岸汇率（CNY），客户可择优选择在FT账户或境内结算账户进行购汇、结汇。

三、自由贸易账户的发展和功能

2013年12月，中国人民银行印发《关于金融支持中国（上海）自由贸易试验区建设的意见》（以下简称"金改30条"），明确提出"创新有利于风险管理的账户体系"。2014年5月，中国人民银行上海总部印发

---

① AC国际咨询. 离岸公司开户 | OSA账户/NRA账户/FTN账户的对比及离岸账户的开立 [EB/OL]. (2021-03-01) [2021-03-16]. https://baijiahao.baidu.com/s?id=1693011851138319236&wfr=spider&for=pc.

② 佚名. FT账户和OSA以及NRA有什么区别 [EB/OL]. (2020-12-04) [2021-03-16]. https://zhidao.baidu.com/question/1929244034503732827.html.

③ 佚名. FT账户简介 [EB/OL]. (2020-06-17) [2021-03-16]. https://www.teda.gov.cn/tedazt/contents/5443/88855.html.

表 4-3 自由贸易账户与其他账户比较

内容		传统账户	NRA 账户	OSA 账户	FT 账户	对标：香港地区银行居民和非居民账户
开户对象		境内居民企业和个人	境外非居民企业	境外非居民企业和个人	区内居民企业和个人、境外非居民企业和个人	所有居民和非居民个人账户
币种		人民币、外币（需要分别开立）	人民币、外币（需要分别开立）	外币	本外币一体化（无须分别开立）	本外币
是否分账核算		否	否	是	是	否
海外融资		占用开户主体跨境融资额度	按所在地监管部门要求办理	无限制	FTE：占用开户主体跨境融资额度。FTN：无限制	无限制
结售汇	办理模式	纳入在岸结售汇头寸管理，管理严格，按需提交相关材料后方可办理	纳入在岸结售汇头寸管理，仅可在监管部门允许的范围内办理结售汇	不能办理人民币结售汇，仅能外币买卖	不纳入在岸结售汇头寸管理，允许账户主体按照意愿自主结售汇	无限制，账户主体自主结售汇
	适用汇率	境内 CNY 汇率	境内 CNY 汇率	境内 CNY 汇率	境外 CNH 汇率	境外 CNH 汇率
优缺点	优势	境内所有银行均可办理	境内所有银行均可办理，可服务于境外非居民客户	专项服务于非居民客户，国际化程度最高	本外币一体化，既可服务于区内居民客户，又可服务于境外非居民客户，汇率与国际接轨，国际化程度较高	完全自由的账户
	劣势	无法服务境外客户，本外币分开开立和管理，外汇管制严格	纳入在岸账户体系管理，本外币分开开立和管理，无法自由结售汇，适用境内汇率，国际化程度较低	可办理的银行十分有限，无法服务于境内居民客户，没能有人民币	可办理的银行尚局限于自由贸易试验区，尚未实现真正的自由化	

资料来源：智汇大叔．自贸区 FT 账户体系及国际收支申报业务汇总 [EB/OL]．(2020-11-05) [2020-12-21]．http://www.360doc.com/content/20/1105/19/72283671_944291936.shtml．

《中国（上海）自由贸易试验区分账核算业务实施细则（试行）》，正式启动自由贸易账户业务，金融机构可在分账核算单元中为不同主体开立相应的自由贸易账户，提供相关金融服务。2015年4月，中国人民银行上海总部宣布启动自由贸易账户外币服务功能，实现账户本外币一体化。2018年9月，自由贸易账户复制推广至海南自由贸易试验区，2019年11月，进一步复制推广至天津、广东自由贸易试验区。

根据2014年5月中国人民银行上海总部正式发布的《中国（上海）自由贸易试验区分账核算业务实施细则（试行）》和《中国（上海）自由贸易试验区分账核算业务风险审慎管理细则（试行）》，自由贸易账户可办理经常项下和直接投资项下的跨境资金结算。区内主体以及设立分账核算单元的金融机构，可通过开立自由贸易账户，按规定开展中国人民银行支持自由贸易试验区发展30条意见第三部分的投融资汇兑创新及相关业务。这些业务包括：（1）上海自由贸易试验区跨境直接投资，可按上海市有关规定与前置核准脱钩，直接向银行办理所涉及的跨境收付、兑换业务；（2）在区内就业并符合条件的个人可按规定开展包括证券投资在内的各类境外投资；（3）个人在区内获得的合法所得可在完税后向外支付，区内个体工商户可根据业务需要向其在境外经营主体提供跨境贷款；（4）在区内就业并符合条件的境外个人可按规定在区内金融机构开立非居民个人境内投资专户，按规定开展包括证券投资在内的各类境内投资；（5）区内金融机构和企业可按规定进入上海地区的证券和期货交易场所进行投资和交易；（6）区内企业的境外母公司可按国家有关法规在境内资本市场发行人民币债券；（7）根据经营需要，注册在自由贸易试验区内的中外资企业、非银行金融机构及其他经济组织（以下简称区内机构）可按规定从境外融入本外币资金；（8）允许符合条件的区内企业按规定开展境外证券投资和境外衍生品投资业务等。①

同一非金融机构自由贸易账户与其开立的境内其他银行计算账户之间，可办理以下业务项下的人民币资金划转：（1）经常项下业务；（2）偿还自身名下且存续期超过6个月（不含）的上海市银行业金融机构发放的人民币贷款，偿还贷款资金必须直接划入开立在贷款银行的同名账户；

---

① 佚名. 自贸区FT账户是啥？好处是啥？能干些啥？咋申请？[EB/OL]. (2015-09-07) [2020-12-22]. http://www.360doc.com/content/15/0907/07/21754836_497529107.shtml.

（3）新建投资、并购投资、增资等实业投资；（4）中国人民银行上海总部规定的其他跨境交易。

2016年11月23日，中国人民银行上海总部发布《关于进一步拓展自由贸易试验区跨境金融服务功能支持科技创新和实体经济的通知》，再次拓展自由贸易账户功能：（1）科创企业海外引进人才的收益与经常转移、投资理财；（2）境外基金为境内科创企业提供全方位金融服务；（3）提供全功能型跨境双向人民币资金池业务；（4）为"一带一路"和"走出去"企业提供跨境结算、融资等业务；（5）支持跨境电商所需的跨境本外币结算服务；（6）支持金融机构开展国际贸易融资与再融资服务；（7）支持股权投资基金从境内外募集资金开展跨境股权投资。[1]

截至2021年2月，上海自由贸易试验区创设的自由贸易账户已在广东、天津、海南等地上线。[2]

四、自由贸易账户的意义

1. 构建本外币合一的账户管理体系

我国现行的账户管理体系除了一般结算户外，均为专户模式。比如，有美元收支的企业要开美元账户，有欧元收支的企业要开欧元账户，如果一个企业跟许多国家都有业务往来，就要开设许多不同外币的账户。专户管理模式将资金分散在不同的账户中，使企业无法便利地使用和管理其可支配的资金。在"专户专款专管专用"的管理模式下，增加企业的财务管理成本和失误性违规可能，降低资金的使用效率，银行也不得不耗费大量的人力物力来管理庞大复杂的账户类别。自由贸易账户把多个人民币专用账户和外币专用账户集成为以人民币为本位币、本外币合一的账户体系，突破了专户的概念，打破了本外币账户割裂的局面。经济主体只需管理一个账户就可以实现跨境和境内跨区的资金收付，账户内本外币资金可兑换，这是当前的离岸账户（限外币，非居民）、境外机构境内外汇账户（NRA账户，人民币与外币分设，限非居民）或境内普通账户（人民币与

---

[1] 新浪财经. 自由贸易账户功能再拓展 现在这7件事情可以做啦 [EB/OL]. （2016-11-23）[2020-12-23]. http://finance.sina.com.cn/roll/2016-11-23/doc-ifxxwsix4522432.shtml.

[2] 倪铭娅. 商务部：本外币一体化自由贸易账户目前已在广东、天津、海南等地上线 [EB/OL]. （2021-02-03）[2021-02-07]. http://www.cs.com.cn/sylm/jsbd/202102/t20210203_6137031.html.

外币分设，只对居民）所无法实现的，满足了实体经济的投资便利化需求，大大提升了跨境金融服务功能（左娜，2018）。

2. 创设公平竞争的环境

自由贸易账户对标高阶贸易投资规则需要，对境外企业和境内企业以及对居民和非居民提供相同的跨境金融服务。境内外企业开设自由贸易账户后，不会因资本背景不同而受到差别化待遇、接受差异化服务，而是使境外企业及其投资获得准入前国民待遇，实现了金融服务领域的公平竞争或竞争中立。

3. 探索资本账户可兑换

虽然在我国资本账户七大类 40 个子项中，绝大多数已实现基本可兑换或部分可兑换，但都是在事前资质审批及事后额度严格限制下或是专户模式下的管道式开放，与市场主体的真实需求和真实感受度差距较大。自由贸易账户开辟了资本账户可兑换的新途径。"金改 30 条"提出：自由贸易试验区内主体及设立分账核算单元的金融机构可通过开立自由贸易账户，按规定开展投融资汇兑创新业务。所谓的"投融资汇兑创新"主要是人民币资本项目可兑换及跨境金融业务（刘健和马丽靖，2020）。"金改 30 条"明确规定：自由贸易账户内资金可根据实际业务需求进行兑换，实现了基本可兑换。自由贸易账户适用于所有金融机构而非限于银行业金融机构，证券、保险等金融机构均可按规定设立分账核算单元并提供相关服务。

4. 促进金融开放创新

自由贸易账户内本外币资金按统一规则管理。对境内企业来说，拥有自由账户基本就是拥有了一个可以和境外资金自由汇兑的账户。而对境外企业来说，则意味着它们可以按准入前国民待遇原则获得相关金融服务。[①] 试验区内的居民可通过设立本外币自由贸易账户实现分账核算管理，开展一部分投融资创新业务。因此，自由贸易账户为自由贸易试验区金融改革开放提供了管理、核算和创新的载体，便利企业和金融机构的投融资活动，支持实体经济建设，有助于打通跨境人民币业务的发展，从而推动人民币国际化不断深入（何彦婕，2020）。

---

① 佚名. 自贸区 FT 账户是啥？好处是啥？能干些啥？咋申请？［EB/OL］.（2015 - 09 - 07）[2020 - 12 - 25]. http://www.360doc.com/content/15/0907/07/21754836_497539107.shtml.

自由贸易账户体系设有"本外币跨境资金流动管理""非现场监测指标""持续性评估和监测""响应和激励约束机制"四大体系，可对分账核算业务和自由贸易账户的异常资金流动实施动态灵活干预，从而推动金融监管从以微观金融监管为主向构建宏观审慎管理体系的转变，可以有效地弥补微观金融监管的不足，为金融领域进一步改革开放奠定基础（饶慧君和刘李，2016）。

5. 加强金融风险控制

风险防控是金融开放的重要前提。自由贸易账户以分账核算管理为基础构筑了跨境金融风险"防火墙"机制，自由贸易试验区成为既与国际金融市场高度接轨，又与境内其他市场有限隔离的中间地带，具有"电子围网"的作用（见图4-1）。首先，金融机构按照"标识分设、分账核算、独立出表、专项报告、自求平衡"的要求开展试验区分账核算业务，在记账环节将自由贸易账户与其他账户区分开来；其次，金融机构分账核算单元因向自由贸易账户提供兑换服务而产生的本外币头寸应在区内或境外进行平盘，这保证了自由贸易账户跨境资金流动不会对境内市场造成冲击；再次，跨二线采取宏观审慎管理，允许有限渗透，但仅限人民币，而且视同跨境业务管理；最后，中国人民银行可逐笔监测自由贸易账户内资金流动，并可根据跨境资金流动情况进行逆周期宏观调控（刘健和马丽靖，2020）。

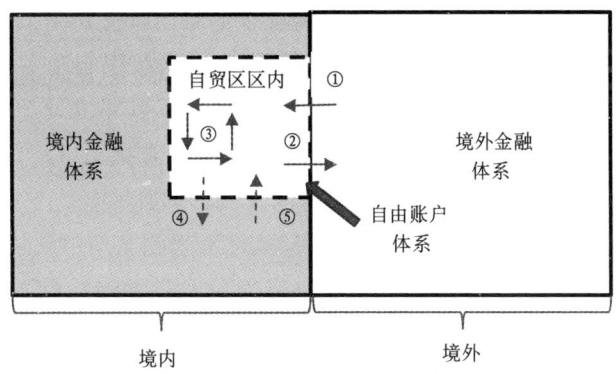

图4-1　自由贸易账户体系是自由贸易区的"电子围网"

资料来源：邓志超，景建国. 自由贸易账户与多账户体系比较研究［J］. 新金融，2019（12）：21—25.

注：图中①②③箭头为实线，表示资金自由流动；④⑤箭头为虚线，表示资金有限流动。由此体现"一线放开，二线管住"的思路。

五、跨境双向人民币资金池

(一) 跨境双向人民币资金池的含义

跨境双向人民币资金池是指跨国企业集团根据自身经营和管理需要,在境内外非金融成员企业之间开展的跨境人民币资金余缺调剂和归集业务。跨国企业集团是指以资本为联结纽带,由境内外母公司、子公司、参股公司及其他成员企业共同组成的企业联合体。包括母公司及其控股51%以上的子公司,母公司、控股51%以上的子公司单独或者共同持股20%以上的公司,或者持股不足20%但处于最大股东地位的公司。①

跨境人民币资金池从本质上来看就是一个账户,用来在成员企业之间进行跨境人民币资金余缺调剂和归集。一家跨国公司往往拥有分布在境内境外的众多"家族成员","家族成员"既有"缺钱的",也有"剩钱的"。于是整个"家族"指定了一个成员作为管家,建立一个账户统筹境内外成员的人民币资金。于是,不论成员是在境内还是境外,当他缺钱的时候,就可以从这个池子里获得"下划"借款;而当有成员剩钱的时候,就可以将多余人民币资金"上存"池子里,准备对其他成员放款。从本质上来看,不管是通过资金池对外放款还是借入外债,其实都是成员之间的借款行为(见图4-2)。②

中国人民银行跨境双向人民币资金池包括四个版本。③

(1) 全国版:《关于进一步便利跨国企业集团开展跨境双向人民币资金池业务的通知》(银发〔2015〕279号)。全国版资金池的准入要求最为严格,境内成员企业上年度收入大于10亿元,境外成员企业上年度收入大于2亿元。全国版资金池的额度也最小:净流入(出)额度上限 = 资金池应计所有者权益×0.5。

---

① 中国人民银行. 中国人民银行关于进一步便利跨国企业集团开展跨境双向人民币资金池业务的通知 [EB/OL]. (2015 - 09 - 11) [2020 - 12 - 26]. http://www.chinaforex.com.cn/index.php/cms/item - view - id - 38219.shtml.

② 梁宏亮. 观察|跨境双向人民币资金池被自贸区争相推广,你要知道的干货都在这里 [EB/OL]. (2017 - 08 - 24) [2020 - 12 - 26]. https://www.163.com/dy/article/CSKJ7I7R0530K35U.html.

③ 佚名. 人民币与外汇跨境资金池政策对比 [EB/OL]. (2020 - 08 - 23) [2020 - 12 - 27]. http://guojijiesuan.com/?p=7933.

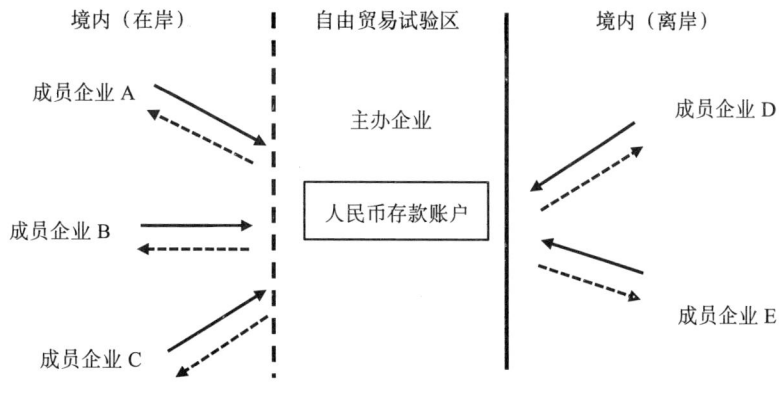

图 4-2 跨境双向人民币资金池示意图

资料来源：梁宏亮. 观察|跨境双向人民币资金池被自贸区争相推广，你要知道的干货都在这里 [EB/OL]. (2017-08-24) [2020-12-26]. https://www.163.com/dy/article/CSKJ7I7R0530K35U.html.

注：实线箭头表示"上存"资金，虚线箭头表示"下划"资金。

（2）自由贸易试验区版（不含上海自由贸易试验区）：《关于进一步便利跨国企业集团开展跨境双向人民币资金池业务的通知》（银发〔2015〕279号）、各地自由贸易试验区相关文件。自由贸易试验区版资金池对成员企业收入的要求是全国版的一半，即：境内成员企业上年度收入大于5亿元，境外成员企业上年度收入大于1亿元。同时，净流入（出）额度上限=资金池应计所有者权益×1。

（3）上海自由贸易试验区版：《中国人民银行上海总部关于支持中国（上海）自由贸易试验区扩大人民币跨境使用的通知》（银总部发〔2014〕22号）。上海自由贸易试验区版资金池没有明确的准入门槛，对资金池净流入（出）额度也没有明确限制，但在实际办理中，商业银行会根据企业需求，结合企业的资质、现金流、净资产等条件设定一个额度。此外，融资资金不得参与归集。

（4）全功能型跨境双向人民币资金池（FT版）：《中国人民银行上海总部关于进一步拓展自由贸易试验区跨境金融服务功能支持科技创新和实体经济的通知》（银总部发〔2016〕122号）。全功能型资金池是依托上海自由贸易账户（FT账户）体系设立的，但参与企业不限于自由贸易试验区内的企业，还可包括上海市的大型央企、国企和高新技术企业。境外成员企业和区内主办企业之间或境外主办企业与区内成员企业之间可自行选择货币进行资金归集,无额度限制。"二线"归集必须以人民币进行,净流入(出)额度上限=资金池应计所有者权益×1。因为用于资金归集的在自由贸易试验区开立的账户为 FT 账户,根据相关规定,账户内可以自由结售汇,适用离岸汇率。

另外,还有国家外汇管理局版跨境资金池:《关于印发〈跨国公司跨境资金集中运营管理规定〉的通知》(汇发〔2019〕7 号)。其核心便利政策包括:(1)本外币一体化管理,企业可以利用资金池主账户集中运营管理本外币资金;(2)不同性质资金集中管理,国内资金主账户中既可以有资本项目性质资金,也可以有经常项目性质资金;(3)境内成员企业的外债额度和境外放款额度交由主办企业统一调配使用后,办理一次性登记,由企业自主选择资金币种、使用期限、境外资金方。不足之处是在资金划转、使用方面便利性不及人民币资金池。

(二) 跨境双向人民币资金池的发展进程

跨境双向人民币资金池的发展进程如表 4-4 所示。目前,跨境双向人民币资金池业务已向全国推广。

表 4-4　　　　　　跨境双向人民币资金池的发展进程

时间	相关文件或措施
2013 年 7 月	《中国人民银行关于简化跨境人民币业务流程和完善有关政策的通知》(银发〔2013〕168 号)发布,就简化跨境人民币业务流程和完善有关政策等事项给予明确
2014 年 2 月	《关于支持中国(上海)自由贸易试验区扩大人民币跨境使用的通知》(银总部发〔2014〕22 号)发布,允许在上海自由贸易试验区试点
2014 年 6 月	中国人民银行关于贯彻落实《国务院办公厅关于支持外贸稳定增长的若干意见》的指导意见(银发〔2014〕168 号)发布,明确跨国集团可开展此业务,将跨境双向人民币资金池推向全国
2014 年 11 月	《中国人民银行关于跨国企业集团开展跨境人民币资金集中运营业务有关事宜的通知》(银发〔2014〕324 号)发布,出台全国开展跨境资金池具体实施细则
2015 年 9 月	《关于进一步便利跨国企业集团开展跨境双向人民币资金池业务的通知》(银发〔2015〕279 号)发布,降低办理跨境双向人民币资金池业务的门槛

续表

时间	相关文件或措施
2015 年 12 月	央行支持广东、天津、福建三个自由贸易试验区开展跨境双向人民币资金池业务
2016 年 5 月	广东自由贸易试验区、福建自由贸易试验区厦门片区相继出台具体实施细则
2016 年 11 月	天津自由贸易试验区出台实施细则
2017 年 4 月	第三批设立的多家自由贸易试验区总体方案提出将该项业务作为金融创新之一
2017 年 6 月	上海开发出"全功能型跨境双向人民币资金池"
2020 年 6 月	海南首个 FT 全功能跨境双向人民币资金池业务落地

资料来源：梁宏亮. 观察|跨境双向人民币资金池被自贸区争相推广，你要知道的干货都在这里 [EB/OL]. (2017-08-24) [2020-12-28]. https：//www.163.com/dy/article/CSKJ7I7R0530K35U.html.

（三）跨境双向人民币资金池的作用

跨境双向人民币资金池的作用如图 4-3 所示。

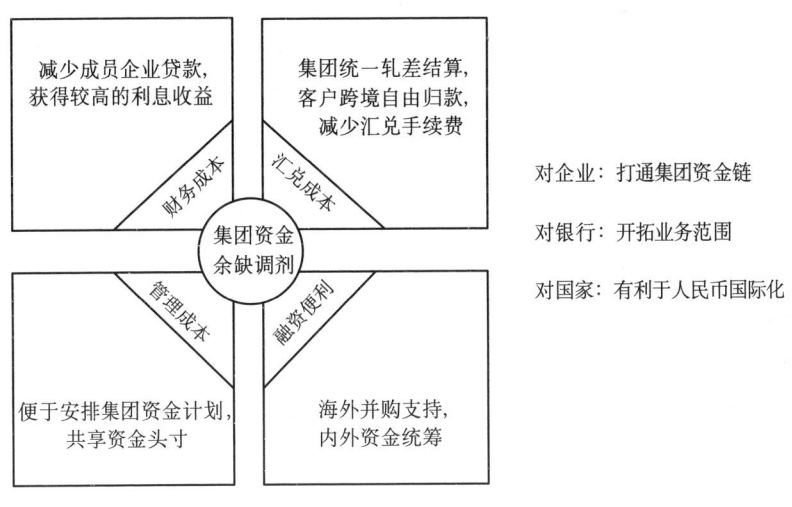

图 4-3　跨境双向人民币资金池的作用

资料来源：梁宏亮. 观察|跨境双向人民币资金池被自贸区争相推广，你要知道的干货都在这里 [EB/OL]. (2017-08-24) [2020-12-28]. https：//www.163.com/dy/article/CSKJ7I7R0530K35U.html.

对于跨国企业来说，在境内设有成员机构，在境外设有成员机构。在跨境双向人民币资金池出台之前，跨境人民币的进出常见分为：经常项下、资本项下。在日常业务中，资本项下的人民币入境需要比较多的审批，且资本项下不能提供日常经营性现金调度。经常项下的资金进出需要贸易背景的支持。在没有贸易背景和资本项下审批的前提下，跨国企业的境内外成员机构之间是不能进行跨境汇款的。在跨境双向人民币资金池出现之后，跨国企业的境内外成员机构之间可以越过贸易背景和资本审批的过程，直接划转资金。① 因此，跨境双向人民币资金池打通了跨国企业集团境内外人民币资金流通的渠道。

跨境双向人民币资金池统筹了境内外成员机构的人民币资金，可有效解决境内外企业之间资金供求不平衡，即境内企业人民币资金有余（不足）、境外企业人民币资金不足（有余）并存的问题，便利企业集团对成员企业资源进行整合，充分发挥集团人民币资金集合优势，以集团内部融资替代集团外部融资，降低对金融机构融资的依赖，节约资金成本，降低财务风险（邓翊平，2014）。因此，跨境双向人民币资金池为集团境内外成员企业提供资金共享的最优安排，便利资金余缺调剂和资金归集，提高集团内部资金运用效率，降低企业跨国资金运营成本。此外，跨境双向人民币资金池使企业无须办理人民币外债和境外放款登记，减少了业务流程，提高业务办理效率；使企业收付结算便利快捷，规避汇率风险。②

对于银行而言，跨境双向人民币资金池为银行开辟了新的业务领域，给银行带来了新的业务增长点。对于国家来说，跨境双向人民币资金池实现境内人民币资金池与境外人民币资金池内资金的双向流通，企业境外账户的人民币资金可直接划转到境内账户的这个资金池内，外汇资金也可先在新加坡等地兑换成人民币，再划转到资金池内，增加了人民币在国际上的使用范围，提升了人民币的国际影响力，促进人民币的国际化。

---

① 佚名. 如何通俗地理解"跨境双向人民币资金池"？［EB/OL］.（2019 – 02 – 25）［2020 – 12 – 29］. https：//www.zhihu.com/question/313250391.
② 中国人民银行舟山市中支. 一图读懂跨境人民币政策｜跨境双向人民币资金池［EB/OL］.（2020 – 11 – 26）［2020 – 12 – 30］. https：//new.qq.com/omn/20201126/20201126A0DWMV00.html.

第六节
监管领域

一、事中事后监管的概念

事中事后监管是一个官方用语,并非一个严格的法律用语。关于事中事后监管,在政府政策文件中和法律文件中都没有明确给出界定。"事中事后监管"与"事前监管"相对应。董淳锷(2021)从法理角度分别阐述了事前监管、事中监管、事后监管的含义。

根据相关法律、政策和文献,事前监管有两种含义。第一种是指市场监管部门依据法定实体标准(如最低注册资本、特许营业资格、特殊人才资质等)及程序要求(行政许可等),审查并决定是否授予申请人以市场主体资格或相关从业资格。按商法理论,市场主体资格(即经营者资格)由商主体资格和营业资格两个方面构成,前者的获得以经营者取得营业执照为准,后者的获得以经营者取得特定生产经营许可证为准。这一语境下的事前监管实际上是市场准入问题,简称"主体资格的事前监管"。在另一些情况下,事前监管也可能被用以指称监管部门根据实体标准(如参与不同市场业务需要的不同的资质要求)及程序要求(包括审批、许可、检验、评估、审查等),审查并决定是否允许申请人实施某种市场行为。这是事前监管的第二种含义,简称"特定行为的事前监管"。

事中监管常指市场监管部门根据实体标准(如安全标准、卫生标准、质量标准等)及程序要求(主要指特殊事项的审批和许可等),对经营者生产经营过程实施监督管理。事中监管客体广泛涉及经营者信息真实性、行为合法性、价格合理性、设备安全性、过程规范性、质量合格性等多个方面,其一般表现为抽查。事后监管应指某项生产经营行为实施完毕时,市场监管部门针对生产经营行为结果是否具备合法性所进行的监管活动。

简单地说,事前审批属于事前监管,以行政许可为主,严把市场主体的准入关口。事中监管以风险管理为主,主要确保市场主体持续符合准入条件，依法合规经营，重点在于状态维持与过程监控。事后监管以稽查执法、依法惩戒为主，轻则纠正市场主体行为，重则清除不合格的市场主体，同时也包括对企业退出市场的相关行为与活动的监管，维护正常市场秩序，促进市场公平竞争（宋世明，2015）。

虽然事中监管和事后监管各有其含义，但在政策文件中常把事中监管和事后监管合称事中事后监管，以此区别于事前监管。

二、事中事后监管方式

（1）"双随机、一公开"监管。所谓"双随机、一公开"，就是指在监管过程中随机抽取检查对象，随机选派执法检查人员，将抽查情况及查处结果及时向社会公开。"双随机"要求建立随机抽取检查对象、随机选派执法检查人员的"双随机"抽查机制，严格限制监管部门自由裁量权；建立健全市场主体名录库和执法检查人员名录库，通过摇号等方式，从市场主体名录库中随机抽取检查对象，从执法检查人员名录库中随机选派执法检查人员。推广运用电子化手段，对"双随机"抽查做到全程留痕，实现责任可追溯。"一公开"则要求加快政府部门之间、上下之间监管信息的互联互通，依托全国企业信用信息公示系统，整合形成统一的市场监管信息平台，及时公开监管信息，形成监管合力。①

（2）"包容审慎"的监管方式。所谓"包容"，就是对那些未知大于已知的新业态采取包容态度，只要它不触碰安全底线。所谓"审慎"有两层含义：一是当新业态刚出现还看不准的时候，不要一上来就"管死"，而要给它一个"观察期"；二是严守安全底线，对谋财害命、坑蒙拐骗、假冒伪劣、侵犯知识产权等行为，不管是传统业态还是新业态都要采取严厉监管措施，坚决依法打击。②

（3）信用监管。以信任的来源或依靠为标准，信用可分为人格信用和制度信用。前者以特殊的血缘、亲缘、地缘等为基础，主要依靠相互之间的了解或通过各自信任的亲友而建立，其调节和保证凭仗的是情感和道德。后者更多是以契约、法律规则等为基础，依赖契约、法律规则等的约

---

① 何卫东．放管服背景下事中事后监管制度研究［EB/OL］．(2020 - 04 - 22)［2020 - 12 - 31］．http：//sfj. sh. gov. cn/zwdt_fzyj/20201111/e90470b417064f648febb5b0e99d0b60. html．

② 中国政府网．李克强详解为何对新业态实施"包容审慎"监管？［EB/OL］．(2018 - 09 - 12)［2020 - 12 - 31］．http：//www. gov. cn/guowuyuan/2018 - 09/12/content_5321209. htm．

束力和担保作用,即便彼此并不了解或没有亲友媒介,也可建立信用关系。社会信用体系建设是制度信用的体现。信用是市场经济的基石,也是规范市场秩序的治本之策。

信用监管制度是指监管部门依据企业单位守法信誉等信息所设计的包括信息汇集、信息公示、信息监管、信用评价和信用约束等的一系列监管规则。这一新型监管制度的建立、完善应以信用信息归集共享为基础、以信息评价公示为手段、以分类分级信用监管为核心,确立行政相对方诚实信用品质在行政管理中的基础性地位和作用。

信用监管制度设计的关键有三点:一是企事业单位自查自评、监管核查评价、公众意见和专业第三方评价意见都要纳入信用评分机制中;二是逐步建立完善企事业单位守法档案记录,并将其违法违规或被举报投诉记录纳入信用体系;三是对不同类别目标单位进行分级分类管理,除统一共性信用评价标准外,还要创设差异化信用评价指标标准。[①]

三、事中事后监管进展

(一) 事中事后监管的发展进程

党的十八大之后,党中央、国务院提出了推动"放管服"改革的要求。李克强在自 2013 年以来历年国务院"放管服"改革电视电话会议上都强调"放管结合、宽进严管"(李路,2019)。

2013 年 9 月 27 日,国务院在中国政府网全文公布了《中国(上海)自由贸易试验区总体方案》。该方案明确了上海自由贸易试验区五大主要任务,具体而言,列在主要任务第一项的即加快转变政府职能,改革创新政府管理方式,按照国际化、法治化的要求,积极探索建立与国际高标准投资和贸易规则体系相适应的行政管理体系,推进政府管理由注重事先审批转为注重事中事后监管(陈奇星,2015)。

2014 年 7 月 8 日,国务院印发的《国务院关于促进市场公平竞争维护市场正常秩序的若干意见》中提出,到 2020 年建成体制比较成熟、制度更加定型的市场监管体系。这是中央政府层面首次系统地对完善市场监管体系作出顶层设计,为全国各级人民政府强化事中事后监管提供了基本

---

① 何卫东. 放管服背景下事中事后监管制度研究 [EB/OL]. (2020 – 04 – 22) [2020 – 12 – 31]. http://sfj.sh.gov.cn/zwdt_fzyj/20201111/e90470b417064f648febb5b0e99d0b60.html.

体系框架和体制机制建设指引。

2015年7月29日,国务院办公厅印发《国务院办公厅关于推广随机抽查规范事中事后监管的通知》,就推广随机抽查、规范事中事后监管作出要求。

2015年10月13日,国务院颁布了《国务院关于"先照后证"改革后加强事中事后监管的意见》,提出了强化事中事后监管的原则,厘清了市场监管职责,引入了以信用监管为核心的监管制度,并探索监管方式创新,引入市场监管共治。①

2019年9月6日,国务院印发《国务院关于加强和规范事中事后监管的指导意见》,提出持续深化"放管服"改革,坚持放管结合、并重,把更多行政资源从事前审批转到加强事中事后监管上来,落实监管责任、健全监管规则、创新监管方式,加快构建权责明确、公平公正、公开透明、简约高效的事中事后监管体系,形成市场自律、政府监管、社会监督互为支撑的协同监管格局,切实管出公平、管出效率、管出活力,提高市场主体竞争力和市场效率,推动经济社会持续健康发展。②

(二) 自由贸易试验区事中事后监管探索成就

自由贸易试验区是我国改革开放的"试验田",积极探索事中事后监管,改革创新行政管理方式,形成了可复制可推广的制度创新成果,主要体现在以下四个方面。

1. 商事领域的事中事后监管

上海自由贸易试验区、广东自由贸易试验区探索取消传统商事登记审批、前置审批改备案、商事登记实行告知承诺制的事项,从诚信管理、分类监管、风险监管、联合惩戒和社会监督等方面,逐项制定事中事后监管方案和实施细则,加强对企业的行政指导和监督检查,强化信用监管,确保"放而不乱"(曹晓路和王崇敏,2019)。2020年10月27日,国务院办公厅印发《关于全面推行证明事项和涉企经营许可事项告知承诺制的指导意见》,在全国范围内推行证明事项和涉企经营许可事项告知承诺制。另外,建立企业年度报告公示和经营异常名录制度。企业年检制改为

---

① 宋华琳. 加强事中事后监管 推动市场监管体系的改革与创新 [EB/OL]. (2015-11-13) [2021-01-02]. http://finance.people.com.cn/n/2015/1113/c1004-27814109.html.

② 新华社. 国务院印发指导意见 加强和规范事中事后监管 [EB/OL]. (2019-09-12) [2021-01-02]. http://www.gov.cn/xinwen/2019-09/12/content_5429496.htm.

年度报告公示制度后,企业通过市场主体信用信息公示系统向工商部门报送年度报告,并向社会公示,任何单位和个人均可查询。特定企业还须提交会计师事务所出具的年度审计报告。对未按规定期限公示年度报告的企业,工商行政管理机关在市场主体信用信息公示系统上将其载入经营异常名录,提醒其履行年度报告公示义务(陈奇星,2015)。

2. 投资领域的事中事后监管

上海自由贸易试验区、广东自由贸易试验区、天津自由贸易试验区等探索"一颗公章管审批",将发改、国土、工科信等部门的主体审批业务划转至行政审批局统一实施,率先在企业登记注册和投资项目备案等领域实施"一颗公章管审批",企业申报从"多个时间、多个地点、多个部门"转变为"一个时间、一个地点、一个部门",大幅提升企业投资便利化水平,从传统强调事前审批全面转向强化事中事后监管(曹晓路和王崇敏,2019)。

3. 贸易领域的事中事后监管

自由贸易试验区实行国际贸易"单一窗口"后,需要加强事中事后监管。上海自由贸易试验区探索海关货物分类监管,形成了保税货物、非保税货物、口岸仓储货物分类监管的事中事后监管新模式。海关、检验检疫、海事、边检等部门实现了数据共享和系统对接,深化了口岸监管部门"信息互换、监管互认、执法互助"合作机制。广东自由贸易试验区在此基础上以"互联网+"为理念,搭建"智慧口岸"平台。以信息化、智能化为手段,全面整合产品信息、企业信息和监管信息,全面覆盖所有进出口贸易方式和业务类型,全面对接国际贸易"单一窗口",全面推动跨部门、跨区域信息互通共享,全面与企业生产系统数据直传,全面智能化监管。

4. 金融领域的事中事后监管

自由贸易账户是自由贸易试验区的一项金融创新。为防控金融风险,中国人民银行上海总部开发了一整套电子围网式的监管系统来保证自由贸易账户的平稳运行。电子围网系统设计核心监管原则就是强化事中事后动态监管,通过大数据手段对每一笔本外币汇兑换业务进行甄别,将自由贸易试验区账户体系与传统银行账户体系相区隔,防范化解系统性金融风险。

四、事中事后监管的意义

1. 有利于深化"放管服"改革

"放管服"就是简政放权、放管结合、优化服务的简称。"放"即简政放权,降低准入门槛。"管"即创新监管,促进公平竞争。"服"即高效服务,营造便利环境。① 事中事后监管树立了"法不禁止皆可为""法无授权不可为"的意识,减少了行政审批,减少了资质资格许可,推进行政审批制度改革,实现简政放权。② 事中事后监管从"严进宽管"转向"宽进严管",转变监管理念、创新监管方式、强化公正监管、提高监管水平(沈荣华,2019)。事中事后监管通过变革监管方式,重塑行政文化、重构政府职责,推进服务型政府建设,提升政务服务水平,为企业和公众提供高效便捷的政府服务。③

2. 有利于提高市场效率

事中事后监管厘清了政府与市场的边界,减少政府对资源的直接配置和对经济活动的直接干预,将不该由政府管理的事项交给市场、企业和个人,减少政府的微观管理,使市场在资源配置中发挥决定性作用,激发市场活力。

事中事后监管实现了放管结合。政府把该放的权放到位,激发市场主体活力,使政府从审批发证的微观管理中抽身,集中力量做好市场监管和政府服务;同时,政府放权后把该管的管到位,做到放管结合、放管并重,这样才能使市场"活而不乱"(沈荣华,2019)。

3. 有利于促进经济高质量发展

当今国际形势复杂多变,国内经济下行压力增大,必须靠深化改革来推动发展。事中事后监管通过降低市场准入门槛,催生了大量新的市场主体,激发市场主体的积极性和创造性,有效带动了就业、消费和民间投资,保持了经济平稳运行。

事中事后监管改革了行政审批制度,改变了"重审批、轻监管"的行政管理方式,营造了公平竞争的市场环境,激发了创新创业的热情和潜力,促进新技术、新产业、新业态迅猛发展,加快了经济结构转型升级。

---

① 刘成. 青岛深化"放管服"营造好环境 [EB/OL]. (2016 – 11 – 30) [2021 – 01 – 03]. https://www.sohu.com/a/120236722_120702.

② 曾博文. 时评 | "放管服"再出发,服务再优化 [EB/OL]. (2018 – 07 – 26) [2021 – 01 – 05]. https://www.sohu.com/a/243476247_114882.

③ 朱光磊,宋林霖. 创新事中事后监管机制 推进行政体制变革 [N]. 光明日报,2015 – 08 – 19.

第五章

我国自由贸易试验区的发展成就

第一节
制度创新成就

自 2013 年我国开始设立自由贸易试验区以来,各自由贸易试验区都以制度创新为核心,在深化改革和扩大开放领域探索新途径、积累新经验。在中央层面,自由贸易试验区已累计向全国或特定区域复制推广了 260 项制度创新成果,包括集中复制推广 143 项,"最佳实践案例" 43 个,有关部门自主复制推广 74 项。在地方层面,据不完全统计,18 个自由贸易试验区已在本省份内推广了 1151 项制度创新成果。①

---

① 江聊. 自贸区已累计向全国复制推广 260 项制度创新成果 [EB/OL]. (2020 - 07 - 10) [2021 - 01 - 06]. https://baijiahao.baidu.com/s?id=1671832035346720127&wfr=spider&for=pc.

一、第一批全国推广的制度创新成果

2014年12月，国务院印发了《关于推广中国（上海）自由贸易试验区可复制改革试点经验的通知》。在上海自由贸易试验区运行后一年之内，各个部门陆续总结推广了27条改革试点的经验，同时在上海自由贸易试验区试行一周年以后，商务部会同上海市和有关部门进行了一次全面的阶段性总结，形成了34条试点经验。这34条试点经验以国务院文件的形式印发全国进行推广，这是第一批的复制推广。

1. 在全国范围内复制推广的改革事项

（1）投资管理领域：外商投资广告企业项目备案制、涉税事项网上审批备案、税务登记号码网上自动赋码、网上自主办税、纳税信用管理的网上信用评级、组织机构代码实时赋码、企业标准备案管理制度创新、取消生产许可证委托加工备案、企业设立实行"单一窗口"等。

（2）贸易便利化领域：全球维修产业检验检疫监管、中转货物产地来源证管理、检验检疫通关无纸化、第三方检验结果采信、出入境生物材料制品风险管理等。

（3）金融领域：个人其他经常项下人民币结算业务、外商投资企业外汇资本金意愿结汇、银行办理大宗商品衍生品柜台交易涉及的结售汇业务、直接投资项下外汇登记及变更登记下放银行办理等。

（4）服务业开放领域：允许融资租赁公司兼营与主营业务有关的商业保理业务，允许设立外商投资资信调查公司，允许设立股份制外资投资性公司，融资租赁公司设立子公司不设最低注册资本限制，允许内外资企业从事游戏游艺设备生产和销售等。

（5）事中事后监管措施：社会信用体系、信息共享和综合执法制度、企业年度报告公示和经营异常名录制度、社会力量参与市场监督制度以及各部门的专业监管制度。

2. 在全国其他海关特殊监管区域复制推广的改革事项

（1）海关监管制度创新：期货保税交割海关监管制度、境内外维修海关监管制度、融资租赁海关监管制度等措施。

（2）检验检疫制度创新：进口货物预检验、分线监督管理制度、动植物及其产品检疫审批负面清单管理等措施。

二、第二批全国推广的制度创新成果

2015年2月,国务院成立了自由贸易试验区工作部际联席会议制度,办公室设在商务部,商务部高度重视对自由贸易试验区试点经验的总结和复制推广工作。在2015年年底,联席会议办公室会同相关部门总结自由贸易试验区创新性强、市场主体受益多、反映好的做法,形成了8个"最佳实践案例",这是推广的第二批经验内容。商务部通过发文及在网站上公布的形式,供全国各地借鉴和学习这8个"最佳实践案例"。①

在贸易便利化方面,包括国际贸易"单一窗口"、京津冀区域检验检疫一体化新模式、跨境电商监管新模式。在投资体制改革方面,包括投资管理体制改革"四个一"。在事中事后监管方面,包括以信用风险分类为依托的市场监管制度、政府智能化监管服务模式,以及推进信用信息应用,加强社会诚信管理。

三、第三批全国推广的制度创新成果

2016年11月,国务院印发了《关于做好自由贸易试验区新一批改革试点经验复制推广工作的通知》,将19项自由贸易试验区改革事项作为试点经验向全国复制推广,12项推广至全国,7项推广至特定区域。

1. 在全国范围内复制推广的改革事项

(1) 投资管理领域:负面清单以外领域外商投资企业设立及变更审批改革;税控发票领用网上申请;企业简易注销等3项。

(2) 贸易便利化领域:依托电子口岸公共平台建设国际贸易单一窗口,推进单一窗口免费申报机制;国际海关经认证的经营者(AEO)互认制度;出境加工监管;企业协调员制度;原产地签证管理改革创新;国际航行船舶检疫监管新模式;免除低风险动植物检疫证书清单制度等7项。

(3) 事中事后监管措施:引入中介机构开展保税核查、核销和企业稽查;海关企业进出口信用信息公示制度等2项。

2. 在海关特殊监管区域复制推广的改革事项

包括:入境维修产品监管新模式;一次备案,多次使用;委内加工监

---

① 王受文. 自由贸易试验区可以分为三批的改革试点经验的复制推广 [EB/OL]. (2016-11-11) [2021-01-07]. http://www.gov.cn/xinwen/2016-11/11/content_5131299.htm.

管；仓储货物按状态分类监管；大宗商品现货保税交易；保税展示交易货物分线监管、预检验和登记核销管理模式；海关特殊监管区域间保税货物流转监管模式等 7 项。

四、第四批全国推广的制度创新成果

2018 年 5 月，国务院印发了《关于做好自由贸易试验区第四批改革试点经验复制推广工作的通知》，将 30 项自由贸易试验区改革事项作为试点经验向全国复制推广，27 项推广至全国，3 项推广至特定区域。

1. 在全国范围内复制推广的改革事项

（1）服务业开放领域：扩大内地与港澳合伙型联营律师事务所设立范围；国际船舶运输领域扩大开放；国际船舶管理领域扩大开放；国际船舶代理领域扩大开放；国际海运货物装卸、国际海运集装箱场站和堆场业务扩大开放等 5 项。

（2）投资管理领域：船舶证书"三合一"并联办理；国际船舶登记制度创新；对外贸易经营者备案和原产地企业备案"两证合一"；低风险生物医药特殊物品行政许可审批改革；一般纳税人登记网上办理；工业产品生产许可证"一企一证"改革等 6 项。

（3）贸易便利化领域：跨部门一次性联合检查；保税燃料油供应服务船舶准入管理新模式；先放行、后改单作业模式；铁路运输方式舱单归并新模式；海运进境集装箱空箱检验检疫便利化措施；入境大宗工业品联动检验检疫新模式；国际航行船舶供水"开放式申报+验证式监管"；进境保税金属矿产品检验监管制度；外锚地保税燃料油受油船舶"申报无疫放行"制度等 9 项。

（4）事中事后监管措施：企业送达信息共享机制；边检服务掌上直通车；简化外锚地保税燃料油加注船舶入出境手续；国内航行内河船舶进出港管理新模式；外锚地保税燃料油受油船舶便利化海事监管模式；保税燃料油供油企业信用监管新模式；海关企业注册及电子口岸入网全程无纸化等 7 项。

2. 在特定区域复制推广的改革事项

（1）在海关特殊监管区域复制推广：海关特殊监管区域"四自一简"监管创新；"保税混矿"监管创新等 2 项。

（2）在海关特殊监管区域及保税物流中心（B 型）复制推广：先出

区、后报关。

五、第五批全国推广的制度创新成果

2019年4月,国务院印发了《关于做好自由贸易试验区第五批改革试点经验复制推广工作的通知》,将18项自由贸易试验区改革事项作为试点经验向全国复制推广,17项推广至全国,1项推广至特定区域。

1. 在全国范围内复制推广的改革事项

(1)投资管理领域:公证"最多跑一次";自然人"一人式"税收档案;网上办理跨区域涉税事项;优化涉税事项办理程序,压缩办理时限;企业名称自主申报制度等5项。

(2)贸易便利化领域:海运危险货物查验信息化,船舶载运危险货物及污染危害性货物合并申报;国际航行船舶进出境通关全流程"一单多报";保税燃料油跨港区供应模式;海关业务预约平台;生产型出口企业出口退税服务前置;中欧班列集拼集运模式等6项。

(3)事中事后监管措施:审批告知承诺制、市场主体自我信用承诺及第三方信用评价三项信用信息公示;公共信用信息"三清单"(数据清单、行为清单、应用清单)编制;实施船舶安全检查智能选船机制;进境粮食检疫全流程监管;优化进口粮食江海联运检疫监管措施;优化进境保税油检验监管制度等6项。

2. 在自由贸易试验区复制推广的改革事项

投资管理领域:推进合作制公证机构试点。

六、第六批全国推广的制度创新成果

2020年6月,国务院印发了《关于做好自由贸易试验区第六批改革试点经验复制推广工作的通知》,将37项自由贸易试验区改革事项作为试点经验向全国复制推广。从推广范围看,其中31项改革事项推广至全国,6项推广至全国自由贸易试验区、保税监管场所等特定区域。

1. 在全国范围内复制推广的改革事项

(1)投资管理领域:出版物发行业务许可与网络发行备案联办制度;绿色船舶修理企业规范管理;电力工程审批绿色通道;以三维地籍为核心的土地立体化管理模式;不动产登记业务便民模式;增值税小规模纳税人智能辅助申报服务;证照"一口受理、并联办理"审批服务模式;企业

"套餐式"注销服务模式；医疗器械注册人委托生产模式等9项。

（2）贸易便利化领域："融资租赁+汽车出口"业务创新；飞机行业内加工贸易保税货物便捷调拨监管模式；跨境电商零售进口退货中心仓模式；进出口商品智慧申报导航服务；冰鲜水产品两段准入监管模式；货物贸易"一保多用"管理模式；边检行政许可网上办理等7项。

（3）金融开放创新领域：保理公司接入央行企业征信系统；分布式共享模式实现"银政互通"；绿色债务融资工具创新；知识产权证券化等4项。

（4）事中事后监管措施："委托公证+政府询价+异地处置"财产执行云处置模式；多领域实施包容免罚清单模式；海关公证电子送达系统；商事主体信用修复制度；融资租赁公司风险防控大数据平台；大型机场运行协调新机制等6项。

（5）人力资源领域：领事业务"一网通办"；直接采认台湾地区部分技能人员职业资格；航空维修产业职称评审；船员远程计算机终端考试；出入境人员综合服务"一站式"平台等5项。

2. 在特定区域复制推广的改革事项

（1）在自由贸易试验区复制推广建设项目水、电、气、暖现场一次联办模式；股权转让登记远程确认服务；野生动植物进出口行政许可审批事项改革等3项。

（2）在二手车出口业务试点地区复制推广二手车出口业务新模式。

（3）在保税监管场所复制推广保税航煤出口质量流量计计量新模式。

（4）在成都铁路局局管范围内复制推广空铁联运一单制货物运输模式。

第二节

差异化探索成就

一、第一批自由贸易试验区差异化探索成就

2013年7月3日，国务院常务会议审议通过了《中国（上海）自由

贸易试验区总体方案》，上海自由贸易试验区 1.0 版方案诞生了。2015 年 4 月 20 日，国务院再次印发《进一步深化中国（上海）自由贸易试验区改革开放方案》，上海自由贸易试验区正式升级为 2.0 版。2017 年 3 月 30 日，国务院正式印发《全面深化中国（上海）自由贸易试验区改革开放方案》，这是自上海自由贸易试验区设立以来，国家出台的第三个改革方案，被外界称为"上海自由贸易试验区改革的 3.0 版"。3.0 版自由贸易试验区首次提出了"改革系统集成"的概念，并要求上海自由贸易试验区对标最高国际标准，建设综合改革试验区、风险压力测试区、提升政府治理能力的先行区以及服务国家"一带一路"建设、推动市场主体走出去的"桥头堡"。"三区一堡"由此翻开了上海自由贸易试验区建设的新篇章。截至 2018 年年底，3.0 版方案明确的 98 项重点改革任务中的 96 项已全部完成，上海自由贸易试验区实现了三年任务两年基本完成的预期目标。[①]

上海自由贸易试验区临港新片区要建设具有国际市场竞争力的产业集群高地，打造世界级前沿产业集群，包括打造全产业链融合的集成电路产业集群，发展面向高端前沿的生物医药产业，集聚新一轮产业变革核心驱动力的人工智能产业，布局深度跨界融合的智能网联新能源汽车产业，建设集成创新驱动的民用航空产业。2020 年 7 月底，临港新片区累进新签约产业项目 120 个，涉及总投资超过 1900 亿元。[②]

二、第二批自由贸易试验区差异化探索成就

1. 广东自由贸易试验区

广东自由贸易试验区自 2015 年挂牌以来，跨境资金流动更加安全高效，试点了几乎全部全国重要的跨境投融资政策，率先探索跨境贷款、跨境资金池、跨境资产转让、跨境股权投资等可兑换试点，跨境人民币结算领域从贸易拓展至投资和金融交易，实现碳排放权跨境人民币结算、"熊猫债"募集资金在境内使用、"点心债"募集资金回流。2020 年，广州期货交易所正式挂牌成立，自由贸易账户体系获批扩容，累计办理全口径跨

---

① 浦东发布. 上海自贸区最新"成绩单"来啦！38 个开放领域实现全国首创项目落地 [EB/OL]. (2019 – 03 – 04) [2021 – 01 – 08]. https：//www.sohu.com/a/298915615_391452.

② 中国水运网. 自由贸易试验区交出亮眼"周年成绩单" [EB/OL]. (2020 – 09 – 08) [2021 – 01 – 08]. http：//www.chinaports.com/portlspnews/5872.

境融资超过 236 亿元，跨境双向人民币资金池结算额超过 4000 亿元，跨境资产转让 1242 亿元，FT 账户业务金额达到 2130 亿元。

自 2015 年以来，广东自由贸易试验区积极探索与港澳制度规则对接。设立了全国首家港澳资控股或独资的银行、证券、基金机构，首家港资大宗商品交易平台、港资相互保险社和港资独资船舶管理公司，创新开展粤港澳跨境支付结算、跨境车险和医疗保险、跨境住房按揭、跨境医保试点等。2020 年，新入驻 2944 家港澳资企业，认可 589 名港澳导游及领队执业资格，累计为港澳 71 家建筑企业和 270 名建筑专业人士进行了执业备案，入驻了 693 家港澳青年创新创业团队。[1]

2. 福建自由贸易试验区

福建自由贸易试验区自 2015 年 4 月正式挂牌成立以来，在两岸产业、贸易、金融、人才等方面交流合作持续深化。截至 2020 年 3 月，累计新增台资企业 2520 家，合同台资 67.9 亿美元。在产业方面，电信、旅游、建筑、金融等 50 多个领域率先对台湾地区开放，先后引进台资独资演艺经纪公司、两岸律师事务所联营办公室等一批首创性台资项目。福建自由贸易试验区开辟了"平潭—高雄""马尾—马祖—台北"等多条新航线，启用两岸检验检疫电子证书互换与核查系统，采信台湾地区检验结果，实行"源头管理，口岸验放"等便利化措施，福建已经成为台湾地区商品输往大陆的最便捷通道。23 家台资金融机构落户于此，数量居全国前列。23 家台湾地区银行机构在厦门开立 41 个人民币代理清算账户，清算金额 1281.2 亿元。海峡股权交易中心和两岸股权交易中心获批设立"台资板"，共挂牌展示台企 600 多家。86 家金融机构开通台湾地区信用报告查询，累计发放贷款 4.7 亿元；向台商台胞发放"金融信用证书""麒麟卡"，提供贷款、担保、授信等金融服务。通过"两岸通""台胞台企服务中心"等综合服务平台，人员往来更加自由，台胞参加社保、购房、购票等享受同等待遇。据统计，福建自由贸易试验区完成 134 大项（268 小项）国家职业资格标准比对，直接采认台湾地区居民 20 个工种职业资格、52 项台湾地区职业职称。此外，近年设立 13 个台湾地区青年"三

---

[1] 戚耀琪，詹楚芳. 广东自贸区建设六年交出高质量成绩单 [EB/OL]. (2021 - 04 - 24) [2021 - 04 - 30]. https://www.sohu.com/a/462630383_119778.

创"基地,累计吸引台企 610 多家、台胞 2500 人入驻。①

福建还打造区域性国际航运枢纽,开辟多条"一带一路"航线。目前,中欧班列已开通至欧洲地区、中亚地区及俄罗斯的三条国际货运干线,主要通达 12 个国家和 34 个城市,通过海铁联运实现台湾地区、东南亚地区货物与欧洲地区、中亚地区的对接,累计发运 706 列。"丝路海运"正式开行,开通海丝航线 60 条,覆盖 27 个国家 57 个港口,累计开行 2100 多个航次,集装箱吞吐量超过 180 万标箱。②

3. 天津自由贸易试验区

天津自由贸易试验区挂牌五年来,总体方案、深改方案中 70 余项京津冀特色制度创新措施已全部实施。2019 年承接非首都核心功能疏解项目超过 600 个,在新增市场主体中,京津冀企业超过 50%。京津冀区域在全国率先实施了通关一体化改革,2019 年进口、出口通关时间分别下降至 36.8 和 3.27 小时。同时,发挥跨境本外币资金池、FT 账户等跨境投融资综合功能优势,打造"走出去"海外工程出口基地、央企创新型金融板块承载地和跨境投融资枢纽,累计有 70 多家央企设立超过 400 家创新型金融类企业。此外,天津设立了总规模 100 亿元的京津冀产业结构调整引导基金,成立京津冀众创联盟,实现离岸租赁、国际保理、物流金融、医疗健康、数字经济、二手车出口等创新业务。天津自由贸易试验区已总结推出 178 项可与京津冀地区联动发展的事项作为经验案例,区域通关一体化、租赁跨关区联动监管、"一个部门、一颗印章审批"、融资租赁收取外币租金、税务综合一窗等一批创新成果在京冀推广实施。③

天津自由贸易试验区在金融创新方面成效显著,主要体现在六个方面。④ (1) 天津自由贸易试验区中心商务片区紧扣"金融创新示范区"

---

① 邓倩倩. 福建自贸区五周年持续深化两岸合作 [EB/OL]. (2020 - 04 - 24) [2021 - 01 - 09]. http://www.gov.cn/xinwen/2020 - 04/24/content_5505879.htm.

② 魏明. 福建发布自贸区挂牌五周年成绩单 多项成效居全国前列 [EB/OL]. (2020 - 04 - 21) [2021 - 01 - 09]. https://baijiahao.baidu.com/s?id=1664587323752449234 &wfr=spider&for=pc.

③ 马晓冬,孟兴. 天津自贸区亮 5 年"成绩单" 70 余项京津冀特色制度创新措施全部实施 [EB/OL]. (2020 - 04 - 29) [2021 - 01 - 10]. http://tj.sina.com.cn/news/economy/2020 - 04 - 29/detail - iirczymi8956528.shtml.

④ 张道正. 天津自贸区中心商务片区挂牌六周年 金融创新显实效 [EB/OL]. (2021 - 04 - 22) [2021 - 04 - 26]. https://baijiahao.baidu.com/s?id=1697707105777331845 &wfr=spider&for=pc.

功能定位，探索制度创新路径和方向，推动金融创新特色产业快速发展。目前，其所在的天津经济技术开发区已聚集金融、类金融企业超过2800家，包括155家具备国家发放金融许可证的机构，其中，法人持牌金融机构达26家，分支机构132家，银行、证券、保险、信托、基金、典当、交易市场、金融租赁各种业态完整覆盖，是天津全市唯一一个金融全牌照区域。（2）天津自由贸易试验区中心商务片区保理产业亮点鲜明，吸引了近20家央企保理企业落户，数量占全国的1/2。2020年，全市首家"商业保理创新发展基地"成立；全面试点税务、外汇、征信、拓宽融资渠道等10项举措，推动保理企业在模式、产品、业务等方面先行先试。天津在全国率先建设供应链金融数字信息服务平台，服务商业保理等企业尽调查询1.7亿次。（3）天津打造资管特色，加速推动资管领域创新发展。天津自由贸易试验区中心商务片区内基金管理、基金及投资类企业超过2000家，注册资本金超1万亿元。（4）试点产融合作，天津构建金融支持实体新模式。天津自由贸易试验区中心商务片区大力探索以产业链金融为主体的产融合作新模式，充分发挥金融创新功能支持实体经济的作用。在央企产融结合方面，天津聚集80余家央企设立的400余家创新型金融主体，投资总规模超过3000亿元。在资金跨境方面，天津初步实现跨境投资、跨境融资、跨境收支、跨境资金池、跨境资产转让等"五个跨境"便利化。在互联网金融方面，天津引入中国互联网金融协会天津基地，实现国家互联网金融监测中心、互联网金融大数据中心、互联网金融标准检测认证中心同步运营，并打造了全国第一批直连票据交易所的供应链票据集中接入平台。（5）天津自由贸易试验区中心商务片区首创自由贸易试验区跨境投融资综合服务平台，真正让企业在天津自由贸易试验区享受"全球一站式"服务，在跨境资金融、贷、投、管等领域形成了完整的服务链条。（6）天津是中国北方地区唯一一个拥有FT账户政策的区域，自政策落地以来，天津自由贸易试验区中心商务片区企业FT账户业务总规模达到300亿元，全功能双向人民币跨境资金池政策已经正式落地。

三、第三批自由贸易试验区差异化探索成就

1. 辽宁自由贸易试验区

辽宁自由贸易试验区以提升东北地区老工业基地发展整体竞争力和对

外开放水平为重点，突出东北地区的引领带动作用，加强东北亚地区开放合作，取得了明显效果。2019 年，辽宁自由贸易试验区税收登记企业 3.7 万户，财税收入 105 亿元，是成立前的 3.3 倍；进出口总额 1691 亿元，是成立前的 1.7 倍；固定资产投资 139 亿元，是成立前的 3 倍；企业缴纳基本养老保险 21.5 亿元，是成立前的 1.6 倍；金融机构入驻 42 家，是成立前的 1.5 倍。① 自 2017 年挂牌以来，辽宁自贸区内企业由原来的 1.2 万户增长到 2020 年的 5.8 万户，新增注册资本 6987 亿元。面向东北亚地区开放合作"桥头堡"效应初步形成，截至 2020 年 4 月，辽宁省自由贸易试验区已有 217 家东北亚地区外资企业入驻。②

2. 浙江自由贸易试验区

浙江自由贸易试验区围绕油气全产业链建设，"一中心三基地一示范区"加快形成。从 2017 年挂牌到 2019 年 12 月新增注册企业数 18507 家、油气企业 5727 家，成为全国油气企业最集聚的地区。保税燃料油加注量跻身全球前十，保税船用燃料油供应量全年突破 400 万吨。油气储运能力达 3000 万吨。油品贸易人民币结算便利化试点开启。2019 年 1—11 月，跨境人民币结算额达 926.0 亿元，增长 40.9%。2019 年成功举办第三届世界油商大会，世界 62 家 500 强企业现场签约 21 个项目，协议涉及总金额 567.6 亿元。世界油商大会成为国内首屈一指、在亚太地区乃至全球范围内都具有一定影响力和知名度的国际性油气行业峰会。③

浙江自由贸易试验区的万亿级油气产业集群从零起步、基本成型。浙江自由贸易试验区围绕"建设国际油品交易中心、国际海事服务基地、国际石化基地、国际油品储运基地和大宗商品跨境贸易人民币国际化示范区"的 131 建设目标任务，形成了龙头企业引领、产业链条完善、辐射带动突出的油气产业集群，在全球油气领域打响了"无中生油"的浙江品牌。自由贸易试验区 2017—2019 年累计集聚国有、民营、外资油气企业 6000 余家，成为全国油气企业最集聚的地区；累计完成大宗商品交易

---

① 谭雅文. 突出本地特色，辽宁自贸区取得阶段性成果 [EB/OL]. (2020 - 09 - 01) [2021 - 01 - 11]. https://www.sohu.com/a/415906979_162522.
② 辽宁日报. 辽宁自贸区三周年，成绩单来了 [EB/OL]. (2020 - 04 - 10) [2021 - 01 - 11]. http://ln.wenming.cn/jjln/202004/t20200410_5521124.html.
③ 浙江自由贸易试验区. 中国（浙江）自由贸易试验区创新发展 蓄力再创新成效 [EB/OL]. (2020 - 01 - 02) [2021 - 01 - 11]. http://i.cztv.com/view/13382095.html.

额过万亿元,其中,油品交易额6525亿元,年均增长111%;建成全国最大的油气储运基地,总储运规模超过1亿吨,其中,油气吞吐量达8810万吨、油品储备规模达2790万吨、LNG年接卸能力达300万吨,国际知名度和影响力显著提升;浙江石油化工有限公司年产4000万吨旗舰型炼化一体化项目一期建成投产,已形成2000万吨/年炼化能力;船用燃料油年供油量突破410万吨,跃升为国内第一、全球第八大加油港;跨境人民币结算总量达1721亿元,年均增长440%。[1]

3. 河南自由贸易试验区

河南自由贸易试验区自2017年挂牌以来,已逐步形成空中、陆上、网上、海上"四路"并进的开放通道新优势。在空中"丝绸之路"建设上,国家赋予的第五航权政策在郑州机场得到应用,卢森堡货航的卢森堡—郑州—亚特兰—芝加哥等航线享受第五航权带来的货运便利。2020年,郑州机场新引进8家全货运航空公司,新开17条航线,新增20个通航城市。2020年1—12月,完成货邮吞吐量63.94万吨,全国排名提升至第6位;完成旅客吞吐量2140.67万人次,全国排名提升至第11位。在陆上"丝绸之路"建设上,郑州国际陆港获批成为全国五个之一、中东部地区唯一的中欧班列枢纽节点城市集结中心。在网上"丝绸之路"建设上,成功举办第四届全球跨境电商大会,跨境电商进口药品和医疗器械试点加快推进,入选全国10个跨境电商B2B出口监管试点城市。在对接海上"丝绸之路"上,加快内陆启运港申建,获批"郑州港"国际代码,合作港口由3个增加到5个。2020年1—12月,海铁联运班列完成15112标箱。[2]

4. 湖北自由贸易试验区

湖北自由贸易试验区的差异化探索体现在中部有序承接产业转移示范区、战略性新兴产业和高技术产业集聚区。武汉片区重点建设国家存储器基地、国家信息光电子创新中心、武汉光电国家实验室等重大项目,成功吸引了一批世界500强企业和龙头企业落户,逐步完成"芯片—新型显

---

[1] 浙江省人民政府网. 中国(浙江)自由贸易试验区挂牌三周年新闻发布会[EB/OL]. (2020-04-03)[2021-01-12]. http://www.zj.gov.cn/col/col1229003722/index.html.

[2] 丁洋涛. 2020年郑州自贸区成绩单出炉:新增注册企业超1.8万家,同增16.6%[EB/OL]. (2021-01-22)[2021-01-26]. http://henan.sina.com.cn/news/2021-01-22/detail-ikftssan9435908.shtml.

示屏—智能终端—互联网"新一代信息技术全产业链布局,朝着打造长江经济带世界级产业集群迈进。武汉片区已聚集生物企业 2000 余家,生物产业总收入突破 1200 亿元,年均增长率保持在 30% 以上。襄阳片区积极推进建设新能源和智能网联汽车,形成了整车研发、生产、检测、售后、动力电池生产及回收利用等新能源汽车全产业链,全力打造"中国新能源汽车之都"。宜昌片区重点推进生物医药、智能制造、现代物流等产业发展,集聚了如亚洲最大的活性干酵母研发生产企业安琪酵母、亚洲最大的医用丁基胶塞生产企业华强科技以及麻醉药品最大的批发企业人福药业等一批龙头企业。①

5. 重庆自由贸易试验区

重庆自由贸易试验区积极开展个性化探索。其围绕服务共建"一带一路"扎实开展以铁路运单物权化为重点的陆上贸易规则探索,开立全球首份"铁路提单国际信用证",累计签发铁路提单 47 份,货值达 4 亿元人民币;以"西部陆海新通道"建设为重点,推动多式联运创新,形成国际国内共建机制,打通铁路集装箱"一箱到底"全程多式联运创新模式;在全国率先启动物流金融创新试点,加快构建集中统一的动产抵押、质押登记信息服务系统、物流全过程监管动态跟踪服务系统、开放式投融资对接服务系统等。② 重庆自贸试验区的内陆国际物流枢纽支撑作用显现,在全国率先开通中欧班列,中欧班列(重庆)累计开行突破 4500 班,各项主要指标位居全国前列;"渝满俄"班列开行累计突破 1000 班;西部陆海新通道建设线路延伸至全球 88 个国家、213 个港口,重庆正组建通道物流和运营组织中心,完善通道运行机制;江北国际机场累计开通国际及地区航线 95 条,开通中新国际互联网数据专用通道。重庆自由贸易试验区开放平台扩容提质,形成了"战略平台+园区平台+功能平台+活动平台"的开放平台体系,"一区两群"协同发展能力不断增强。同时,新兴产业加速聚集,产业结构逐步优化,大数据产业异军突起。BAT 三大互联网巨头先后落户,德国埃马克机床总装及集成基地、韩国

---

① 何习文,张均,黄啸,等. 三周年,湖北自贸试验区这个"试验田"结出了这些果实[EB/OL]. (2020-04-29)[2021-01-12]. https://www.china-hbftz.gov.cn/optDetail.html?id=A465692769340196E053090BA8C09412.

② 周晓雪. 重庆自由贸易试验区三周年"成绩单":引进 2670 个项目 合同总额逾 8693 亿[EB/OL]. (2020-03-31)[2021-01-13]. https:∥ishare.ifeng.com/c/s/7vIIdVEwDk2.

SK 海力士二期项目、中欧数字生态城、紫光集团存储芯片产业基地、万国数据重庆中心等大批标志性项目落地。重庆自由贸易试验区在第三批自由贸易试验区中率先开展飞机保税租赁业务，新加坡莱佛士集团独资医院运营良好。①

6. 四川自由贸易试验区

位于四川自由贸易试验区成都高新区的中国—欧洲中心，作为"一带一路"建设对外开放的新旗帜，于 2017 年 5 月由成都市与欧盟委员会、国家商务部、科技部共同启动运营。在 2019 年举行的第十四届中国—欧盟投资贸易合作洽谈会上，中国—欧洲中心也以欧洽会永久会址的身份首次在这里亮相，现已入驻了联合国开发计划署、德国巴伐利亚州成都代表处、挪威 Opera 中国区总部、法国物联网公司、亚马逊国际创新中心、德国签证中心等 36 家国际知名机构和企业。2016 年 6 月 26 日，天府国际基金小镇在麓山小镇正式揭牌，成都版的"格林尼治"基金小镇正式成立，经过四年多的快速发展，已围绕创投资本聚集、生态圈层打造、金融风险防控、服务实体产业等核心要素，迅速成长为全国排名第二的基金小镇，其创新构建的"创富天府"平台和五级金融风险防范机制处于全国领先水平。截至 2020 年 8 月，主分镇管理社会资金总规模达到 5500 亿元，已备案基金规模达到 1600 亿元，成为中国西部地区最大的基金产业园区。②成都高新自由贸易试验区连续七年举办的"科技企业欧洲行"搭建起成都高新区与世界沟通的桥梁，在欧洲多国围绕创新创业、生物医药、节能环保、通用航空、智慧城市等多个领域开展项目推介、专题会议、配对洽谈、园区考察等活动，累计逾 190 家企业与 800 余家欧洲企业进行了超过 1380 场次的配对洽谈，达成 500 多个企业合作意向。③

7. 陕西自由贸易试验区

陕西自由贸易试验区在"一带一路"沿线经济合作与人文交流方面取得新进展。2019 年，陕西省在"一带一路"沿线 13 个国家（地区）

---

① 巴渝映画. 重庆自贸试验区晒出挂牌运行三周年成绩单 [EB/OL]. (2020 - 03 - 31) [2021 - 01 - 13]. https：//www. sohu. com/a/384738682_120461421.

② 王颖. 三年"加速度"！四川自贸区"成绩单"来了 [EB/OL]. (2020 - 09 - 01) [2021 - 01 - 13]. http：//scnews. newssc. org/system/20200901/001101133. html.

③ 刘世光. 成都高新自贸试验区交出三周年亮眼"成绩单" [EB/OL]. (2020 - 04 - 02) [2021 - 01 - 15]. http：//sc. cri. cn/n/20200402/e93be663 - 3be5 - 909a - ce41 - a67544a33f49. html.

投资 1.89 亿美元，占全省对外投资总额的 39%；"中欧""中俄"等国际合作园区加快建设；"中欧"产业园聚集了德国博世、法国阿尔斯通等世界 500 强企业的 9 个项目；在美国、哈萨克斯坦等国建设了 6 个现代农业示范园区；建立"云端"网上自贸综合服务平台，发起成立信息丝绸之路发展联盟；在美国、以色列等国设立 17 家离岸创新中心、海外研发中心和科技服务站；联合 38 个国家（地区）151 所大学组成丝绸之路大学联盟，成立丝绸之路职教联盟；同时依托国家"17 + 1"合作平台开展海外办学，为海外中国企业培养本地化专业人才；打造"丝绸之路国际博览会"等人文交流平台；与"一带一路"沿线 18 个国家博物馆联手打造智慧博物馆。①2019 年，中欧班列"长安号"共开行 2133 列，运送货物 180.2 万吨，分别是 2018 年的 1.7 倍和 1.5 倍。陕西自由贸易试验区充分利用第五航权，持续加密航线航班，大力发展货运物流，集疏运体系不断完善。截至 2019 年年底，试验区累计开通国际航线 88 条，通达全球 36 个国家、74 个主要城市；全货运航线达到 27 条（国内 14 条、国际 13 条）。②

四、第四批自由贸易试验区差异化探索成就

海南自由贸易港全面实行准入前国民待遇加负面清单制度；放宽 59 国入境免签政策，并为境外人才提供更大便利；建成国际贸易"单一窗口"海南升级版，创新设立国际投资"单一窗口"，成功实现琼港澳游艇自由行，放宽临时入境驾驶许可；实施"百国千企"计划；博鳌亚洲论坛"美丽乡村会客厅"开门迎客，成功举办两届海南岛国际电影节，全面启动国际教育创新岛建设；柬埔寨驻海口总领事馆成为自新中国成立以来外国在海南设立的首个领事机构；加快民航机场建设，用好第三、第四、第五航权，提前一年完成省委、省人民政府下达的开通境外航线 100 条的目标任务；打造西部陆海新通道枢纽和南海资源开发服务保障基地，

---

① 阿琳娜. 陕西自贸区亮"成绩单"与"一带一路"沿线国家合作取得新进展 [EB/OL]. (2020 - 04 - 16) [2021 - 01 - 15]. http: //fec. mofcom. gov. cn/article/fwydyl/zgzx/202004/20200402955304. shtml.

② 李媛，赵昊. 陕西自贸试验区三年"亮眼"成绩单：2019 年货物进出口总额为 2476.32 亿元 [EB/OL]. (2020 - 04 - 09) [2021 - 01 - 15]. http: //news. cnwest. com/bwyc/a/2020/04/09/18645169. html.

把海南建设成我国面向太平洋和印度洋的重要对外开放门户。

海南自由贸易港生态环境质量保持优良,并对标世界一流。全省单位生产总值能耗继续下降,细颗粒物(PM2.5)年均浓度连续下降,由 2018 年的 18 微克/立方米下降至 2019 年的 16 微克/立方米,再下降到 2020 年的 13 微克/立方米。

离岛免税购物是海南旅游的"金字招牌"。2019 年海南离岛免税品销售 1819.9 万件、销售金额 134.9 亿元,创历史新高。自 2011 年 4 月 20 日海南离岛免税购物政策实施,截至 2020 年第一季度,海关共监管销售离岛免税品 7200.1 万件,销售金额 550.7 亿元人民币,购物人数 1609.7 万人次。琼港澳游艇自由行、入境人员免考申领临时驾照等政策相继落地实施,59 国人员入境旅游免签政策持续优化,离岛免税购物政策实现"空、海、铁"全覆盖。新产品新业态涌现——草莓音乐节、湖南卫视海口跨年演唱会、三亚国际音乐节等演出活动层出不穷,文化消费成为一大亮点;三亚海昌梦幻海洋不夜城、海口免税店、博鳌免税店陆续开业,海南富力海洋欢乐世界度假区麦迪卡斯水乐园试营业;低空、露营、游艇、邮轮、康养等"海陆空"新产品不断推出;海南大力推进全域旅游,"美丽海南百镇千村"建设得到积极推进。海南百余条境外航线开通,"四小时八小时飞行经济圈"基本形成。海南岛国际电影节在三亚举行,明星云集、活动丰富、平台延伸,越来越具有"国际范"。[①]

五、第五批自由贸易试验区差异化探索成就

1. 山东自由贸易试验区

山东自由贸易试验区高质量发展海洋经济,深化中国、日本、韩国区域经济合作是党中央、国务院交给山东自由贸易试验区的差异化探索任务。试验区围绕高质量发展海洋经济,青岛、烟台片区强化在海工装备、海洋生物种质、涉海金融服务等领域先行先试。在海工装备方面,青岛片区创新研发 10 项自动化码头技术,其中 8 项为全球首创,桥吊单机装卸率创造了 44.6 自然箱/小时的世界纪录。在海洋种业资源方面,烟台片区

---

① 罗霞. 海南紧扣"三区一中心"战略定位 高标准高质量建设自贸试验区和自贸港[EB/OL]. (2020-06-01)[2021-01-16]. http://www.hkwb.net/news/content/2020-06/01/content_3876370_0.htm? spm = 0.0.0.0.y5xhIU.

建设了现代化海洋种业资源引进中转基地,打造"从一粒鱼卵、一套装备到一条完整产业链"支撑种业发展的山东模式。青岛片区全国首创生物样本进口"清单式"监管模式,实现"一次办理,全年许可",样本检疫审批周期由20天缩短至2天。在涉海金融服务方面,烟台片区首创海洋牧场平台确权机制和融资风险评判标准体系,创新推出了"深海网箱箱体及设备抵押""海水养殖天气指数保险"。围绕深化中国、日本、韩国区域经济合作,山东发挥其独特优势,重点在国际合作园区、便利化通关合作等方面进行探索创新。济南海关与韩国釜山海关签订备忘录,相互给予AEO企业通关便利措施,建立"前置检测、结果互认"检验模式,已有259批输往韩国的食品、农产品直接通关;同时,创新"电讯申报、无疫通行"监管模式,通关时间缩短至15分钟。①

2. 江苏自由贸易试验区

江苏自由贸易试验区在两个方面进行了个性化探索。②(1)江苏自由贸易试验区推动产业创新发展转型升级。江苏自由贸易试验区围绕产业链部署创新链,围绕创新链布局产业链,推动产业创新发展转型升级,着力打造自主可控的现代产业体系。同时,江苏加大新一代信息技术、生物医药、高端装备制造等战略性新兴产业项目招引力度,自由贸易试验区先后签约落地1亿元人民币以上的重大产业项目88个,总投资超过1500亿元。江苏自由贸易试验区先进制造业集群效应明显;支持片区围绕集成电路、生物医药、纳米材料等领域加快培育先进制造业集群,参与全国先进制造业集群培育竞赛;支持南京片区建设国家医疗健康大数据试点城市和产业园;支持苏州片区建设省级车联网先导区,建设省内首条5G覆盖的智能网联汽车开放测试道路。连云港片区医药产业示范基地获评国家五星级新型工业化产业示范基地。(2)江苏自由贸易试验区创新平台建设加快。南京片区国家集成电路设计服务产业创新中心加快申报,剑桥大学南京科技创新中心加快建设,扬子江生态文明创新中心实体化运作;同时,联合30多所海内外知名高校、科研机构共建61家新型研发机构,其中,

---

① 大众报业·山东政事. 山东自贸试验区一年"成绩单":探索形成60项制度创新成果,7项全国首创[EB/OL]. (2020-08-31)[2021-01-16]. http://www.ytcutv.com/folder355/folder356/folder376/2020-08-31/1399229.html.

② 金磊. 江苏自贸区发布周岁"成绩单"[EB/OL]. (2020-8-19)[2021-01-17]. http://njcbv5.xhby.net/mp2/pc/c/202008/19/c814920.html.

集成电路、生物医药领域分别占全市的 40% 和 30%，孵化企业 900 余家，培育独角兽企业、瞪羚企业 83 家；并在海外设立 7 个创新中心（孵化器），13 家企业开展了 30 多项国际科技合作项目。① 苏州片区生物药技术创新中心通过科技部专家论证，材料科学姑苏实验室揭牌成立。连云港片区高效低碳燃气轮机试验装置开工建设。江苏创新知识产权质押融资风险分担模式，南京片区完成知识产权质押贷款 53.7 亿元；江苏加快建设中国（南京）知识产权保护中心、中国（苏州）知识产权保护中心，努力构建与国际接轨的知识产权保护体系。

3. 广西自由贸易试验区

广西自由贸易试验区聚焦"面向东盟"、陆海联动和沿边开放三大特色，以自由贸易试验区制度创新为引领，国家批准实施的西部陆海新通道、面向东盟的金融开放门户、中国—东盟信息港、南宁临空经济示范区、中国和马来西亚"两国双园"等开放平台在政策、机制等方面实现深度融合，互为支持。（1）积极探索深化面向东盟开放合作的新模式。面向东盟的"一中心、一平台、一链条"等重大创新示范项目加快落地，广西自由贸易试验区着力建设中国—东盟经贸中心、中国—东盟特色大宗商品交易平台和中国—东盟跨境产业链，加快推进 30 项重大创新示范项目，积极服务国内国际双循环相互促进的新发展格局。中国—东盟信息港大数据中心项目吸引了北部湾大数据交易中心、五象云谷云计算中心、跨境数据中心等重大项目加速集聚。同时，广西自由贸易试验区积极构建以中国—东盟跨境金融改革创新为代表的金融开放生态。位于南宁片区的中国—东盟金融城累计引入金融机构（企业）134 家，2020 年 1—7 月跨境人民币结算量 345 亿元，人民币在东盟国家使用规模和影响力持续增强。（2）积极探索支持推动国际陆海贸易新通道建设的新经验。广西自由贸易试验区围绕贸易便利化、投资自由化、物流标准化在钦州港片区开展制度创新，有效推动国际贸易物流集聚。2020 年 1—7 月，北部湾港货物吞吐量、集装箱吞吐量分别达 1.7 亿吨、257 万标箱，同比增长达 18.4% 和 34.1%，增速居全国沿海主要港口前列。（3）积极探索促进沿边经济发展的新路径。广西自由贸易试验区创新开展互市贸易"集中申报、整进

---

① 佚名. 江苏自贸区一周年成绩单发布[EB/OL]. (2020-08-21)[2021-01-17]. https://baijiahao.baidu.com/s?id=1675597292281724537&wfr=spider&for=pc.

整出"通关新模式,开发边民互市贸易申报手机 APP,边民互市通关作业无纸化实现 100% 覆盖,整体通关时间压缩超 75%,企业减少运输成本 3000—6000 元/车。① (4) 重点产业集聚效应初显。广西自由贸易试验区充分发挥各个片区资源禀赋比较优势,因地制宜支持发展特色产业,推动产业集聚升级:南宁片区现代金融和数字经济产业集聚效应大幅提升;钦州港片区绿色化工等产业集群不断壮大;崇左片区跨境电子加工及物流产业取得突破。②

4. 河北自由贸易试验区

河北自由贸易试验区在以下三个方面进行了个性化探索。(1) 河北自由贸易试验区着眼承接北京非首都功能疏解,加强与北京、天津自由贸易试验区的政务服务合作,推动实现政务服务区域通办、标准互认和采信,检验检测结果互认和采信。试验区探索建立河北、北京、天津自由贸易试验区联合授信机制,健全完善京津冀一体化征信体系,已在北京市和天津市取得生产经营资质、认证的企业搬迁至自由贸易试验区后,经审核可以继续享有原有资质、认证。符合条件的北京、天津企业将注册地变更至自由贸易试验区后,可以继续使用原企业名称。③ 雄安片区已吸引国网金融科技、中移股权基金、云网科技等 55 家北京、天津企业落户。同时,各片区管理机构和省人民政府有关部门应当在通关审批、检验检疫、物流服务等方面加强与北京市、天津市有关部门的合作,实现信息共享、监管互认、执法互助。廊坊市人民政府应当建立与北京市大兴区人民政府的沟通协商机制,推动大兴机场片区(廊坊区域)与大兴机场片区(大兴区域)的协同发展,支持大兴机场片区与大兴机场临空经济区的改革联动、发展联动。(2) 着眼促进人才跨区域流动,京津冀人力资源社会保障部门签署《关于京津冀专业技术人员职称资格互认协议》,建立区域人才资质互认、双向聘任等制度,在待遇、职称评定等方面根据个人意愿予以保留或调整。(3) 雄安片区立足建设金融创新先行区,率先探索监管"沙

---

① 廖欣. 广西自贸试验区挂牌一周年交出漂亮成绩单 新设企业逾万家 外贸进出口超千亿元 [EB/OL]. (2020-09-01) [2021-01-18]. http://lqrmt.nnnews.net/p/2198.html.
② 苏婵. 沧海横流显本色!晒晒中国(广西)自由贸易试验区招商成绩单![EB/OL]. (2020-12-26) [2021-01-18]. http://tzcjj.gxzf.gov.cn/gzdt/t7456478.shtml.
③ 佚名. 2020 河北自由贸易区总体方案 [EB/OL]. (2020-09-25) [2021-01-18]. http://sjz.bendibao.com/live/2020925/54845.shtm.

盒机制",已入盒 5 个创新应用;同时,创新建设资金管理新模式,建立区块链技术应用的雄安标准;并推进数字人民币试点,落地全国首笔"区块链+数字货币"业务;雄安本外币账户一体化试点获批,相关工作正在积极推进;另外,雄安片区建成首个真正意义上的"5G+场景"智慧银行网点。①

5. 云南自由贸易试验区

云南自由贸易试验区着力打造"一带一路"和长江经济带互联互通的重要通道,建设连接南亚、东南亚地区大通道的重要节点,推动形成我国面向南亚及东南亚地区辐射中心、开放前沿;云南突出"沿边""跨境"优势,以自由贸易试验区引领更高水平开放型经济建设;开启一级、二级市场规范边民互市模式,实现边民互市跨境结算全流程电子化;出台 16 项金融改革创新制度文件,推动跨境人民币业务创新发展;在全省率先开展"货物贸易电子单证审核"业务,同时开立省内首单电子营业执照账户和首单自由贸易试验区外汇 NRA 账户结汇业务,并首次在云南省开放商业保理业务。②昆明片区紧紧结合跨境贸易、跨境物流、跨境金融、跨境人员往来等,在各个方面持续推动开放;③ 同时,与云南民族大学合作,探索中外合作办学新模式,打造辐射南亚及东南亚地区的澜湄职业教育基地;另外,在滇池国际会展中心设立面向南亚、东南亚地区国家形象馆和特色商品交易馆,打造"永不落幕的南博会";组建昆明法院自由贸易试验区诉讼服务中心和分调裁审、多元解纷中心,成立市检察院派驻自由贸易试验区检察室,与 10 余个南亚、东南亚国家法律机构建立争议解决合作关系。④ 红河片区打造以电子信息产业为重点的技术密集、附加值高的现代产业集群,围绕边境旅游试验区建设,打造民族文化、生态

---

① 河北资本. 河北自贸区一周年交出优异成绩单 [EB/OL]. (2020 - 12 - 30) [2021 - 01 - 19]. https://www.sohu.com/a/441565315_777747.

② 刘子语,韩成圆. 中国(云南)自贸试验区亮出周年成绩单 [EB/OL]. (2020 - 08 - 28) [2021 - 01 - 19]. http://www.yn.gov.cn/ywdt/ynyw/202008/t20200828_209783.html.

③ 佚名. 中国(云南)自由贸易试验区昆明片区挂牌一周年 交出亮眼"成绩单" [EB/OL]. (2020 - 08 - 28) [2021 - 01 - 19]. https://baijiahao.baidu.com/s?id=16762026387892 31791&wfr=spider&for=pc.

④ 云南自贸试验区昆明片区工作委员会. 亮眼!中国(云南)自由贸易试验区昆明片区交出一周年"成绩单" [EB/OL]. (2020 - 09 - 10) [2021 - 01 - 19]. http://www.yn.gov.cn/ztgg/yhyshj/xwdt/202009/t20200910_210404.html.

养生等沿边旅游文化品牌。德宏片区推动"跨境物流+电子商务"产业融合，打造"一园双平台四服务"的跨境电商产业服务体系，近20家免税购物企业入驻，外国商品多达1万多个品类，中国、缅甸跨境快递业务量日均突破1万件，每天通过B2C、C2C方式进出姐告边境贸易区的包裹达2万个左右。①

6. 黑龙江自由贸易试验区

黑龙江自由贸易试验区围绕打造对俄罗斯及东北亚地区区域合作的中心枢纽，积极释放对俄罗斯及东北亚地区开放合作潜力，同时积极探索沿边开放合作的经验。2020年前7个月，黑龙江对俄罗斯进出口额达到577.1亿元，占全国对俄罗斯进出口总额的14%。② 黑龙江自由贸易试验区在深化对俄罗斯开放合作、探索沿边经验方面取得的成就如下。（1）加强对外合作平台建设，夯实开放发展基础。设立全国首个中俄两国边民互市交易结算中心，开通全国首个铁路互贸交易市场，在俄罗斯设立离岸孵化基地、中俄两国科技成果转化基地、境外法律服务及招商代表处等重要平台机构，为沿边开发开放、深化对俄罗斯合作及辐射东北亚地区区域合作提供了新载体、新模式、新机遇。（2）强化国际物流通道建设，拓展经贸合作路径。互联互通是区域合作的血脉经络，"哈绥俄亚"陆海联运线路连同哈欧班列构建贯穿欧亚两大洲的国际物流大通道，黑河黑龙江大桥开通中俄两国经贸新通道，自由贸易试验区搭乘互联互通新路径，进入崭新的"大陆桥时代"。自由贸易试验区自挂牌以来，哈欧班列共发运200列，货值21.9亿元，同比增长40.4%；"哈绥俄亚"陆海联运共计发运64列，货值5.97亿元，同比增长14.4%。（3）围绕"跨境+"产业升级，打造跨境产业链条。黑龙江自由贸易试验区通过发展跨境电子商务、跨境能源加工、跨境农产品加工、跨境中草药研发、跨境木材加工、跨境康养旅游等产业，着力培育跨境产业集群；通过开展对俄罗斯投资开发并进行木材、农产品、清洁能源等资源回运加工，引入飞地经济，着力构建境内外联动、上下游衔接的全产业链经济，开启国际经济合作新模式。黑河片区创新跨境电力贸易及落地加工使用新模式，有效助力新材料

---

① 佚名. 中国（云南）自由贸易试验区挂牌一周年，这份"成绩单"亮眼！[EB/OL]. (2020-8-31) [2021-01-19]. https://www.clzg.cn/article/222611.html.

② 佚名. 第五批自贸区运行满周年，晒成绩单！[EB/OL]. (2020-09-03) [2021-01-19]. https://www.sohu.com/a/416314207_731021.

产业降本增效。(4) 贸易模式创新,形成对俄罗斯贸易新模式。继哈尔滨后,黑河和绥芬河先后获批跨境电商综试区,哈尔滨片区以保税备货、对俄罗斯和北美地区进口直邮、对俄罗斯跨境供应链为特色打造"一区四园"发展模式;黑河片区探索"边民互市贸易+跨境电商进口"零售模式;绥芬河片区开展跨境电商1210保税进口业务。黑龙江自由贸易试验区创新边民互市贸易模式,落实兴边富民政策。绥芬河片区创建了集边民组织、跨境结算、分销加工等于一体的全流程监管模式,自由贸易试验区挂牌以来,互市贸易完成过货量12.5万吨、交易额7.93亿元,参贸边民13.2万人次。开通国内首个铁路互贸交易市场,推动国内首个中俄两国互贸加工产业园建设,全面落实兴边富民政策,全力提升沿边开发开放水平。黑河片区以数字化流程和数字化监管为核心,建立了数字边民互市贸易管理体系。(5) 金融开放创新。哈尔滨片区成立了全国首家中俄两国跨境金融服务中心,对俄罗斯金融合作拓展至资金清算、外汇交易、现钞调运等11个领域。另外,自由贸易试验区支持跨境人民币业务结算,同29个"一带一路"沿线国家开展70.9亿元跨境人民币业务;创新境外机构内外汇账户结汇业务,完善卢布现钞跨境调运体系,累计调运卢布现钞70亿卢布。①

六、第六批自由贸易试验区差异化探索成就

1. 北京自由贸易试验区

关于北京自由贸易试验区成立半年后差异化探索成就的资料有限,但从《中国(北京)自由贸易试验区总体方案》(以下简称《总体方案》)分析,北京自由贸易试验区的亮点和特色归纳起来主要有四个方面。②

第一,助力打造全球影响力的科技创新中心。北京集聚了4000多家地区总部和研发中心,风险投资累计金额在全球仅次于硅谷,拥有全国超四成的独角兽企业,具备打造具有全球影响力的科技创新中心的良好基础。《总体方案》将通过优化人才全流程服务体系、强化知识产权运用保

---

① 袁成亮. 中国(黑龙江)自由贸易试验区成立一周年 聚焦四大重点领域取得阶段性成效[EB/OL]. (2020-09-06) [2021-01-19]. https://www.hlj.gov.cn/n200/2020/0906/c35-11007606.html.

② 第一财经. 北京市副市长详解北京自贸试验区四大亮点特色[EB/OL]. (2020-09-21) [2021-01-20]. https://www.sohu.com/a/419861672_114986.

护、营造国际一流创新创业生态等三个方面20余项措施，更大力度强化原始创新、技术创新和开放创新，为建设创新型国家和世界科技强国作出北京贡献。

第二，助力建设国家服务业扩大开放综合示范区。北京自2015年开展服务业扩大开放综合试点以来，形成了120余项全国首创的突破性政策或创新制度安排，推广了六批25项措施作为创新经验和案例。在国家服务业扩大开放综合示范区政策基础上发挥好自由贸易试验区试点任务作用，通过落实《总体方案》明确的深化金融领域开放创新、满足高品质文化消费需求、优化发展航空服务等三个方面40余项措施，推动服务业进一步开放，高标准建设好国家服务业扩大开放综合示范区。

第三，着力打造数字经济试验区。《总体方案》将通过增强数字贸易国际竞争力、鼓励发展数字经济新业态新模式、探索建设国际信息产业和数字贸易港等三个方面近20项措施，开展高水平数字经济和数字贸易先行先试改革。

第四，着力服务京津冀协同发展国家战略。《总体方案》中明确提出要"将自由贸易试验区打造为京津冀产业合作新平台"，探索建立总部—生产基地、园区共建、整体搬迁等多元化产业对接合作模式。发挥大兴国际机场的辐射带动作用，高标准建设北京城市副中心。鼓励京津冀三地自由贸易试验区抱团参与"一带一路"建设，坚持稳妥有序原则，共建、共享境内外合作园区。以京津冀三地自由贸易试验区的联动创新助力京津冀协同发展。

2. 湖南自由贸易试验区

湖南自由贸易试验区首个数字贸易特色园区——黄花数字贸易港开园；岳阳片区跨境电商保税进口商品通关、区内包装材料循环利用等9项改革创新事项在全省率先落地；郴州片区重点复制推广了不动产登记业务便民模式、人民币跨境支付等改革创新经验。

在中国—非洲经贸深度合作先行区建设方面，中国—非洲经贸合作研究会、中国—非洲跨境人民币中心、中国—非洲直播电商孵化中心等服务平台启动运营，中国—非洲经贸合作促进创新示范园一期已投入使用。

3. 安徽自由贸易试验区

第三代半导体、石墨烯相关重大新兴产业专项完成投资约10亿元。合肥片区加快国家级人工智能产业集群建设，部省共建"中国声谷"，创建国家级创新平台 16 家,带动项目投资 517 亿元。芜湖片区推动"车—路—云"一体化协同与 5G 通信融合,建设轻轨点至工厂区智慧接驳,打造高效的智慧化交通体系。蚌埠片区将金融服务嵌入硅基、生物基新材料产业链发展和供应链环节,为硅基材料企业投放金融支持 93.24 亿元,支持新型显示、光伏玻璃、特种玻璃产业链和泛石英材料产品群"三链一群"体系建设;为生物基新材料产业提供金融支持 29.64 亿元,助力建设千吨级聚乳酸纤维生产线。①

第三节
各自由贸易试验区建设成效

一、第一批自由贸易试验区发展成就

第一批自由贸易试验区即上海自由贸易试验区,于 2013 年 9 月 29 日正式设立,主要发展成就如下。

在商务部向全国或特定区域复制推广的 260 项制度创新成果中,有 124 项为上海自由贸易试验区首创或与其他地方共同总结形成,包括外商投资准入前国民待遇加负面清单管理制度、国际贸易"单一窗口"、"证照分离"改革、自由贸易账户等。② 截至 2020 年 8 月,自由贸易试验区累计新设立企业 6.7 万户,7 年来新设企业数是前 20 年同一区域企业数的 1.8 倍。③ 上海自由贸易试验区累计新设外资企业 1.2 万户,约占浦东新区新设外资企业的 77%,占比从自由贸易试验区挂牌初期的 5% 上升到 20% 左右,实到外资 371 亿美元。进出口总值持续增长,占上海市的比重

---

① 范克龙. 安徽自贸试验区晒成绩单 [EB/OL]. (2021 - 04 - 22) [2021 - 04 - 26]. http://www.ah.chinanews.com/news/2021/0422/277665.shtml.
② 刘萌. 首个自贸试验区七周年"上海经验"端上来 [EB/OL]. (2020 - 08 - 21) [2021 - 01 - 20]. https://baijiahao.baidu.com/s?id=1675589756222117408&wfr=spider&for=pc.
③ 董志雯,葛俊俊. 风从海上来——写在中国(上海)自由贸易试验区挂牌七周年之际 [EB/OL]. (2020 - 09 - 30) [2021 - 01 - 20]. http://www.ahwang.cn/yaowen/20200930/2163798.html.

超过40%。

在上海自由贸易试验区临港新片区成立一年之际，签约项目358个，涉及总投资2713.63亿元。新增注册企业15115户，同比增长70%，注册资本金超过2000亿元，同比增长313%。①

二、第二批自由贸易试验区发展成就

第二批自由贸易试验区于2015年4月21日正式设立，主要发展成就如下。

1. 广东自由贸易试验区

截至2021年4月，广东自由贸易试验区在国际化营商环境、投资贸易自由化便利化、金融开放创新、粤港澳深度合作等领域积极开展首创性、差异性、系统性改革创新，累计形成了584项制度创新成果，348项在全省复制推广，41项在全国复制推广。2020年，70项制度创新成果在全省复制推广，3项在全国复制推广。

广东自由贸易试验区贸易门户枢纽功能大幅提升。打造"线上海关"创新贸易监管模式，截至2021年4月，实现324项海关事项线上办理，助力国际贸易新业态快速发展，全球中转集拼业务量超过1000亿元，跨境电商网购保税进口占全国1/5，汽车平行进口量居全国前三。广东自由贸易试验区建设"离港空运服务中心"，启动"陆铁联运"，实施粤港澳大湾区"一港通"，构建了连通大湾区辐射泛珠江三角洲的"海陆空铁"大通关体系。2020年进口、出口整体通关时间仅为全国平均水平的42%和35%，启运港退税和国际航运保险税收等重大政策落地实施，南沙获批全国进口贸易促进创新示范区。

广东自由贸易试验区各项经济指标一直保持全国自由贸易试验区前列。2020年，广东自由贸易试验区固定资产投资1292.12亿元；税收收入为1019亿元，增长27.6%；外贸进出口总额为3412.8亿元，增长4.1%；新设外资企业3146家，实际利用外资79.36亿美元，以全省6/10000的土地面积贡献了全省1/4的外资企业和1/3的实际外资。

经过六年的发展，广东自由贸易试验区现代化产业体系初步成型。南

---

① 中国经济网. 七年实现"四连跳"上海自贸区华丽升级 [EB/OL]. (2020-08-28) [2021-01-20]. https://news.e23.cn/guonei/2020-08-28/2020082800141.html.

沙先进制造业提质增效，航运能级不断提升，2020年广汽丰田四线、五线加快建设，300多家人工智能企业、210多家生命健康企业入驻。南沙港深水航道拓宽工程投入使用，四期全自动智慧码头开工建设，新增9条国际班轮航线，集装箱吞吐量达到1721.68万TEU。

经过六年的建设，广东自由贸易试验区城市新中心功能显著提升。"十三五"期间，广东自由贸易试验区固定资产投资超过5000亿元，打造联通大湾区各城市的快速交通网络，重点功能区、城市配套设施等服务保障功能显著提升。①

2. 福建自由贸易试验区

自福建自由贸易试验区挂牌运行以来，累计新增企业9.4万户、注册资本为2.1万亿元，是挂牌前历年总和的6.1倍和9.3倍。税收年均增长45.4%，高于全省41个百分点。进出口年均增长12.8%，高于全省6.5个百分点。促进物联网、航空维修、融资租赁、跨境电商、进口酒等重点平台做大流量，培育形成集成电路研发设计、海运快件、中转集拼等一批新业态新模式。②

3. 天津自由贸易试验区

截至2020年年底，自由贸易试验区共设立市场主体82598户，自2015年设立至2020年年底，天津自由贸易试验区日均新登记34户，是2014年日均新登记户数的2.4倍。自由贸易试验区实有来自近60个国家和地区的外商投资企业4000户，占全市的26.0%，注册资本为8833.65亿元，占全市的60.7%。

2017—2020年，在国际、国内多重因素的影响下，天津自由贸易试验区进出口总量保持在2000亿元以上，占全市的30%左右；自由贸易试验区占全市1%的土地吸引了全市5.5%的市场主体，贡献了全市三成进出口额、近14%税收和超过四成实际利用外资额，融资租赁、商业保理、航空制造维修、汽车贸易等产业业态全国领先。自天津自由贸易试验区设立以来，制度创新取得明显成果，累计实施477项制度创新措施，向全国复制推广37项措施作为试点经验和实践案例。2020年国务院发布自由贸

---

① 皮泽红. 广东自贸试验区成立六周年，建设成绩斐然［EB/OL］.（2021-04-25）［2021-04-30］. https://baijiahao.baidu.com/s?id=1698019416141053826&wfr=spider&for=pc.

② 武艳杰. 福建自贸区五周年成果亮眼［EB/OL］.（2020-04-27）［2021-01-21］. http://www.china-fjftz.gov.cn/article/index/aid/14709.html.

易试验区第六批 37 项改革措施作为试点经验，天津 10 项措施入选，入选数量最多。①

在金融方面，天津成为继上海、海南之后，第三个上线 FT 账户的地区。上线 4 个月，开立 900 个 FT 账户，办理 FT 业务累计 454.75 亿元。"金改 30 条"在天津自由贸易试验区全部落地，并出台了全国首个自由贸易试验区保税租赁业务管理办法和首个商业保理行业监管办法。②

三、第三批自由贸易试验区发展成就

第三批自由贸易试验区于 2017 年 4 月 1 日正式设立，主要发展成就如下。

1. 辽宁自由贸易试验区

2017—2021 年新增注册企业 6.3 万户，新增注册资本 6300 亿元，新签约落地重大项目 256 项，其中已落成投产 119 项。4 年来，辽宁自由贸易试验区紧紧围绕"放管服"改革、贸易便利化、投资自由化、金融开放创新和服务国家战略等方面开展制度创新，创造了 113 项改革措施作为创新经验，经省人民政府批准在全省复制推广，其中 12 项措施实践效果突出的创新经验经国务院批准在全国复制推广。③

2. 浙江自由贸易试验区

浙江自由贸易试验区对外贸易、利用外资快速增长，连续三年分别平均增长 93% 和 99%，成为浙江稳外贸、稳外资的新生力量。浙江自由贸易试验区实际利用外资三年"三翻番"，合同利用外资达到 75 亿美元。引进了霍尼韦尔、BP 等 43 家世界 500 强投资和贸易企业，成为浙江对外开放的前沿阵地。④ 2020 年 9 月 24 日浙江自由贸易试验区扩区挂牌。自扩区以来，累计新增市场主体 1.3 万家，签约重大项目 268 个，总投资

---

① 翟婧秋. 天津自贸试验区设立六周年 市场主体达到 82598 家 制度创新成果明显 37 项在全国复制推广［EB/OL］.（2021-04-23）［2021-04-30］. http：//news.enorth.com.cn/system/2021/04/23/051306212.shtml.

② 武自然，商瑞. 天津自贸：服务京津冀高质量发展［EB/OL］.（2020-05-09）［2021-01-22］. http：//www.xinhuanet.com/local/2020-05/09/c_1125959577.htm.

③ 方月宁. 辽宁自贸试验区晒 4 岁成绩单［EB/OL］.（2021-04-10）［2021-04-18］. http：//www.ln.chinanews.com/news/2021/0410/302148.html.

④ 浙江省人民政府网. 中国（浙江）自由贸易试验区挂牌三周年新闻发布会［EB/OL］.（2020-04-03）［2021-01-22］. http：//www.zj.gov.cn/col/col1229003722/index.html.

3777亿元,各片区分别出台金融、财税、人才等专项支持政策40余项,有力带动了浙江开放型经济发展。"义新欧"中欧班列实现高质量发展,全年运行线路增加至15条,开行数量1399列,增长1.65倍,占全国的比重为11.3%,成为中欧班列全国第四城。①

3. 河南自由贸易试验区

河南自由贸易试验区郑州片区累计新签约重大项目近100个,其中世界500强项目10余个,总投资超2300亿元。截至2021年3月,郑州片区累计新注册企业突破7.2万家,是自由贸易试验区成立前的3倍多,平均每天新注册企业约80家。河南自由贸易试验区郑州片区以全市1%的土地面积贡献了20%的新注册企业,累计实现实际利用外资约24亿美元。② 洛阳片区入驻市场主体突破3万家,是挂牌前存量企业的3.5倍;圆满完成国家要求复制推广的六批217项措施作为试点经验、省总体方案160项试点任务;累计引进亿元以上大项目149个。自开封片区挂牌至2020年年底,入驻企业是挂牌前的33倍,注册资本是挂牌前的21倍,外资企业是挂牌前的14倍,外资注册资本是挂牌前的239倍。③

4. 湖北自由贸易试验区

截至2020年2月,湖北自由贸易试验区累计新增企业47273家,是原有企业存量的1.7倍。企业活跃度达到94.7%。新设外商投资企业279家,占全省同期新设外资企业数的24.8%;实际使用外资41.3亿美元,占全省同期累计实际使用外资的12.4%;累计进出口额3117.4亿元,占全省同期累计进出口总额的30.2%,显现出强劲的对外开放高地效应,成为引领湖北开放型经济发展的重要引擎。

5. 重庆自由贸易试验区

截至2020年年底,重庆自由贸易试验区总体方案确定的151项改革试点任务已全部落实,复制推广216项措施作为全国改革试点经验和案例;四年来培育创新成果79项,铁路提单信用证融资结算等6项措施作

---

① 李佳. 浙江发布新一批自由贸易试验区建设"十大成果"[EB/OL].(2021-01-20)[2021-01-22]. https://www.sohu.com/a/445683827_362042.

② 刘萌. 7个自贸试验区晒挂牌四周年成绩单 专家建议四方面发力高质量高标准建设[EB/OL].(2021-04-24)[2021-04-27]. https://www.3news.cn/redian/2021/0424/537018.html.

③ 李莉,王琳. 挂牌4周年 河南自贸试验区亮出抢眼"成绩单"[EB/OL].(2021-04-02)[2021-04-19]. http://henan.sina.com.cn/news/2021-04-02/detail-ikmyaawa3848642.shtml?loc=34&r=0&wm=.

为改革试点经验和最佳实践案例向全国复制推广;海关特殊监管区域"四自一简"被国家通报表彰为优化营商环境典型做法。截至2021年年初,重庆自由贸易试验区已集聚了全市超1/4的进出口企业,贡献了全市约70%的进出口贸易总额,吸引超全市40%的外商直接投资总额。

自由贸易试验区培育壮大开放型经济主体,2017—2021年累计新增市场主体超过5万户,是设立前的3.5倍;交通运输、信息传输、软件和信息技术、高技术服务等企业占比超过75%;截至2021年3月,区内新兴制造业增加值占规模以上工业增加值比重从48.5%升至60.2%。2020年区内规上工业企业营业利润为77.36亿元,同比增长554.9%。限额以上商贸企业营业利润为69亿元,同比增长15.7%,高出重庆市9.3个百分点;区内限额以上商贸企业营业收入达到3500亿元,占重庆市比重达到27%;规上服务业企业营业收入超过1600亿元,占重庆市比重超过37%。①

6. 四川自由贸易试验区

2017—2021年,四川自由贸易试验区对中央赋予的159项改革试验任务实施率超99%,地方事权全面实施。四川自由贸易试验区累计新设企业14万家,注册资本超过1.5万亿元,新增外商投资企业1349家。四川自由贸易试验区以不足全省1/4000的面积,贡献了全省1/4的外商投资企业、1/10的进出口额、1/10的新设企业。四川自由贸易试验区不断整合临空、临铁、临水"三临"叠加优势,加快构建起海陆空高效闭环的对外战略通道,一改"内陆腹地"的标签。②

7. 陕西自由贸易试验区

截至2021年,陕西自由贸易试验区《总体方案》明确的165项试点任务已全面实施,形成创新案例511个,其中,大型机场运行协调新机制、"全球云端"零工创客共享服务平台等21项改革创新成果被国务院或国家相关部委发文在全国复制推广,83项改革创新成果在全省复制推广。截至2021年3月,陕西自由贸易试验区新设市场主体83528家,新增注册资本9312.37亿元。其中,新设企业57517家。从2020年统计数据来看,自由贸易试验区以不足全省1/1700的土地面积,新增企业数占

---

① 黄姝颖,马晶涵. 重庆自贸试验区晒出四周年"成绩单"[EB/OL]. (2021-03-31)[2021-04-19]. http://guoqing.china.com.cn/2021-03/31/content_77365386.html.

② 陈碧红. 四川自贸试验区这4年[EB/OL]. (2021-04-01)[2021-04-20]. http://www.sc.gov.cn/10462/12771/2021/4/1/ee2cc966d1ac4ba292887cd723456d4e.shtml.

全省新增企业数的 1/14，创造了全省 7/10 的进出口贸易额，吸引了全省近 1/6 的外商投资企业，实际利用外资占到全省的近 1/2。①

四、第四批自由贸易试验区发展成就

第四批自由贸易试验区于 2018 年 10 月 16 日正式设立，主要发展成就如下。

据统计，2018 年海南累计新增市场主体 14.4 万户、增长 15.5%，每万人市场主体拥有量增长 22%。一批知名企业落户海南，例如，中国旅游集团总部落户海南，阿里巴巴、腾讯、京东、招商局集团、安永、普华永道、美安康等纷纷进驻海南。2018 年海南 12 个重点产业发展稳中有进，旅游、医疗健康、会展、医药、文体产业较快增长，全年接待入境游客 126.36 万人次，实现国际旅游收入 7.71 亿美元。特别是在外资利用方面，新设外资企业增长 85.6%，全年进出口总额增长 20.8%，比全国平均水平高 11.1 个百分点；实际利用外资增长 112.7%，比全国平均水平高 109.7 个百分点。② 2019 年海南新增市场主体 24.44 万户，同比增长 70.82%，平均日增 670 户，跑出了"加速度"。2019 年海南新设立外商投资企业 338 家，增长 102.4%，实际使用外资 15 亿美元，增长超过 100%，远高于全国平均增速，连续两年翻番；货物贸易进出口 905.9 亿元，同比增长 6.8%，是全国平均增速的 2 倍，海南与"一带一路"沿线国家贸易往来进一步加强；服务进出口 219.7 亿元，增长 20.3%，实现服务贸易顺差 6.53 亿元。2020 年前 4 个月，海南实际使用外资同比增长 252.33%。2020 年海南全省新设企业数增长 170.5%，新设外资企业数增长 182.3%。③ 离岛免税 2020 全年销售额超 320 亿元。④ 2020 年实际利用

---

① 黄涛. 陕西自贸试验区 4 年建设"成绩单"发布 [EB/OL]. (2021 - 04 - 08) [2021 - 04 - 20]. https://www.163.com/dy/article/G725BQUK0514R9L9.html.

② 佚名. 海南自贸试验区：打造"三区一中心" [EB/OL]. (2019 - 08 - 30) [2021 - 01 - 23]. http://www.edaojz.cn/qichexingye/241978_2.html.

③ 王欣悦. 一图读懂："蓬勃展开"的海南自贸港 2020 年"成绩单" [EB/OL]. (2021 - 01 - 02) [2021 - 01 - 25]. https://baijiahao.baidu.com/s?id = 1687739548407752646&wfr = spider&for = pc.

④ 罗霞. 海南紧扣"三区一中心"战略定位 高标准高质量建设自贸试验区和自贸港 [EB/OL]. (2020 - 06 - 01) [2021 - 01 - 25]. http://www.hkwb.net/news/content/2020 - 06/01/content_3876370_0.htm? spm = 0.0.0.0.y5xhIU.

外资 30 亿美元，连续 3 年翻番。

五、第五批自由贸易试验区发展成就

第五批自由贸易试验区于 2019 年 8 月 26 日正式设立，主要发展成就如下。

1. 山东自由贸易试验区

从获批到 2020 年 7 月，山东自由贸易试验区新设外资企业 288 家，实际使用外资 14.4 亿美元，占全省的 9.9%。吸引了日本东丽、英国 BP 石油等一批世界 500 强企业项目落户。从获批到 2020 年 7 月，山东自由贸易试验区完成进出口 2209 亿元，占全省的 11.8%。推动贸易和投资领域人民币跨境使用，支持符合条件的企业开展跨境人民币资金池业务。2020 年 1—7 月浪潮、重汽等 4 家公司跨境人民币资金池收付金额 17.5 亿元。德国安顾集团以 8.82 亿元战略投资泰山保险，烟台片区引入 2 家外资银行。青岛片区落地全省首家合格境外有限合伙人（QFLP）试点企业，投资基金首期规模 1.82 亿元。[①]

2. 江苏自由贸易试验区

截至 2020 年 6 月，江苏自由贸易试验区新增市场主体 2.91 万家，其中外资企业近 300 家。2020 年上半年，自由贸易试验区实际利用外资 14.7 亿美元，占全省的 12%。2020 年上半年，自由贸易试验区完成进出口总额 2468.7 亿元，占全省的 13%。连云港港吞吐量达 1.26 亿吨，同比增长 3.46%；国际班列运输量达 2.52 万标箱，同比增长 42.3%。中哈物流基地进出集装箱 9.8 万标箱，增长 13%。在吸引人才方面，截至 2020 年上半年，三大片区累计引进 A 类高端人才 2000 余人。江苏自由贸易试验区积极探索高新技术企业认定流程和方式改革，三大片区集聚高新技术企业 2175 家，占全省的 9%。[②]

3. 广西自由贸易试验区

广西自由贸易试验区成立一年内新设企业 10561 家，其中外资企业

---

① 佚名. 山东自贸试验区一年"成绩单"：探索形成 60 项制度创新成果，7 项全国首创[EB/OL]. (2020-08-31)[2021-01-25]. http://www.ytcutv.com/folder355/folder356/folder376/2020-08-31/1399229.html.

② 金磊. 江苏自贸区发布周岁"成绩单"[EB/OL]. (2020-8-19)[2021-01-25]. http://njcbv5.xhby.net/mp2/pc/c/202008/19/c814920.html.

85家；实际利用外资超1.4亿美元，占广西同期总额的13.8%；外贸进出口超1308亿元，占广西同期总额的30.9%。① 2020年1—11月，新签区外境内招商引资项目108个，合同投资额1421.23亿元，区外到位资金（含续建项目）341.25亿元；② 累计开行海铁联运班列4133列，增长111%。

4. 河北自由贸易试验区

截至2020年11月，河北自由贸易试验区新设立企业是挂牌前的2.7倍，其中新设立外资企业89家，合同外资额11.48亿美元。河北自由贸易试验区以占全省6/100000的国土面积，吸引了同期全省24.1%的新设外资企业和14.8%的合同外资额，创造了全省10.1%的外贸进出口额。③

5. 云南自由贸易试验区

截至2020年8月，云南自由贸易试验区外贸进出口总值131.05亿元，其中，出口60.79亿元，进口70.26亿元；银行跨境人民币结算90亿元，外资金融机构市场准入"绿色通道"全面打通；跨境车险为出入境车辆提供保险保障17.44亿元，保险理赔赔付金额24.23万元；增量市场主体达31559户，其中，企业12686户（含外资64户）、农民专业合作社2户、个体工商户18871户；每天新诞生约160户市场主体，约每4天引进1户外资企业落地，市场主体增量较快。④

6. 黑龙江自由贸易试验区

截至2020年7月，黑龙江自由贸易试验区新设立企业4200家；新签约项目148个，投资额为1838.58亿元。⑤ 2020年1—7月，实现进出口

---

① 廖欣. 广西自贸试验区挂牌一周年交出漂亮成绩单新设企业逾万家 外贸进出口超千亿元[EB/OL]. (2020-09-01)[2021-01-25]. http://lqrmt.nnnews.net/p/2198.html.

② 苏婵. 沧海横流显本色！晒晒中国（广西）自由贸易试验区招商成绩单![EB/OL]. (2020-12-26)[2021-01-26]. http://tzcjj.gxzf.gov.cn/gzdt/t7456478.shtml.

③ 中国（河北）自由贸易试验区网. 12月28日河北举行"河北自贸试验区创新发展"新闻发布会[EB/OL]. (2020-12-29)[2021-01-26]. http://ftz.hebei.gov.cn/html/content/15-462-1.html.

④ 凤凰网. 中国（云南）自贸试验区亮出周年成绩单[EB/OL]. (2020-08-28)[2021-01-26]. http://yn.ifeng.com/a/20200828/14510899_0.shtml.

⑤ 韩婷澎. 创新活力持续迸发！中国（黑龙江）自由贸易试验区将迎来挂牌成立一周年(2020-08-29)[2021-01-26]. https://www.hlj.gov.cn/n200/2020/0829/c35-11007294.html.

总值106亿元,占黑龙江省进出口总值的11.6%。①

六、第六批自由贸易试验区发展成就

第六批自由贸易试验区于2020年9月24日正式设立,主要发展成就如下。

1. 北京自由贸易试验区

以北京自由贸易试验区国际商务服务片区为例,自挂牌以来共有1300余家企业落户CBD,其中外资企业120家,同比增长超79%。②

2. 湖南自由贸易试验区

湖南自由贸易试验区121项改革试点任务已落实近30项,初步形成近10项制度创新经验;新设企业2000余家,引进重大项目111个(其中,三类500强企业投资项目17个),投资总额1767.04亿元。③

3. 安徽自由贸易试验区

截至2021年3月,安徽自由贸易试验区累计新设企业5032家,签约入驻477个项目,协议引资额为3317.76亿元。安徽自由贸易试验区加快建设具有国际先进水平的国际贸易"单一窗口",截至2021年3月,中国(安徽)国际贸易"单一窗口"已有17类项目功能在推广应用,累计申报量达576.7万票,货物申报、空运舱单、运输工具等主要业务覆盖率均达到了100%。④

---

① 迟嵩. 黑龙江自贸试验区"周年晒单":制度创新聚焦改革 进出口总值破百亿[EB/OL]. (2020-09-06)[2021-01-26]. https://baijiahao.baidu.com/s?id=1677099298157337144&wfr=spider&for=pc.

② 朱松梅. 北京CBD亮出两区建设成绩单:1300余家优质企业落户 呈井喷式增长[EB/OL]. (2021-04-20)[2021-04-26]. https://baijiahao.baidu.com/s?id=1697548817502985394&wfr=spider&for=pc.

③ 黄婷婷. 湖南自贸试验区交出半年成绩单[EB/OL]. (2021-04-03)[2021-04-28]. http://www.hunan.gov.cn/hnszf/hnyw/sy/hnyw1/202104/t20210403_15732502.html.

④ 范克龙. 安徽自贸试验区晒成绩单[EB/OL]. (2021-04-22)[2021-04-28]. http://www.ah.chinanews.com/news/2021/0422/277665.shtml.

第六章

我国自由贸易试验区建设的瓶颈与风险

第一节
我国自由贸易试验区建设的瓶颈

一、制度创新面临挑战

随着建设任务深入推进，深入开展制度创新的制约因素逐渐显现，在一定程度上面临"天花板"和诸多挑战。一方面，制度创新的难度在加大。创新难度小的"低垂果实"已被摘下，难度大的创新面临授权不足、法律调整滞后、容错和激励机制缺失等问题；另一方面，还存在制度创新系统协同性和集成度不够、"碎片化"和"重复性"显现、企业获得感不强、部分政府部门政策之间"蜂窝煤"现象依然存在等问题（蔡振伟，2019）。

二、自主改革创新权限不够高

当前自由贸易试验区出台的改革措施同质化、重复化、浅层化现象较为严重，大部分集中在通关便利化、海关监管改革和各种形式的备案制、

"最多跑一次"等简化政府审批流程等方面，具有地方特色和典型意义的改革措施较少，与自由贸易试验区"制度创新高地"的定位有一定差距，自由贸易试验区改革创新自主权不够高。造成自由贸易试验区改革创新自主权不够高的主要原因有两个。一是中央政府放权不够。自由贸易试验区的改革创新审批权限大多还集中在中央部委，地方自主创新的空间有限。二是自由贸易试验区管理的体制机制不够顺畅，存在多头管理、政出多门现象。以广东自由贸易试验区为例，南沙片区在行政管理上隶属于广州市，但具体业务审批事项又由广东自由贸易试验区管理，导致制度改革创新链条过长，自由贸易试验区管理委员会权限与开发区管理委员会权限相当。自由贸易试验区的管理模式仍然沿用开发区的管理模式，自由贸易试验区的考核体系沿用开发区的考核体系，拉动 GDP 增长和招商引资仍然是其首要任务。①

三、发展引领成效不明显

各自由贸易试验区在制度建设方面取得了很大突破，改革经验的复制推广取得了很大成效，但是自由贸易试验区的政策示范效应远大于经济示范效应。各自由贸易试验区经济建设虽然取得一定成效，但对周边地区的经济增长辐射带动作用不强，尤其是辽宁、湖北、四川、重庆等位于中西部地区和东北部地区的自由贸易试验区，经济增长溢出效应不明显。

短期内自由贸易试验区的虹吸效应大于溢出效应。自由贸易试验区的投资贸易自由化、便利化制度和完善的配套设施加强了对周边地区企业的吸引力，跨国公司等外向型企业更加倾向于将公司总部设置在或转移至自由贸易试验区，导致资本、人才、技术等生产要素进一步向自由贸易试验区集聚。自由贸易试验区对生产要素的虹吸效应进一步拉大了自由贸易试验区与周边地区的经济发展差距，尤其在服务业方面表现得更加明显。

四、服务业对外开放程度不足

北美国家和欧洲国家服务业占经济总量的 75%—80%，而中国才刚刚超过 50%。中国服务业与发达国家平均水平仍有较大差距，开放程度

---

① 王旭阳，肖金成，张燕燕. 我国自贸试验区发展态势、制约因素与未来展望[J]. 改革，2020（3）：126—139.

显著滞后于第二产业。在 WTO 框架下，日本承诺开放领域的覆盖率为73%，其他发达国家约为 62%，中国仅为 54%，差距明显。①

2019 年我国服务贸易占外贸总额比重为 14.6%，而全球平均水平为20%。服务贸易一直是中国外贸逆差的主要来源，服务贸易逆差占中国对外贸易顺差的 71%。尽管 2019 年服务贸易逆差同比下降 10.5 个百分点，但仍达到 15024.9 亿元。② 从服务贸易的结构看，服务贸易顺差主要体现在附加值较低的行业，如旅游、建筑、运输等行业，附加值相对较高的行业，如咨询、保险、金融等行业，中国的逆差都比较大。③

对于自由贸易试验区来说，服务业开放程度不高主要体现在五个方面。(1) 自由贸易试验区建设沿袭过去保税区的建设经验，重货物贸易、轻服务贸易，改革的广度、深度和立体化程度不够。从当前自由贸易试验区建设的总体方案和深化方案来看，投资贸易便利化制度改革主要集中在货物贸易监管领域。(2) 自由贸易试验区服务业开放主要依赖于负面清单。虽然负面清单几经"瘦身"，但是尚未建立起来与负面清单项配套的体制机制，与负面清单相配套的货币汇兑政策、自然人出入境政策、外国人员自由贸易试验区执业政策和社会保障政策也不健全，负面清单外的产业落地较为困难（王旭阳等，2020）。(3) 自由贸易试验区跨境服务贸易负面清单没有建立。目前，商务部正在会同海南省和有关部门，积极推进海南自由贸易港跨境服务贸易负面清单相关工作，这将是我国跨境服务贸易领域的第一张负面清单。④ 在海南清单的基础上才能研究制定自由贸易试验区跨境服务贸易负面清单。⑤ 可见自由贸易试验区跨境服务贸易负面

---

① 中国网财经. 2019 博鳌亚洲论坛：服务业现有开放程度不足 发展潜力巨大 [EB/OL]. (2019 - 03 - 28) [2021 - 01 - 27]. http://finance.china.com.cn/news/special/boao2019/20190328/4936676.shtml.

② 李晓喻. 2019 年中国服务贸易逆差同比减少 1760 亿元 [EB/OL]. (2020 - 02 - 11) [2021 - 01 - 27]. http://tradeinservices.mofcom.gov.cn/article/tongji/guonei/buweitj/swbtj/202002/98220.html.

③ 余淼杰. 如何应对中国在服务贸易领域的三大挑战？[EB/OL]. (2021 - 02 - 27) [2021 - 03 - 01]. https://www.163.com/money/article/G3SADNEA00258J1R.html.

④ 倪铭娅. 跨境服务贸易第一张负面清单何时推出？商务部这样表态 [EB/OL]. (2021 - 01 - 22) [2021 - 01 - 27]. https://baijiahao.baidu.com/s?id=1689550866400010945&wfr=spider&for=pc.

⑤ 孟妮. 跨境服贸负面清单应关注五方面 [EB/OL]. (2021 - 04 - 12) [2021 - 04 - 16]. https://m.gmw.cn/baijia/2021-04/12/1302225023.html.

清单的制定仍需时日。(4) 自由贸易试验区在贸易便利化方面承担的试点任务不仅包括"促进货物贸易便利化",还包括"推动服务贸易创新发展"。但从实践情况来看,自由贸易试验区依托海关特殊监管区域,在货物贸易便利化方面取得了大量改革创新经验,而针对服务贸易创新发展的探索相对不足。(5) 自由贸易试验区目前的开放领域和制度安排与旅游服务、建筑服务等传统服务贸易契合度较低,对其创新发展的促进作用有限。同时,受服务质量、服务技术等因素制约,自由贸易试验区货物贸易的快速发展并未带动与其紧密相关的货物保险、贸易清算结算等类型的服务贸易加速发展。自由贸易试验区内货物贸易与服务贸易协同发展效应尚未显现,服务贸易的发展潜力有待进一步挖掘。①

五、法律保障有待健全

自由贸易试验区以制度创新为核心的改革探索,与实现更高水平的制度性开放的总体趋势高度一致,这需要自由贸易试验区坚持"大胆试、大胆闯、自主改",保障其法规制度的透明性和执行的一致性,因此有必要授予自由贸易试验区立法权,让更多的制度创新可以进行先行先试。但从目前自由贸易试验区的具体实践来看,推进制度创新的法律授权仍不充分,自由贸易试验区立法存在着滞后、缺失和法律层次较低的现象(丁宏,2020)。

第二节 我国自由贸易试验区建设的风险

一、金融风险

1. 宏观政策制定与执行风险

美国经济学家保罗·克鲁格曼就开放经济下的政策选择问题提出了

---

① 贺沛. 我国自贸区的现状、问题与展望 [EB/OL]. (2020-11-02) [2021-01-28]. http://www.hmszqq.com/ArticleShow4.asp?ArticleID=6761.

"三元悖论",其含义是:在开放经济条件下,本国货币政策的独立性、汇率的稳定性、资本的完全流动性不能同时实现,最多只能同时满足两个目标,而放弃另外一个目标。① 在自由贸易试验区的建设过程中,我国在保留货币政策的自主性和独立性的情况下,如果要实现资本完全流动,则必须放弃汇率稳定性;如果要保证汇率稳定,则无法实现资本完全流动。如果要使汇率稳定和资本完全流动兼得,则货币政策的自主性和独立性就要面临挑战。

2. 跨境资本流动风险

跨境资金流动的风险在短期和长期有不同的表现和特点,因此可以从短期和长期来进行分析。

从短期看,资本大量流入、对本币需求增加,加大本币升值压力并引发外汇市场压力风险。资本大量流入可能恶化金融业竞争,导致金融机构过度借贷等冒险行为。此外,大量流入资本通过"资产价格效应",推动资产价格上升,引发股市和房地产泡沫,也可能导致金融危机。跨境资本流出,可能引起本国外汇储备下降,本币急剧贬值,并诱发货币危机。资本外流还会使国际收支恶化,产生通胀、偿债风险等诸多问题,扭曲一国金融结构、削弱宏观政策有效性,进而引发金融危机。对我国来说,资本外流引发的市场贬值可能使资产价格大幅缩水,引发股票市场、外汇市场、房地产市场以及 P2P 等多领域的风险,并通过"蝴蝶效应"加剧整个金融体系脆弱性,引发系统性金融风险。②

从长期看,国际资本以证券投资、国际借贷及直接投资三种方式流入国内。当国际资本大量流入或流出国内证券市场时,证券价格会严重背离资本的实际价值,证券市场资本配置的功能会失灵,宏观调控的难度会增加,金融市场风险加大(魏葭,2015)。当国际借贷资本流入导致信贷资金中国际资本占比较高时,金融机构会因资金充裕过度扩张信贷规模,当国际资本回流,金融机构就会产生流动性不足(马庆强,2016)。当国际资本以外国直接投资的形式大量流入时,往往会寻求短期高风险高收益的投资项目,容易引发国内金融市场的泡沫。外国直接投资的大量流入会使

---

① 佚名. 三元悖论 [EB/OL]. [2021-01-29]. https://baike.baidu.com/item/%E4%B8%89%E5%85%83%E6%82%96%E8%AE%BA/9783318?fr=Aladdin.

② 辛大楞. 稳步推进我国金融业双向开放 [EB/OL]. (2020-03-25) [2021-01-29]. http://www.cssn.cn/zk/zk_qqjj/202003/t20200325_5105719.shtml.

长期国际资本向短期投资演变，这些 FDI 资金集中流向某些特定行业或产业，则会导致产能过剩。

3. 金融产品创新风险

金融产品创新风险体现在三个方面（李志成，2021）。（1）部分金融产品创新出现非理性化。部分金融创新产品隐藏非理性因素，设计不当或有意将风险转嫁给投资者和金融系统，导致系统性金融风险增加。部分金融创新产品倡导过度负债、超前消费等享乐主义，以普惠金融之名，向实际收入不足、还款能力偏弱的群体过度放贷，导致了放款机构信贷风险的持续积累，也对借贷主体的生活、工作造成了负面影响。（2）部分金融产品创新加重了期限错配风险。当前，一些金融创新增加了金融机构资产、负债的期限错配，不仅产生了流动性风险隐患，也增加了信用风险防范化解的难度。（3）部分金融产品创新增加了监管的难度。部分产品在多层嵌套、明股实债、分层设计等包装下，信用链条不断延长，权益责任不断分解，使风险在哪里、风险有多大、风险由谁担这些基本问题变得模糊，大幅增加了信贷风险的防范难度。部分金融创新产品一头连接着信贷业务，一头连接着金融市场，使信用风险、市场风险、流动性风险之间相互转化和相互传染，进一步增加了风险防范难度。跨市场、跨行业金融业务涉及多个金融监管部门，各监管部门监管标准、要求、手段和工具不一致，容易引发监管不协调的问题（欧阳卿，2017）。

4. 新型金融业态经营风险

自由贸易试验区内互联网金融、股权投资基金等新型金融业态的蓬勃发展，既在促进金融市场竞争等方面发挥了积极作用，又给金融体系的稳健运行带来了挑战。风险具体表现在三个方面（欧阳卿，2017）。第一，新兴金融业态游离于金融监管体系之外产生监管套利风险。由于不属于持牌金融机构，新兴金融业态通常在发展初期会游离在金融监管之外，业务经营、资金投向等几乎不受或者受到极少的监管，经营风险容易爆发。第二，新兴金融业态与正规金融体系相互联动形成交叉金融风险。新兴金融业态通过与正规金融机构合作开展业务创新等方式，与正规金融体系形成了紧密的资金、业务联系。例如，股权投资基金依托银行信用，以高杠杆率扩大投资，打通了风险交叉传播的通道。一旦新兴金融业态陷入经营困境，其经营风险将通过投融资活动向正规金融体系传递，给正规金融机构的稳健运营带来冲击。第三，新兴金融业态经营不规范引发社会风险。部分新兴金融业态在业务拓展、产品销售中存在误导销售、违规销售、诈骗销售等不规范行为,极易引发投资者维权的群体性事件,影响金融秩序稳定和社会和谐。

5. 金融犯罪风险加剧

在自由贸易试验区内进行的金融领域的改革以开放和创新为主,更多新的金融业务种类的产生将会使区内的金融犯罪方式更加多样化。区内的金融犯罪将会呈现出两个特点(魏葭,2015)。一是洗钱、恐怖融资等非正常资本流动。随着自由贸易试验区内金融机构数量和金融业务种类的增加,洗钱犯罪的培植手段更加多样化、融合更加便利化。同时,资本流动更加自由,为恐怖融资活动也打开了方便之门。二是基于贸易的金融诈骗活动。犯罪分子通过对商品和服务的价值进行高估或低估、多重计价、谎报数量和虚假描述等形式虚构贸易背景或伪造交易合同来骗取贸易融资,继而通过银行转移非法所得的收入。此外,自由贸易试验区金融改革中出现的新概念也被犯罪分子借以炒作并实施犯罪。

二、产业风险

1. 传统优势产业外迁风险

我国劳动力成本优势衰减态势明显,资源环境约束日益强化,人工成本、土地价格、原材料价格持续上涨,企业的经营成本快速上涨。以劳动力成本上升为例,据《2018年中国制造业产业研究报告》,截至2018年,中国制造业员工的平均年薪达到了59470元,相比1978年的597元增长了98倍。在改革开放后的40年中,有29年制造业员工的年薪增长率超过了同年GDP增长率。① 在此背景下,我国传统优势产业领域出现了企业向外转移的现象。中美两国的贸易摩擦及西方国家对中国的敌视增加进一步加剧了企业向外转移的趋势,大量企业考虑产能外转,布局新建海外工厂,企业外迁意愿加强。自由贸易试验区内聚集着很多我国的传统优势产业,大量企业的外迁会削弱我国传统优势产业的竞争力,进而影响我国经济发展。

---

① 小北. 工业互联网:国运、企运、城运 [EB/OL]. (2020 - 07 - 10) [2021 - 01 - 30]. https://m.sohu.com/a/407212289_120043419.

2. 产业升级风险

自由贸易试验区的一个重要使命是促进产业发展，推动产业优化及升级，但现有国际环境不利于自由贸易试验区产业升级，主要原因包括两个方面。一是发达国家与发达国家之间、发达国家与发展中国家之间竞争日益激烈。发达国家在信息技术等领域具有明显的产业优势，并且在未来一段时间仍将保持这种优势，但发达国家为了提升本国产业竞争力，会更加聚焦本国优势产业，加宽加深本国优势产业领域"护城河"，抑制我国产业赶超和技术升级。二是在我国经济体量在全球比重提升、部分产业触碰发达国家核心利益领域的背景下，以美国为代表的发达国家会加强对先进技术的封锁，对我国技术升级进行定向打压，我国产业升级难度加大。随着中国制造业的发展壮大，中国不断推动制造业结构和技术升级，在高端装备、电子信息等高技术产业的研发投入不断增加，部分企业开始向由发达国家控制的中高端领域迈进，行业整体技术能力也有所提升，中国与发达国家技术差距正在逐渐缩小，产业竞争逐渐加强。中国在高技术产业领域的发展被认为已经开始触碰美国制造业的核心利益。以美国为代表的发达国家会主动进行战略调整，通过技术战等手段打压中国高技术产业发展，深筑本国先进制造业"护城河"。[①]

3. 产业开放风险

改革开放40多年来，中国服务业发展进步显著，但服务业整体发展水平和西方发达国家相比还有较大差距，面临诸多问题和挑战。例如，行业附加值率偏低，以劳动密集型服务业为主，传统服务业比重偏高，附加值高的知识密集型服务业和专业服务业严重滞后；制造业和生产性服务业发展严重脱节，生产性服务业对制造业转型升级的推动不足；服务业领域竞争不够充分，服务业管制过多，监管与治理不能适应新经济新服务的发展，等等（夏杰长和姚战琪，2018）。

从具体产业分析，铁路、民航、金融、电信、电力等行业及地方公用事业不同程度地存在部门所有或行业垄断，缺乏竞争导致服务业创新不足、企业经营效率低下、收入分配不公。一些服务业特别是现代服务业领域，如银行、保险、教育、医疗、保健、通信等，行业进入门槛高、市场

---

① 任继球."十四五"产业高质量发展：阶段性判断、风险与战略任务[J]. 中国发展观察，2019（10）：19—23.

准入范围受限,将绝大多数潜在投资者拒之门外,在某些领域甚至其他行业的国有企业也难以进入,变相保护了国有垄断企业的既得利益,市场主体缺乏竞争压力,行业发展活力与动力缺失,制约了服务业特别是现代服务业供给能力扩张(关秀丽,2014)。

我国服务业发展滞后,国际竞争力不强为自由贸易试验区探索服务业开放带来较大的风险。

三、网络安全和数据安全风险

(一) 网络完全风险

随着大数据、物联网、人工智能(AI)、工业控制系统、卫星通信、移动通信、区块链等技术的发展和应用,能源、交通、通信、金融、医疗等领域与新技术新应用深度融合,越来越多的国家在战略层面向网络空间倾斜,围绕网络空间的技术对抗、压制和博弈也不断加剧,控制网络空间的信息权和话语权成为新的国家战略制高点。网络安全关系到国家安全、城市安全、基础设施安全和个人安全等各个领域。

国际网络安全形势日益严峻,高级持续性威胁(APT)攻击、人工智能对抗攻击、关键信息基础设施攻击、勒索软件等各种网络安全事件造成巨大危害和损失。中国科学院院士冯登国纵观当前发展形势,对网络安全态势进行了精辟的分析。① 在网络安全愈发严峻的背景下,自由贸易试验区在建设过程中同样面临着网络安全风险,主要表现如下。

1. 国家主体的跨空间跨领域威胁不断加剧

美国于2015年4月发布《网络空间战略》,明确提出要提高网络空间的威慑和进攻能力。2018年9月18日发布的《2018国防部网络战略概要》直接将中国、俄罗斯列为"给美国造成战略威胁的国家",并强调从军事、经济和科技等领域与中俄两国展开全方位的网络安全博弈。该战略概要还放宽了使用数字武器保护国家的规定,允许军方和其他机构进行网络操作。自2019年以来,美国政府部门陆续针对华为、腾讯、字节跳动等我国企业进行打击和限制,抑制我国信息技术的创新能力,以期获取网络空间的竞争优势和控制权。

---

① 冯登国. 中科院院士谈网络安全:如何确保核心技术自主可控?[EB/OL]. (2021-04-15) [2021-04-20]. https://www.163.com/dy/article/G7LL9RBH05148SKI.html.

2. 关键信息基础设施和智能设备成为网络攻击的焦点

当前,涉及国计民生的大数据平台、云计算平台、工业控制系统、物联网等关键信息基础设施,以及正在步入千家万户的智能家电、智能驾驶汽车等,逐渐成为网络攻击的重要目标。传统的关键信息基础设施由于历史原因,大量关键系统的安全防护能力滞后。以工业控制系统为例,为了保证业务的连续性和可靠性,一批老旧系统仍在运行。

当前,各类智能设备的技术更新迅速,产品迭代快,而对应的安全防护技术却没有跟上,进一步加剧了网络安全风险。众多攻击者纷纷利用云平台、物联网设备作为跳板机或控制端发起网络攻击。据不完全统计,利用云平台对我国境内目标发起的分布式拒绝服务(DDoS)攻击次数占比已达到 78.8%。

3. 复杂攻击、有组织攻击成为网络攻击的新常态

针对重要行业部门的 APT 攻击多发频发。APT 攻击是由高技术手段支撑的、有组织发起的、对重点目标实施的高破坏性、高隐蔽性攻击,对国家安全、经济发展、社会稳定和公民组织构成严重威胁。

政府部门、金融、电力、通信、交通等基础设施成为 APT 攻击的主要目标,攻击者通过长时间的信息收集、试探、诱导、渗透、植入,结合未知漏洞利用、安全机制绕过、社交工程欺骗等多种技术手段,躲避安全防护机制,最终达到入侵和窃取机密数据、恶意控制目标设施、让正常运行的设施瘫痪等破坏性目的。

APT 攻击技术手段是各国情报组织、网络战部队发展的重要能力,也是当前黑产集团获利的重要工具。随着未来各国斗争的日益加剧和我国互联网经济的繁荣,我国各类信息系统将成为 APT 攻击的重要目标,对 APT 攻击的防御将成为常态化需求。

4. 基础系统的安全漏洞仍不容忽视

近年来,操作系统、数据库等安全受到广泛重视,安全防护有所加强。但由于其基础性地位,个别漏洞造成的危害越来越严重,基础系统的安全性问题仍不容忽视。

特别是近年来出现的 Intel 熔断、幽灵等 CPU 漏洞以及 Raw Hammer 等存储硬件漏洞均可以被软件方式利用攻击,危害严重,且修复难度很大,给网络安全带来严峻挑战。而我国无论是从设计角度避免漏洞、从产品检测角度发现漏洞,还是从实际使用时防御漏洞,都缺乏相应的理论、

技术和产品支撑。

(二) 数据安全风险

随着数字经济和数字贸易的发展，数字全球化成为未来发展的主流趋势，跨境数据流动在其中扮演重要作用。跨境数据流动，即数据跨越国境进行移动和流转。海南、上海、北京、浙江等各地自由贸易港、自由贸易试验区陆续发布方案，均提出要创新跨境数据流动管理机制。① 但跨境数据流动面临的风险不容小觑，主要表现在以下四个方面。

1. **数据流动环节风险**

数据跨境流动风险主要集中于数据的传输、存储和应用三个环节。在传输上，数据跨境过程环节多、路径广、溯源难，传输过程中可能被中断，数据也面临被截获、篡改、伪造等风险；在存储上，受数据跨境存储当地的防护水平等因素影响，容易出现数据泄露等问题；在应用上，跨境数据的承载介质多样、呈现形态各异、应用较为广泛，数据所在国的政策和法律存在差异，导致数据所有者和使用者权限模糊，数据应用开发存在数据被滥用等风险（王娟娟和汪海，2019）。

2. **个人数据安全风险**

数据跨境流动可能会引发用户数据易被泄露、滥用等问题。在个人数据跨境流动中，可能出现经由移动设备的 GPS 等定位服务跟踪用户行踪的情况，甚至通过蜂窝基站、Wi-Fi、热点、蓝牙、麦克风、摄像头等设备收集未经授权的离线数据，还可能利用应用程序的访问权限漏洞擅自收集用户数据。这些数据包括用户个人信息、银行卡、信用卡、购物历史和网上访问记录等隐私，若被不法分子泄露或滥用，会给用户带来经济损失甚至人身伤害。如近期，亚洲某厂商被爆出利用境外销售的手机收集用户信息，并传送到合作伙伴服务器上共享。如果该服务器遭到黑客入侵，泄露的敏感数据落入不法分子之手，将成为电信网络诈骗"精准投放"的信息来源。②

---

① 王融，朱军彪. 自由贸易试验区扩容，如何创新跨境数据流动制度？[EB/OL]. (2020-09-22) [2021-01-31]. https://www.sohu.com/a/420197685_455313.

② 上海华东电信研究院. 数据跨境流动的风险与隐忧 [EB/OL]. (2019-04-22) [2021-02-01]. https://www.sohu.com/a/309648541_100000136.

3. 企业数据安全风险

数据跨境流动可能会给企业带来技术管理、资产管理和组织管理上的问题。在技术管理上，跨国企业使用境外数据中心或云平台，由于大量数据向这些平台汇集，易成为黑客攻击的目标。例如，黑客通过恶意入侵云平台，常驻用户网络，长期进行盗取、篡改数据等活动。在资产管理上，受到数据所在国政策、法律等限制，跨国企业的境外分支机构存在商业信息被披露的风险。例如，有跨国会计师事务所被境外证监会起诉，要求提供审计底稿等文件配合相关调查。在组织管理上，跨国企业利利用境外政策和制度上的漏洞发展灰色业务，给行业管理带来新挑战。例如，企业通过线上载体扩展境外线下灰色业务，来规避跨境业务的准入政策。

4. 国家数据安全风险

国家数据安全可以从三个角度进行分析。（1）一国石油、天然气管道、水、电力、交通、金融、军事、生物、健康、财税等领域的敏感数据涉及国家安全，一旦泄露或被窃取，将带来严重的不可控风险。[①]（2）海量数据跨境流动会使他国更容易分析挖掘国家重要战略信息。全球网络互联、信息互通，国际经贸、技术等多领域合作使跨境服务和数据流动日益频繁，数据留存境外时间更长、体量更大、涉及范围更广。这些数据经分析处理，能反映国家相关行业和领域的情况。例如，可通过海量手机位置反向绘制出移动通信基站分布图；再如，根据跨国电商的订单等相关数据推测用户群体的消费情况以及对应行业的宏观经济运行情况。（3）大数据已成为决定未来发展潜力的战略性资产，各方对数据跨境流动、海量采集和控制挖掘都高度重视，角力升温。美国主张全球数据自由流动，意图通过遍布世界各地的美属企业分支机构，利用其信息通信技术、产业、政策上的优势，占领数据主权的制高点。欧盟设定了《通用数据保护条例》《非个人数据自由流动框架条例》等高标准的数据保护条例，在全球大力推广欧盟标准，通过延伸数据控制者在数据跨境流动中的权利范畴，最大程度上维护欧盟企业的权益。[②]

[①] NGK 区块链. 数据跨境流动的价值与意义 [EB/OL]. (2020-12-02) [2021-02-01]. https://www.sohu.com/a/435778241_120852576.

[②] 上海华东电信研究院. 数据跨境流动的风险与隐忧 [EB/OL]. (2019-04-22) [2021-02-01]. https://www.sohu.com/a/309648541_100000136.

四、社会治理风险

（一）自由贸易试验区城市常态化管理面临的风险

自由贸易试验区投资贸易便利化可促进各种要素充分流动和优化配置，实现国内外资源优势互补，同时又存在一定的社会流动风险，主要表现为流动规模大、速度快和动态再平衡的艰难。其中，最为突出的是人口流动风险（陈仁芳，2017）。由于自由贸易试验区一般处在经济发达、交通便利、教育资源丰富的地区，对国内非自由贸易试验区人口产生较大的吸引力，产生了非自由贸易试验区人口向自由贸易试验区的流动，这不仅会造成非自由贸易试验区人才流失问题，还会给自由贸易试验区的常态化管理带来较大的挑战。自由贸易试验区房价暴涨，城市交通拥堵严重、环境污染加重、就业压力不断增强，造成居民生活的满意度下降。

跨境人口流动是世界各国经贸往来的必然结果，大量外来人口流动不仅给城市的社会管理带来严峻挑战，冲击社会治安稳定，还增加了城市资源的压力。一些在华外国人并不从事正经合法的工作，在中国境内从事违法犯罪行为的事件已经屡见不鲜。从一些新闻来看，有在中国贩毒、强奸、抢劫甚至冲击公共部门的外国人。除此之外，还有大量外国人无视中国法律，在境内从事宗教恐怖活动、间谍活动，严重危害我国国家安全。每个民族都有其特定的文化以及风俗习惯和生活方式，多族群聚居的社区必定存在着不同族群间的文化冲突、价值观念冲突、生活方式冲突，经济冲突和宗教冲突几乎无可避免。[①]

（二）生态环境风险

生态环境是指生物及其生存繁衍的各种自然因素、条件的总和，即影响人类生存与发展的水资源、土地资源、生物资源以及气候资源数量与质量的总称，是关系到社会和经济持续发展的复合生态系统。[②] 生态环境是人类生存和发展的基本条件，是社会经济发展的基础。人类所拥有的生态环境是一个覆盖所有国家和地区的庞大系统，人类行为对环境的影响可能

[①] 佚名. 在华外国人治安：我们欢迎国际友人，但不欢迎"国际烂人"[EB/OL]. (2019 – 08 – 16) [2021 – 02 – 02]. https://zhuanlan.zhihu.com/p/78451116.

[②] 高凛. 论经济发展与生态环境保护之协调 [EB/OL]. (2019 – 01 – 06) [2021 – 02 – 02]. http://www.360doc.com/content/19/0106/11/2387161_806874789.shtml.

在一定的时间和地域范围内是局限的,但其行为影响的累加可能是无限的。

1. 经济发展模式的生态环境风险

过去几十年来,中国经济社会发展取得历史性成就,但也承担了资源环境方面的代价。我国在以往长期发展中由于盲目追求经济增长,对自然资源无序开发,导致出现了大气污染、水污染、土地荒漠化、森林减少等环境问题。① 经济的快速发展将直接导致对自然资源等环境因素的侵蚀和掠夺,生态环境的自我修复性在经济发展的强大压力下逐渐在某些领域愈益减弱并最终散失。在自由贸易试验区的建设过程中,可能会出现为了追求经济业绩和政治业绩而回到老路上去的风险,那就是以牺牲生态环境为代价换取一时一地的经济增长,或者是走回到先污染后治理的老路上,② 或者重蹈过多依赖增加物质资源消耗、过多依赖规模粗放扩张、过多依赖高能耗高排放产业的发展模式。③

2. "洋垃圾"输入的生态环境风险

"洋垃圾"是一种俗称,广义的"洋垃圾"泛指所有从国外进入中国的固体废物;狭义的"洋垃圾"特指以走私、夹带、瞒报等方式,进口国家禁止进口的固体废物,或未经许可擅自进口属于限制进口的固体废物。④ 自由贸易试验区由于实行贸易便利化措施,很容易成为"洋垃圾"进口的新通道。"洋垃圾"大量囤积在我国境内,带来多种危害。其中最为严重的,就是对生态环境的破坏。"洋垃圾"中往往夹杂着很多有毒有害物质,以非正规渠道入境后,大部分流向"散乱污"企业进行分解。这些"作坊式"企业技术水平低、产品附加值低、污染控制能力差,在加工过程中采用简单粗暴的方式,严重危害工人健康和周边环境。焚烧产

---

① 上海市习近平新时代中国特色社会主义思想研究中心. 追求绿色发展繁荣 做强做大绿色经济 [EB/OL]. (2019-05-20) [2021-02-03]. https://baijiahao.baidu.com/s?id=1634043560523251470&wfr=spider&for=pc.

② 中新经纬. 生态环境部:以牺牲生态环境换取经济增长,广大干部群众不会答应 [EB/OL]. (2020-05-26) [2021-02-03]. https://baijiahao.baidu.com/s?id=1667736645062701943&wfr=spider&for=pc.

③ 搜狐网. 必须打破"环保停产影响经济发展"这一伪命题 [EB/OL]. (2017-09-26) [20201-02-03]. https://www.sohu.com/a/194787311_676535.

④ 赵贝佳,杜海涛. 减轻生态环境负担 提升经济发展质量 [EB/OL]. (2018-05-05) [2021-02-03]. http://www.gov.cn/zhengce/2018-05/05/content_5288201.htm.

生的有害气体会污染大气环境;酸浸、水洗废物则会危害水体、土壤环境。"还有一部分'洋垃圾'几经倒手,没有得到再生利用,而是进入了垃圾填埋场,加重环境负担。"④

(三) 市场监管风险

莫文杰 (2019) 认为我国市场监管风险主要包括系统性风险和区域性风险两种类型,并对两种类型的风险及其产生的原因进行了分析。

1. 系统性风险

系统性风险,就是指在流通环节中由于监管部门不可控的不确定性因素导致市场受到的危害,其主要特点是客观性、系统性及不可控性。系统性风险产生的原因主要有以下几个方面。首先,社会发展的阶段性是其现实原因。在人类社会发展的过程中,大家追求一种自由、理性、民主的发展模式,并且在市场中存在着竞争与合作的多重关系,因此在市场流通环节呈现出一种无序的状态,这种状态就导致其不稳定性和不确定性的增加。其次,现行法律的滞后性是其客观原因。对市场监管要依据相关法律法规来进行,但是由于市场在不断发展,社会环境也在不断改变,因此法律总是具有一定的滞后性,这样就增加了其执法难度。此外,还有市场监管人员对市场的认知能力的欠缺也是系统性风险。人对于某个事物的认知是有限的,而市场环境也是在不断地变化,市场本身的内容及商品流通环节并不能被监管人员快速容易地掌握,因此也难以了解到完整全面的市场风险。

2. 区域性风险

区域性风险,具体来说就是指在流通环节中受到的非系统性风险所导致的具有区域性特征的不确定因素,其主要特征是普遍性、区域性、可控性。区域性风险产生的原因主要有以下两个方面。首先,监管执法人员的能力水平有限。市场监管工作的具体执行者是各个级别的市场监管员,如果监管员的监管意识、监管知识以及对于监管的执行工作和力度落实不到位,那么就会降低市场监管的效果。其次,市场监管体制不够健全。这是区域性风险发生的客观因素。如果没有一定的奖惩机制,那么市场监管执行者的廉洁意识、责任意识等均没有有效的保障,从而导致其监管工作不够细致、不重视实际效果等。这两种因素均属于区域性风险产生的原因,可以通过提升监管人员的素质和水平以及健全管理机制来解决,属于较为可控性的监管风险。

第七章

我国自由贸易试验区未来发展展望

第一节 推进深层次改革

自由贸易试验区的核心是制度创新,因此应该适应现实需要,赋予自由贸易试验区更大的改革开放自主权,通过推进深层次改革,加快制度创新探索。允许和鼓励自由贸易试验区采取更加灵活的行政体制安排,推进政府职能转变,最大程度地提高自由贸易试验区相关政府部门工作效率,激发经济发展活力;继续探索贸易和投资自由化、便利化,稳步推进制度性和结构性改革;推进与自由贸易试验区开放相适应的行政体制改革,促进服务贸易自由化、便利化,并逐步完善相关法律法规,结合新技术推进监管领域变革(赵文霞和杨经国,2019)。

一、深化改革的重要领域

(一) 转变政府职能

1. 治理体系和治理能力现代化

建设自由贸易试验区和开展制度创新是推进国家治理体系和治理能力现代化的重要抓手，是我国实施更大范围、更宽领域、更深层次全面开放的重要载体。

推进国家治理体系和治理能力现代化，必须优化政府组织结构，使政府机构设置更加科学、职能更加优化、权责更加协同。这就要求加快转变政府职能，优化政府职责体系，理顺部门职责关系，不断完善政府经济调节、市场监管、社会管理、公共服务、生态环境保护等职能，坚决克服政府职能错位、越位、缺位现象，全面提高政府效能，助推国家治理体系和治理能力现代化（肖捷，2020）。

2. 深化"放管服"改革

简政放权、放管结合、优化服务改革作为推动政府职能转变的"牛鼻子"，是一场从理念到体制的深刻变革，要始终坚持目标导向、问题导向，拿出更大的勇气、更多的举措破除深层次体制机制障碍，以简政放权更有力地激发市场活力和社会创造力，以放管结合切实维护公平竞争的市场秩序，以优化服务为市场主体和群众办事增添便利，加快建设国际一流的营商环境（肖捷，2020）。

3. 推进权力清单制度改革

全面推行与完善权力清单制度和相应的责任清单制度，进一步明确自由贸易试验区政府工作部门职责权限，大力推动简政放权，加快形成边界清晰、分工合理、权责一致、运转高效、依法保障的政府职能体系和科学有效的权力监督、制约、协调机制，全面推进依法行政。尤其是建立健全权责清单动态调整和长效管理机制（陈奇星，2016）。

4. 提高政务服务便利化

网络化、信息化、数据化发展浪潮正在迅速改变世界经济社会格局，用好网络和信息化平台，也是大数据时代公共管理的重要方法和要求。作为最大的数据占有者，政府掌握着社会各方面的数据，如果实现政府各部门间数据的高效整合，政府治理和公共服务的效率将进一步提高，对于经济社会发展将起到重要促进和支撑作用。因此，为了推进政府治理创新、再造政府流程，应探索"互联网+政务"的有效实现路径，实现政府高效办事、线上线下互动、政府智能监管以及在大数据条件下的科学决策（陈奇星，2016）。

（二）贸易便利化

目前，自由贸易试验区贸易便利化的主要制度创新集中在货物贸易上，随着服务贸易比重的不断增加和未来国际贸易发展的趋势，自由贸易试验区可打造"单一窗口"升级版，将货物贸易便利化的制度创新拓展覆盖到服务贸易。逐步将维修服务、离岸贸易、服务外包、技术贸易等纳入系统，加快推进医疗、旅游、金融、文化、教育等高端服务领域的贸易便利化，取消对专业人才流动的限制和放宽对跨境支付等形式的服务贸易限制，逐步探索将服务贸易进出口退税申报纳入"单一窗口"管理（李善民，2020）。

创新跨境电商业务模式和监管方式，支持企业开展跨境电商进出口业务。积极研究推进经常项目管理便利化试点等创新业务，提升企业外贸收支便利化程度。支持在自由贸易试验区内开展"两高一符"的保税检测、保税研发、全球维修、再制造等新业态（丁宏，2020）。

（三）投资便利化

参照市场准入负面清单的内资标准，制定更开放、限制行业更细化的自由贸易试验区准入负面清单。在开放程度和开放范围上，适度放开金融、通信、文化娱乐等服务业的限制，降低专业教育、银行、券商、保险等行业的进入门槛要求。分步实施、重点研究针对境外人士的保险制度和担保制度，解决境外人士信用信息缺失情况下保险难办、信用卡办理难等问题，达到开放多赢的效果（李善民，2020）。

（四）金融创新

与其他领域的制度创新不同，金融领域创新的推进实施和复制推广更多地受到整体金融改革进程的制约发展。与此同时，金融要素的集聚特征也使自由贸易试验区金融创新更多地要通过其辐射功能发挥效应。自由贸易试验区改革与上海国际金融中心，粤港澳大湾区国际金融中心，天津区域金融中心，重庆、武汉、成都、厦门、青岛区域金融中心等的建设密切关联。随着自由贸易试验区金融创新政策的逐步落实，金融服务实体经济、服务投资和贸易便利化的能力将会进一步增强（李善民，2020）。

(五) 生态环境保护

自由贸易试验区是我国统筹沿海、沿江、沿边和内陆开放的最高水平开放平台，承担着高质量"引进来"和高水平"走出去"的历史使命，在贯彻新发展理念、构建新发展格局中肩负着重要责任。生态环境高水平保护是自由贸易试验区建设的重要内涵和必要条件。[①] 自由贸易试验区应在推动绿色低碳发展、生态环境治理、国际合作等方面形成一批可复制可推广的管理和制度创新成果。

根据 2021 年 4 月 1 日生态环境部审议并原则通过的《关于加强自由贸易试验区生态环境保护推动高质量发展的指导意见》，在自由贸易试验区生态环境保护方面的改革探索可以包括五个方面。(1) 加快产业结构优化升级，建设高质量发展引领区。推动形成绿色发展布局，打造先进绿色制造业，推动发展现代绿色服务业，推进绿色贸易，推动构建绿色供应链。(2) 加快推动低碳转型，打造二氧化碳减排先行区。推动能源清洁低碳利用，加快发展绿色低碳交通运输，加快基础设施低碳改造，实施二氧化碳排放达峰行动，积极参与碳市场建设。(3) 加强生态环境保护，构建生态环境安全区。加强生态系统保护与修复，推进环境污染治理，提升生态环境监督执法效能，加快补齐环境基础设施短板。(4) 全面深化改革，形成制度创新示范区。创新生态环境管理制度，健全生态环境保护市场机制，加强生态环境科技创新应用。(5) 全面对标接轨，树立国际环境合作样板区。对标国际环境与贸易规则及实践，持续推进生态环境国际合作。

(六) 法制化建设

国家层面应尽快通过调整法律适用、立法授权等方式，进一步明确对地方在自由贸易试验区改革和探索上的授权边界，为自由贸易试验区"大胆试、大胆闯、自主改"提供制度性和法治化的保障，并及时将成熟的制度创新改革实践上升为国家相关法律法规。

明确界定中国自由贸易试验区各片区的行政级别、立法位阶、改革权

---

① 生态环境部. 生态环境部召开部常务会议 [EB/OL]. (2021-04-01) [2021-04-16]. https://www.mee.gov.cn/xxgk2018/xxgk/xxgk15/202104/t20210401_827161.html.

限等，配合各自由贸易试验区所在地的地方人民代表大会已经发布或正在制定的自由贸易试验区条例，逐步构建自由贸易试验区发展的法律支撑体系，为自由贸易试验区的规范化发展提供法律保障（李善民，2020）。

各自由贸易试验区应紧紧围绕中央设定的差异化定位开展差别化探索，尽快制定促进制度创新的办法，建立容错和正向激励机制，加大制度创新的广度和深度，将更多可复制可推广的创新成果有效转化为治理效能，从而构筑在对外开放制度层面的核心竞争优势（蔡振伟，2019）。

二、深化改革的重要方向

（一）顶层设计与基层创新并重

顶层设计是从国家整体的层面出发，对制约我国未来发展的潜在性、事关全局性的关键问题进行综合研判、科学评估，提出解决问题的整体思路和目标框架。而基层创新更多是"摸着石头过河"的地方自发性探索，为解决某项实际问题，地方部门在中央政府的指示或默许下探索新政策或新举措。自由贸易试验区的顶层设计和基层创新是辩证统一的，新一轮自由贸易试验区既要对标更高水平的国际经贸规则，结合地方特色，加强顶层设计，又要立足于建设"先行区和示范区"，为提高对外开放整体水平树立更高的标杆（丁宏，2020）。

（二）赋予更大改革自主权

自由贸易试验区"大胆试、大胆闯、自主改"需要更大的改革自主权，推动自由贸易试验区破解束缚经济发展的体制机制，探索与完善适应经济高质量发展的新机制。研究赋予自由贸易试验区更大的改革自主权，首先需要理顺自由贸易试验区的体制机制。通过政区合一的管理体制、容错纠错机制、激励机制、灵活的人才选用和交流机制等，进一步对自由贸易试验区管理委员会赋权，赋予片区管理机构相应的省级及市级经济管理权限，使自由贸易试验区管理委员会从以协调所在市/区工作为主，真正变为破旧立新的改革主导者和管理者（杜国臣等，2020）。通过制定落实容错纠错机制和相关激励政策，提高自由贸易试验区改革创新的主动性和积极性，激发自由贸易试验区工作人员干事创业的热情，使"大胆试、大胆闯、自主改"真正落到实处，通过制度建设解除改革创新的后顾之忧。

(三) 加大制度创新的系统集成

探索打通自由贸易试验区与各部委、自由贸易试验区各部门与当地政府上级部门、自由贸易试验区内部各职能部门以及自由贸易试验区之间的阻塞环节，进一步提升制度创新的整体性、系统性和有效性。①

探索政策优势叠加和创新驱动发展的制度安排，促进形成一批跨区域、跨部门、跨层级的改革创新成果，推动实现有机衔接和互融互促。以制度对接、平台融通、产业互动为重点，加强自由贸易试验区和周边经济技术开发区、高新技术产业园区、海关特殊监管区等各类经济功能区联动发展，探索在开放程度高、体制机制活、带动作用强的区域建设自由贸易试验区联动创新区，放大其辐射带动效应。(丁宏, 2020)

此前，自由贸易试验区的制度创新更多集中在投资、贸易、金融、市场监管等领域。而在当前形势下，以科技创新为支撑，增强转型发展新动能的任务更加急迫，自由贸易试验区作为全国改革开放的重要前沿片区，也应该在这一方面有新的突破，形成制度创新和科技创新融合互促的新格局。②

(四) 更好发挥辐射带动作用

积极探索自由贸易试验区对区域经济发展的带动作用，服务国家区域发展战略。以上海、湖北、江苏、重庆、四川、浙江自由贸易试验区为平台，通过交通运输、产业转移、经济辐射、要素流动加强协同，推动长江经济带建设。安徽自由贸易试验区对接上海、江苏、浙江自由贸易试验区，推动长江三角洲地区自由贸易试验区协同发展，推动长江经济带发展和促进中部地区崛起战略实施，形成内陆开放新高地。广东自由贸易试验区以制度创新为核心，加强内地与港澳经济的深度融合，推动粤港澳大湾区建设，深入推进粤港澳服务贸易自由化、投融资便利化，探索构建粤港澳金融合作新体制等。湖南自由贸易试验区着力打造世界级先进制造业集

---

① 经济日报. 5 年，这些"试验田"带来太多好消息![EB/OL]. (2018-11-27) [2021-02-05]. https://www.chinanews.com/sh/2018/11-27/8687077.shtml.
② 吴双, 史春姣, 杨轶凡. 聚焦新形势下自贸试验区建设发展动向[EB/OL]. (2020-05-29) [2021-02-05]. https://baijiahao.baidu.com/s?id=1668005823621921211&wfr=spider&for=pc.

群、联通长江经济带和粤港澳大湾区的国际投资贸易走廊、中国—非洲经贸深度合作先行区和内陆开放新高地。天津、河北自由贸易试验区则重点围绕京津冀协同发展，承接首都产业转移，推动制造业和物流业的开放，天津作为京津冀最大的综合贸易港口，在对外贸易和吸引外资方面发挥动力引擎的作用。北京自由贸易试验区助力建设具有全球影响力的科技创新中心，加快打造服务业扩大开放先行区、数字经济试验区，着力构建京津冀协同发展的高水平对外开放平台。① 辽宁、黑龙江自由贸易试验区重点对东北亚地区开放，着重提升东北地区老工业基地发展的整体竞争力。四川、重庆自由贸易试验区主要定位于服务西部大开发，加大西部地区门户城市开放力度。福建自由贸易试验区最大的战略意义在于对台湾地区开放，深化两岸经济合作，吸引台资，促进对台贸易。山东自由贸易试验区重点发展海洋经济和对接中国、日本、韩国自由贸易区，打造对外开放新高地。广西、云南自由贸易试验区重点对接东盟，探索沿边跨境合作新模式（王旭阳等，2020）。

第二节
推动高水平开放

一、对标国际经贸规则

国际经贸规则是指国家或者地区之间进行经济贸易行为时，应当遵守的经过各方参与者共同认可的规章制度。它是国际经贸关系发展的产物，同时作为国际经贸的上层建筑，其对国际经贸关系具有促进、约束、缓和、调整的作用，使国际经贸关系得以有序发展。② 自 1995 年 WTO 成立以来，国际经贸规则一直是以 WTO 框架下的多边贸易规则为核心。直到

---

① 孟珂. 自贸区差异性制度创新 完善自由贸易试验区布局 [EB/OL]. (2020-11-05) [2021-02-06]. https://www.3news.cn/chanye/2020/1105/465148.html.

② 中国服务贸易指南网. 国际经贸规则 [EB/OL]. (2018-08-14) [2021-02-07]. http://tradeinservices.mofcom.gov.cn/article/zhishi/jichuzs/201808/67301.html.

2008年，国际金融危机的爆发给世界经济发展带来挑战，发达国家相对于新兴市场经济体表现出复苏乏力的整体态势，为了转移压力，发达国家开始重新审视原有的国际经贸规则体系，并从自身利益出发，强势推动新一轮的国际经贸规则重构（王春丽和冯莉，2020）。2018年，发达国家先后对WTO提出改革的要求，同时区域贸易协定不断出现，其中，代表性协定包括《全面与进步跨太平洋伙伴关系协定》（CPTPP）、《美墨加协定》（USMCA）、《欧盟—日本经济伙伴关系协定》（EPA）、《加拿大—欧盟综合性经济贸易协定》（CETA）等。

全球经贸格局的不确定性、长期性以及复杂性加速了新一轮经贸规则的调整与大国之间的利益博弈。当前，多边、诸边与双边并行发展，但多边贸易体制对国际经贸规则重构的领导力在削弱，高标准自由贸易协定逐渐引领国际经贸规则的重构。[①] 相较于传统的国际经贸规则，新一轮的贸易协定和经贸规则覆盖内容更广，不仅包括了与贸易直接相关的措施，如关税、原产地规则、市场准入、技术性贸易壁垒、贸易便利化等；更包含了许多与贸易间接或弱相关的措施，如劳工、环境、政府采购、透明度与反腐败、政治体制、文化、人权等，从"边境"措施向"边境后"措施不断延伸扩展（王春丽和冯莉，2020）。新一轮的贸易协定和经贸规则标准更高，表现为货物贸易朝着零关税规则演进，服务贸易成为全球自由贸易规则重构的重点，决策信息透明度显著增强，数字贸易规则逐渐确立，竞争中立规则被广泛接受，知识产权保护日趋严格，政府采购规则范围扩大，环境和劳工标准提升以及投资便利化等（迟福林和郭达，2020；钊阳和桑百川，2019）。

新一轮国际经贸规则重构是以发达国家的现实条件和核心利益为基础推进的。作为新兴经济体和发展中国家，我国现行的经济行政管理体制、法律制度和经贸规则与高标准的国际经贸规则相比，还存在着很大差距（钊阳和桑百川，2019）。一旦这些规则成为国际主流共识，我国将会被排除在游戏规则之外，不利于我国对外经济和贸易的发展。同时也应该看到，新一轮国际经贸规则重构所体现出的新特点、新要求，为我国构建开放型经济体制指引了方向，至少在拓宽我国对外开放领域、提高我国对外

---

① 张茉楠. 我国应加快适应新一轮国际经贸规则演变［EB/OL］.（2020－07－27）［2021－02－07］. http://www.china－cer.com.cn/hongguanjingji/202007276908.html.

开放水平、优化我国对外开放格局、创新我国对外开放体制等方面发挥引导作用。可见，新一轮国际经贸规则重构对我国来说，既是挑战也是机遇。无论是挑战还是机遇，我国都应该对接高水平国际经贸规则，以建设更高水平开放型经济新体制为指导，继续深化对外贸易体制、外资管理体制、对外投资管理体制、涉外金融体制及行政管理体制等多个方面的改革与创新（王春丽和冯莉，2020）。

自由贸易试验区和自由贸易港既是探索构建开放型经济新体制的先行区，也是对外开放压力测试的试验区；自由贸易试验区和自由贸易港通过先行先试，既要为 FTA 谈判和 WTO 改革进行制度性探索提出"中国方案"，又要为新一轮高水平开放提供可复制可推广的经验。因此，应率先按照高标准国际经贸规则在自由贸易试验区和自由贸易港进行体制改革和创新。① 具体而言，自由贸易试验区可以在政府治理、投资管理、贸易便利化、金融开放创新方面对接国际经贸规则，有选择、有侧重地对接跨境服务贸易、电信、环境、劳工、中小企业、监管一致性、争端解决、合作和能力建设、供应链建设等领域的国际经贸规则（尹政平等，2017）。

二、推动制度型开放

制度型开放是相对于商品和要素流动型开放而言的。商品和要素流动型开放就是在对外开放中强调商品和要素的自由流动，通过打通国内外市场，让商品和要素在全球根据市场规律充分流转，以实现最优配置。② 商品和要素流动型开放是经济全球化发展新阶段的主要内容和特点，本质上属于"边境开放"，即降低乃至取消贸易和投资壁垒，实现贸易和投资自由化。③

制度型开放就是主动对标和对接国际先进的市场规则，在清理国内不合理、不相容的法律法规基础上，进一步形成与国际贸易和投资通行规则

---

① 王晓红. 以构建高标准国际经贸规则促进更高水平对外开放 [EB/OL]. (2019-08-20) [2021-02-08]. https://baijiahao.baidu.com/s?id=1642343096552384968&wfr=spider&for=pc.

② 刘洪钟. 制度型开放怎样理解？[EB/OL]. (2019-03-28) [2021-02-08]. http://www.banyuetan.org/szjj/detail/20190328/1000200033135991553735225377904290_1.html.

③ 张二震, 戴翔. 加快推动商品和要素流动型开放向规则等制度型开放转变 [EB/OL]. (2019-03-07) [2021-02-08]. https://baijiahao.baidu.com/s?id=1627311636118570827&wfr=spider&for=pc.

相衔接的、规范透明的基本制度体系和监管模式。① 制度型开放是从以往"边境开放"向"境内开放"拓展、延伸和深化，建立形成与国际高标准经济规则相接轨的基本制度框架和行政管理体系。② "边境开放"所采取的主要措施是降低关税和非关税壁垒，但对国内规则制度基本没有触及。制度型开放本质上是制度的输入和输出，无论是制度的输出还是输入，都意味着国内制度安排要能够实现与国际通行规则相协调、相一致，实际上属于"境内开放"（戴翔和张二震，2019）。因此，制度型开放是更加深入的开放、更加全面的开放、更加系统的开放、更加公平的开放（钱克明，2019）。

改革开放尤其是加入WTO以来，我国采取以商品和要素流动为主要形式的对外开放，抓住了经济全球化的历史机遇，大力发展开放型经济，取得巨大成功。当前，国内外的政治经济形势发生深刻变化，需要在继续推动商品和要素流动型开放的同时，更加注重规则等制度型开放，其必要性主要表现在六个方面：（1）自第二次世界大战后至2008年全球金融危机冲击前的世界经济，基本可以看作以商品和要素流动型为主的开放。而2008年全球金融危机冲击之后的世界经济，已开始逐步进入制度型开放的新阶段（戴翔和张二震，2019）；（2）WTO主导下的经贸规则调整仍然主要局限于边境开放措施，由科技进步和生产力发展所推动的国际分工发生质变，国际经贸规则面临大调整、大重塑，并朝着高标准化方向发展（戴翔，2019）；（3）国际贸易保护主义抬头，我国原有的以"外资、外贸、外经"为主要内容的开放模式受到挑战，拓展空间极其有限；（4）商品和要素流动型开放所需要的降低流动性壁垒措施有助于实现一般性生产要素跨国流动，但由于高端和创新性生产要素对制度环境所决定的交易成本等更为敏感，商品和要素流动型开放对高端和创新性生产要素的吸引和集聚力不够；（5）符合国内经济发展转型的需要，当前我国经济已由高速增长阶段转向高质量发展阶段，正处在转变发展方式、优化经济结构、转换增长动力的攻关期，对外开放也应从注重量的增长转向更高

---

① 刘洪钟. 制度型开放怎样理解？[EB/OL]. (2019-03-28) [2021-02-09]. http://www.banyuetan.org/szjj/detail/20190328/1000200033135991553735225377904290_1.html.

② 张二震，戴翔. 加快推动商品和要素流动型开放向规则等制度型开放转变 [EB/OL]. (2019-03-07) [2021-02-09]. https://baijiahao.baidu.com/s?id=1627311636118570827&wfr=spider&for=pc.

层次的质、量结合的发展模式;① （6）中国作为世界第二大经济体和全球秩序的坚定捍卫者，也应积极参与全球经济贸易规则的制定和完善，推进全球经济治理体系变革，推动形成更加符合当前国际经济格局的多边规则体系。

正因为如此，在2018年12月21日结束的中央经济工作会议首次提出"推动由商品和要素流动型开放向规则等制度型开放转变"②。在2019年全国两会上，国务院总理李克强在政府工作报告中也强调："进一步拓展开放领域、优化开放布局，继续推动商品和要素流动型开放，更加注重规则等制度型开放，以高水平开放带动改革全面深化。"

自由贸易试验区一直发挥着对外开放的"排头兵"作用，可以通过加快建立与国际通行规则相衔接的制度体系，研究提出具有较强国际竞争力的开放政策和制度，更好地满足由商品和要素流动型开放向规则等制度型开放转变的要求，为对外开放进入制度型开放新阶段探路前行，也为全国积累更多可复制可推广的经验。

自由贸易试验区推进制度型开放可以从以下几个方面继续发力（张晖明和郑海鳌，2020）。一是处理好点和面的关系，即要处理好自由贸易试验区点上"压力测试"和全国面上复制推广的关系。着力提高自由贸易试验区建设质量，应以深化制度创新、加强复制推广为遵循，但不能因为要复制推广就禁锢了思想、捆住了手脚，就不敢进行更大开放力度的"压力测试"。二是处理好内和外的关系，即要处理好自由贸易试验区自主开放和自由贸易协定双边或多边开放的关系。一方面，对于双边或多边自由贸易协定谈判中的焦点议题，只要是符合我国改革方向和风险总体可控的，可考虑放在自由贸易试验区先行先试积累经验；另一方面，对于我国期望主导推动的规则体系，可在自由贸易试验区先行探索形成一整套经验。三是处理好个性和共性的关系，即要处理好对各地自由贸易试验区差异化赋权和整体性赋权的关系，开展差异化、特色化探索。四是处理好放与管的关系，即要处理好高度开放与高效监管的关系。高度开放以高效监管为前提，开放程度的高低取决于监管能力的高低。自由贸易试验区在推

---

① 张娜. 推动向制度型开放转变应从四个方面入手［EB/OL］.（2018-12-31）［2021-02-09］. https://www.sohu.com/a/285746586_115495.

② 徐立凡. 中央首提"制度型开放"，该这样解读……［EB/OL］.（2018-12-23）［2021-02-09］. https://baijiahao.baidu.com/s?id=1620608216850221888&wfr=spider&for=pc.

动制度型开放的同时,应坚持以总体国家安全观为指引,着力加强事中事后监管体系和监管能力的建设。

三、金融开放

国际学者常用"金融自由化"(Financial Liberalization)来囊括"金融开放"(Financial Openness)的范畴,最早出现于 McKinnon 和 Shaw 的金融深化与抑制理论中,该理论主张取消政府对金融的管制,过渡到由市场力量起主导作用的"金融自由化"阶段,实现"金融深化"。学术界对金融自由化的研究主要包括对内、对外两个部分:对内指消除国内金融抑制,促进国内金融自由化;对外指放松跨境资本流动的金融管制。[①]

总体来说,金融对外开放可以概括为两大类:一是资本与金融账户相关,从实际操作来看,也就是放开跨境资本在交易环节和汇兑环节的限制,包括汇率政策、资本项目、人民币国际化;二是与金融服务业相关,即对境内外金融机构从事银行、证券、保险等金融服务的放开,以及境内外居民或机构参与金融市场交易的放开,包括金融机构对外开放、金融市场对外开放。

当今世界正经历百年未有之大变局,中国经济进入新发展阶段,同时"十三五"圆满收官,"十四五"顺利开局,在这样的背景下扩大金融开放具有重要的意义,主要体现在五个方面。(1)金融开放能够创造更多金融附加值和出口收入,有助于中国实现国际收支均衡发展、确保汇率基本稳定、降低金融风险。[②](2)金融开放促进外国金融机构进入中国。一方面,引入先进的理念、规则和技术,带来先进的管理经验,提供更加多元化、多样性的金融工具和金融服务,提高金融服务实体经济效率;另一方面,加剧国内金融业的竞争,推动国内金融机构改革,增强金融机构的生机和活力,有助于促进中国金融业发展。(3)金融开放能够促进要素积累和技术进步,弥补资金不足,有助于促进我国经济发展。(4)金融开放能够促进资本跨境流出,有助于为中国企业"走出去"和"一带一

---

① 任泽平,罗志恒. 金融开放的成就、不足与变革 [EB/OL]. (2018-09-14) [2021-02-20]. http://www.chinareform.net/index.php?m=content&c=index&a=show&catid=18&id=27310.

② 王恩博. 中国为何"调快"金融开放时间表?[EB/OL]. (2019-07-08) [2021-02-20]. http://www.gov.cn/xinwen/2019-07/08/content_5407106.htm.

路"建设提供资金支持。(5) 金融开放促进我国深度融入国际金融市场,有助于提高金融业的国际影响力和国际金融治理能力。

自改革开放以来尤其在"十三五"期间我国金融开放取得了显著的成绩。概括而言,金融领域的对外开放一是引入了竞争,提升了金融机构竞争力;二是促进了金融市场的结构优化和产品创新,优化了资源配置,提高了服务实体经济的能力和效率;三是提高了开放条件下经济金融管理能力、防控风险能力以及参与国际金融治理的能力,同时还增强了我国在国际金融治理体系中的话语权和影响力(杜雨萌,2020)。

具体来看,近年来我国一方面相继取消了对银行、证券、期货和基金管理等领域的外资持股限制,降低了资产规模、经营年限等股东资质方面的限制,同时在企业征信、信用评级、支付清算等领域给予外资国民待遇,积极推动会计、税收和交易制度的国际接轨。另一方面,我国也在积极参与国际金融治理。如2016年10月1日人民币正式加入了国际货币基金组织特别提款权(SDR)货币篮子,成为全球主要储备货币之一。在权益市场方面,近年来不仅沪港通、深港通每日投资额度大幅提升,沪伦通、中日ETF等也相继落地,2019年合格境外机构投资者(QFII)和人民币合格境外投资者(RQFII)额度限制更是全部取消。不仅如此,自2018年以来,MSCI指数、富时罗素指数和标普道琼斯指数等国际知名指数亦先后将中国A股纳入全球指数体系;而在债券市场方面,已完全允许合格境外投资者在银行间债券市场发行人民币债券或进行投资。继债券通成功运行之后,中国债券也如期纳入彭博巴克莱全球综合指数。在资本项目相关方面,我国利率市场化已于2015年年末在政策层面完成,汇率弹性及灵活性不断提升,形成"以市场供求为基础、参考一篮子货币进行调节、有管理的浮动汇率制度"。资本项目可兑换程度不断提高,截至2016年年末,中国达到可兑换和部分可兑换的项目已有37项,不可兑换项目仅剩非居民境内发行股票、货币市场工具和衍生品业务等三项。[①] 在人民币国际化方面,2009年我国开始进行跨境贸易人民币结算试点并取得重大进展,随后人民币国际化稳步向前推进。通过双边本币互换、货币

---

① 任泽平,罗志恒. 金融开放的成就、不足与变革[EB/OL]. (2018-09-14)[2021-02-21]. http://www.chinareform.net/index.php?m=content&c=index&a=show&catid=18&id=27310.

直接交易、人民币合格境外机构投资者、人民币清算行、人民币跨境支付系统等制度安排，有效降低了汇兑风险，促进了贸易和投资便利化。①

尽管我国金融开放成绩斐然，但从整体看，我国当前金融开放水平仍然不高，与我国经济地位和国际影响力不匹配，主要表现在：汇率形成机制不够灵活，利率定价自律机制仍存在，资本账户开放和人民币国际化与国际水平相比存在差距，对外资金融机构限制较严，金融市场开放的广度深度不足。② 因此，我国需要继续推进金融开放。自由贸易试验区需要在深化金融改革、促进金融开放、加快金融创新方面先行先试，形成可复制可推广经验。下一步自由贸易试验区可以在以下五个方面开展探索。

（1）稳妥推进金融业双向开放。金融业双向开放实际上指的是"引进来"和"走出去"。在金融"引进来"方面，坚持自主、有序、平等、安全的原则，全面实行准入前国民待遇加负面清单管理模式，继续精简负面清单，抓紧完善外资相关法律，加强知识产权保护。逐步放宽对外资金融机构的准入限制，按照内外资同等对待标准，对中资与外资金融机构一视同仁，建立公平公正的市场环境。在金融"走出去"方面，提高中资金融机构国际化水平，建立现代企业制度，完善金融机构公司治理，支持有条件的中资金融机构"走出去"，提高国际竞争力，优化全球网点布局。

（2）有序推进资本项目可兑换。当前我国已经取消 QFII 每月资金汇出不超过上年末境内总资产 20% 的限制；取消 QFII、RQFII 本金锁定期要求，这些措施将进一步激发境外投资热情，促进资本市场进一步双向开放。但是资本账户的开放要与国内金融市场发展、汇率市场化改革等相适应、相配套，应采取渐进式改革，不能过快放开（徐洪才，2018）。

（3）稳步推进人民币国际化。提高人民币可自由使用程度，完善人民币计价结算功能。研究推动大宗商品的人民币计价结算以及跨境电子商务的人民币计价结算。要统筹协调在岸和离岸人民币市场，建设人民币跨境支付系统，在对外合作中注重本币优先，重点扩大周边国家和"一带

---

① 王宇．扩大金融开放可以强化竞争 提高服务实体经济效率 [EB/OL]．[2021-02-21]．https://finance.qq.com/original/caijingzhiku/wangyu1225.html．

② 任泽平，罗志恒．金融开放的成就、不足与变革 [EB/OL]．(2018-09-14) [2021-02-21]．http://www.chinareform.net/index.php?m=content&c=index&a=show&catid=18&id=27310．

一路"沿线国家的人民币使用,拓展人民币结算、投资交易和储备功能(叶辅靖和原倩,2019)。

(4) 重视金融科技创新。适应数字经济、数字金融时代变革趋势,进一步在金融与科技融合创新方面进行开拓性探索。包括在支付清算、登记托管、征信评级、资产交易、数据管理等环节,支持金融科技重大项目落地,支持借助科技手段提升金融基础设施服务水平;充分利用"监管沙箱"机制,稳妥开展金融科技创新;在数字货币方面,建设法定数字货币试验区和数字金融体系;在贸易金融方面,打造贸易金融区块链标准体系。①

(5) 提升对外贸易便利化水平。维护国际收支平衡,推动进出口贸易平衡,提高出口质量和附加值,积极扩大进口。大力发展服务贸易,推进自由贸易试验区改革试点。

四、服务业开放

1. 服务业与服务业开放内涵

一般认为服务业即指生产和销售服务产品的生产部门和企业的集合。服务产品与其他产业产品相比,具有非实物性、不可储存性以及生产与消费同时性等特征。在我国国民经济核算实际工作中,将服务业视为第三产业,即将服务业定义为除农业、工业之外的其他所有产业部门。② 第三产业包括:批发和零售业,交通运输、仓储和邮政业,住宿和餐饮业,信息传输、软件和信息技术服务业,金融业,房地产业,租赁和商务服务业,科学研究和技术服务业,水利、环境和公共设施管理业,居民服务、修理和其他服务业,教育、卫生和社会工作,文化、体育和娱乐业,公共管理、社会保障和社会组织,国际组织,以及农、林、牧、渔业中的农、林、牧、渔服务业,采矿业中的开采辅助活动,制造业中的金属制品、机械和设备修理业等。服务业可以分为生产性服务业与生活性服务业。生产性服务业是指那些为进一步生产或者最终消费而提供服务的中间投入,一

---

① 马婧. 跨境资金流动更便利!北京自贸试验区将进一步助推金融开放 [EB/OL]. (2020 - 9 - 24) [2021 - 02 - 22]. https://baijiahao.baidu.com/s?id = 1678703902560611321&wfr = spider&for = pc.

② 佚名. 关于服务业名词的定义 [EB/OL]. (2017 - 10 - 11) [2021 - 02 - 23]. https://zhidao.baidu.com/question/62084754.html.

般包括对生产、商务活动和政府管理而非直接为最终消费者提供的服务，主要包括金融、物流、会展、中介咨询、信息服务、软件外包、科技研发、创意、教育培训等服务行业；生活性服务业主要是指直接满足人们生活需要的服务行业，主要包括商贸、旅游、房地产、社区养老服务、就业服务、家政、物业管理服务、医疗、休闲娱乐、体育健身服务。①

服务业开放内涵丰富，可以从五个角度理解：服务业扩大开放是对外与对内相结合的开放，是准入与准营相结合的开放，是"引进来"与"走出去"相统一的开放，是服务业与制造业相促进的开放，是发展与安全相平衡的开放（顾学明，2021）。

2. 服务业开放的意义

在我国经济发展由高速增长阶段转向高质量发展阶段的新时代，扩大服务业开放具有十分重要的意义，主要体现在以下三个方面。

（1）顺应全球产业发展趋势。1995年，世界服务业增加值占GDP比重为60.5%，2018年提高至68.2%。同期，服务业增加值年均增速5.1%，比世界经济增长（4.6%）快0.5个百分点。从世界服务贸易情况看，2018年，全球服务贸易保持7.5%的强劲增长速度，进出口规模达11.5万亿美元，服务贸易占全球贸易的比重超过40%。世界贸易组织预测，到2040年，服务贸易在全球贸易中的份额将增长至50%，超过货物贸易，成为全球贸易发展主引擎（顾学明，2020）。

（2）培育国际竞争新优势。我国服务业占GDP的比重为54%，而加拿大是70%，美国是79%，日本是73%，巴西是69%，印度是57%，可见中国还有巨大的发展空间。② 同时，我国服务业虽然经历了较快发展，但总体发展水平仍然不高（戴翔，2018）。而服务业开放有助于利用国际国内两个市场、两种资源，推动技术进步，加快服务业发展，提升我国服务业的国际竞争力。

我国制造业目前整体上仍处于价值链中低端，多数制造业企业利润主要来源于制造环节，不仅利润微薄，而且资源消耗巨大，难以持续。因

---

① 秀丽珂. 服务业的概念及分类 [EB/OL]. (2011 – 02 – 21) [2021 – 02 – 23]. ttp://www.360doc.com/content/11/0221/08/4784321_94721296.shtml.

② 郑青亭. 中国宣布扩大服务业开放 为世界经济复苏注入信心 [EB/OL]. (2020 – 09 – 09) [2021 – 02 – 23]. http://finance.sina.com.cn/meeting/2020 – 09 – 09/doc – iivhuipp3279765.shtml.

此，需要着力促进我国制造业从生产型制造向服务型制造转型，这就需要解决我国生产性服务业供给不足的问题，大力发展生产性服务业。服务业开放能够进一步发挥"引进来""走出去"的协同效应，学习国外先进的管理模式和管理经验，促进生产性服务业发展，为我国制造业转型升级提供支撑。

（3）构建国内国际双循环。2019年我国人均国民总收入（GNI）上升至10410美元，突破1万美元大关。由此带来我国居民消费能力提升，对服务业的消费需求快速增加。一方面，通过服务业开放，能够向我国居民提供物美价廉的服务，释放国内居民对高品质服务业的需求，畅通国内循环，加快国际循环。另一方面，服务业开放必将倒逼我国服务业改革，促进生产性服务业和生活性服务业发展，形成生产服务促进制造业发展以及生活服务促进消费升级的国内循环。服务业改革也将优化营商环境，促进服务贸易发展，推动服务领域贸易投资自由化便利化，促进国际循环。因此，服务业开放有助于推动形成以国内大循环为主体、国内国际双循环相互促进的新发展格局。

3. 我国服务业开放的成就与不足

自党的十八届三中全会以来，中国积极推进金融、教育、文化、医疗等服务业领域有序开放，放开育幼养老、建筑设计、会计审计、商贸物流、电子商务等服务业领域外资准入限制，并通过自由贸易试验区和服务业扩大开放综合试点，进一步推动服务业扩大开放。[①] 在"十三五"期间，我国服务业对外开放成绩斐然，具体表现在三个方面。（1）在服务业利用外资方面，我国服务业实际利用外资的金额稳定扩大。2001年以前，外商主要投资于制造业；我国加入世界贸易组织后，服务业对外资的限制进一步放开，投资于服务业的外资比例大幅上升。在2005年外商直接投资额中，服务业仅占24.7%，2011年这一比例已经超过50%，2018年达到68.1%，服务业已经成为外商投资的首选领域。[②] 利用外资的产业结构趋向高端化，投向高端服务业的外资强劲增加。（2）在服务贸易开放方面，我国服务贸易发展潜力不断释放，截至2019年年末我国服务贸

[①] 连俊. 中国对外开放的全新实践［EB/OL］.（2017 – 10 – 23）［2021 – 02 – 25］. https://finance.sina.com.cn/roll/2017 – 10 – 13/doc – ifymuukv1874523.shtml.

[②] 国家统计局服务业司. 服务业风雨砥砺七十载 新时代踏浪潮头领航行［EB/OL］.（2019 – 07 – 22）［2021 – 02 – 25］. http：//www.gov.cn/shuju/2019 – 07/22/content_5412884.htm.

易进出口额连续 6 年位居世界第二。外包服务行业发展迅猛，我国已经成为全球第二大服务外包国，仅次于印度。我国数字服务贸易也得到了良好发展，规模快速增长，贸易领域逐渐向全球范围的多个方面扩大。（3）在服务业对外投资方面，虽然我国服务业对外投资流量有所下降，但总体保持稳定。我国服务业对外直接投资涵盖了服务业全部十二个大类。其中，租赁和商务服务业、批发和零售服务业、信息传输/软件和信息技术服务业、房地产服务业四大领域对外直接投资流量均超过百亿美元（何曼青等，2020）。

尽管我国服务业开放取得了显著的成绩，但与国际先进水平相比，我国服务业开放水平依然不高，存在的不足与差距表现在三个方面。（1）服务业开放领域和范围仍需进一步拓宽。一方面，我国服务业引进外资和贸易进口的结构不合理；另一方面，我国不少服务行业的开放度仍有较大提升空间。与经济合作与发展组织平均水平相比，2019 年我国除工程咨询、建筑设计行业开放度略好外，其他服务行业都存在不同程度的差距，特别是邮政快递业、电信、广播、影视业及会计行业等差距明显（刘长杰和耿瑞蝶，2020）。（2）服务业国际竞争力有待进一步提升。从服务贸易的结构来看，我国服务贸易顺差行业包括货物相关、计算机信息与通信、建筑等，而在旅游、运输、保险、个人文化娱乐、特许权使用及专利等方面保持着逆差。在知识密集型领域，我国服务业竞争力仍然比较弱（李勇坚，2020）。（3）服务业开放的管理体制机制仍需进一步完善。我国服务业开放发展较快，但对服务业开放的管理仍然存在一定的滞后性，比如运用法治化方式推动服务业开放的措施较少，适应服务业高水平开放的管理制度不完善，部分服务行业标准、资质等与国际接轨程度不高。

4. 自由贸易试验区服务业开放未来方向

自由贸易试验区作为我国对外开放的主平台，将进一步率先试用国际高标准投资贸易规则，为全国范围的扩大开放起到试验田作用。

（1）探索服务业重点领域开放。围绕我国改革开放大局和当前国家重大关切，自由贸易试验区应积极推动重点服务领域加快开放。一是有利于破除垄断、释放活力的服务领域。加快电力、金融保险、电信业等垄断性服务业开放，实现竞争性环节市场化，激发更多活力。二是有利于制造业转型升级的服务领域。金融业、科学研究和技术服务业、人力资源管理服务、会计审计服务、培训咨询服务等对提升制造业创新水平、促进制造业服务业转型具有重要作用，需加快开放。三是有利于满足内需的服务领域。加快推动教育、文化、医疗、娱乐、健康、养老等生活性服务业开放，丰富高品质生活服务业供给，满足居民消费需求。四是有利于引领服务业国际经贸规则的服务领域。我国在跨境电商、移动支付等前沿数字服务领域发展优势渐显，应把握住这些领域国际规则尚未形成广泛共识的契机，在网上消费者保护、数字产品征税、数字货币等方面提出规划方案，以国内规则为基础推动国际规则建立。①

（2）打造服务业开放的竞争优势。服务业与制造业之间界限日趋模糊，制造业与服务业的融合是产业发展的重要趋势。我国自由贸易试验区一般都处在制造业和服务业较发达的省市，应该促进制造业与服务业的深度融合，提高我国在全球价值链中的位置。

人工智能、大数据、5G 等新一代信息技术不断突破和广泛应用，将进一步加速服务内容、业态和商业模式创新。自由贸易试验区应积极利用自身优势，创新服务业新业态，推动服务业数字化转型升级，在新兴服务领域中不断增强竞争优势，实现弯道超车，竞争引领。在数字化时代，服务贸易化和全球化的趋势将更加显著，传统组织方式也发生了变化，贸易形式不再拘泥于跨境交付、商业存在、自然人流动和境外消费四种形式，也由此诞生出一种全新的业态——数字贸易。数字贸易兴起的直接原因在于数字经济的发展，而根本原因是技术创新引发的生产组织方式的深度变革。发展数字贸易既是满足居民日益增长的美好生活需要的重要抓手，也是实现中国经济服务化和服务业现代化的重要战略选择（夏杰长和徐紫嫣，2021）。

自由贸易试验区应该扩大服务贸易发展空间，在推动外贸结构转型升级中发挥引领作用；推动发展与货物有关的维护和维修、加工和物流等服务贸易，以及金融保险、研发设计、信息技术、知识产权、文化贸易、技术贸易、医疗健康、商务服务等知识密集型服务贸易。同时，加快发展国际服务外包，推动生产性服务出口。依托开放基础设施，发展口岸经济、港口经济、航空经济和枢纽经济。

自由贸易试验区要重点探索服务贸易和数字贸易发展的新模式新规

---

① 顾学明. 推动服务业扩大开放 汇聚开放新动能 [EB/OL]. (2020 - 09 - 07) [2021 - 02 - 26]. http://theory.people.com.cn/n1/2020/0907/c40531 - 31851376.html.

则，鼓励有条件的自由贸易试验区发展离岸贸易、转口贸易及离岸数据中心、离岸金融中心、跨境电商、外贸综合服务、市场采购贸易等贸易新业态。在金融、教育、医疗、文化、数据中心等领域扩大外商独资企业范围，在跨境电商规则标准、数字知识产权保护、促进跨境数据自由流动、互联网资讯开放等方面先行先试。同时，在跨境数据流动的管理机制、推动个人数据立法、提高互联网预警监测能力、探索数字保税区建设、维护网络安全等方面进行探索。①

（3）完善服务业开放的体制机制。服务领域需持续深化改革，进一步推进与服务业相关的简政放权。对服务业的行业准入政策进行清理，破除行业垄断、进入门槛等各种隐性限制。完善服务业的融资、税收等相关政策体系，使对服务业的支持落到实处。建立适度放松管制、破除体制机制障碍、优化政策保障体系、促进多元共治的服务业现代化治理体系，在负面清单管理、市场准入、要素价格、新业态新模式的柔性监管、政策协调、平台治理、多元参与监管等方面持续推进改革，为服务业快速发展提供制度保障（李勇坚，2020）。对标国际服务业先进规则，为服务业发展和开放构建法治化、国际化、便利化的营商环境。

第三节
促进要素流动

一、资金流动

资金与劳动力、原料、机器设备一样，是生产要素。资金流动便利的优势包括以下五个方面。（1）资金流动便利有利于深化供给侧改革，促进资金跨地区和跨产业优化整合，促进产业结构优化升级，进一步转变经济发展方式。（2）资金流动便利是促进国内循环和国际循环的重要保证，

---

① 王晓红. 加快推进自由贸易试验区建设 [EB/OL]. (2020-06-05) [2021-02-27]. https://baijiahao.baidu.com/s?id=1668630350822278090&wfr=spider&for=pc.

有利于加快国内国际"双循环"新发展模式的构建。(3) 资金流动便利使市场更容易实现对生产要素的组合,增加市场活力。(4) 资金流动便利减少了资金跨境流动的障碍,有利于我国吸引外资。(5) 资金流动便利能够满足企业对资金的需求,撬动并获取其他生产要素,满足企业生产经营的需要;同时,资金流动便利帮助企业降低资金成本,提高资金使用效率,增强企业竞争优势。

自由贸易试验区在资金流动便利化方面的探索主要围绕跨境资金自由流动而展开,未来将在本外币一体化账户、本外币合一跨境资金池等方面进行先行先试。

1. 本外币一体化账户

现行人民币银行账户归属中国人民银行管理,外汇账户归属国家外汇管理局管理。中国人民银行对本币跨境收支监管的主要目标是为促进人民币贸易便利化,并防范相关业务风险;外汇管理的目标主要是促进国际收支平衡。

本外币银行账户双头管理、相互割裂的管理方式存在着如下弊端。(1) 无论人民币涉外账户还是外汇账户,都是市场微观主体开展涉外收支的载体、资金跨境流动的通道和监管部门管理与检查的切入点。具有相同的社会功能的资金,分属不同的账户管理体系和管理部门,割裂了资金的自然属性(何碧英等,2017)。无论对监管机构、银行还是企业来说,都增加了资金管理的成本。(2) 中国人民银行和国家外汇管理局的数据管理系统分离,使人民币和外汇的大额及可疑资金交易信息上报也相隔离,协同监管容易产生漏洞,从而滋生拆分本外币交易、逃避大额资金监管的行为。(3) 中国人民银行和国家外汇管理局通过各自系统采集跨境人民币收支数据,但统计口径存在差异,数据的衔接和统一较为困难,加大了跨境资金流向的识别困难,不利于跨境资金宏观审慎管理。[①] (4) 市场主体利用本外币政策差异,根据境内外利差、汇差选择结售汇时机和地点来获取价差收益的便利性增加,将原本在境内完成的结汇或售汇交易向境外转移,加剧了跨境资金流动的波动性。[②]

---

① 陈姝含. 试点本外币合一银行账户关键在"统一调度"[EB/OL]. (2020-08-26)[2021-02-28]. http://www.cet.com.cn/wzsy/ycxw/2621598.shtml.

② 彭化非. 本外币一体化监管的国际经验及启示[EB/OL]. (2016-04-25)[2021-02-28]. https://www.financialnews.com.cn/llqy/201604/t20160425_96191.html.

在宏观层面上，建立本外币一体化的账户体系能够集中监管资源、统一监管标准、填补监管盲区、提升监管效率。在微观层面上，包括以下四个方面的优点。一是企业可以实现涉外资金的集中化管理。这将大大降低企业的管理成本，也打开了企业从境内外多个渠道融资的通道。二是企业可以实现全部外汇资金轧差结算。由于外汇账户不再区分经常项目和资本项目，企业将实现所有外汇资金的轧差结算，大幅减少企业结算成本。三是实现人民币的可自由兑换。取消结售汇环节的限制可使企业在备付金账户中存有资金的情况下，自行决定是否结汇或售汇；同时，由于取消了即期结售汇限制，企业可以通过人民币兑外汇远期衍生产品，更自由地对账户内资金进行套期保值，更有效地防范汇率风险。四是企业办理正常业务不再涉及行政许可（文博，2016）。

2020年9月21日，国务院印发《中国（北京）自由贸易试验区总体方案》，提出开展本外币一体化试点。2020年11月5日，上海市人民政府印发《上海市全面深化服务贸易创新发展试点实施方案》，提出在中国（上海）自由贸易试验区临港新片区探索建立本外币一体化账户体系。自由贸易试验区建立本外币一体化账户体系，需要在以下几个方面进行探索。

（1）加快构建本外币一体化监管法规体系。建立健全跨境资金流动监管的政策法规，从法律法规层面构建本外币一体化的跨境资金监管体系。①

（2）整合建立统一的本外币数据平台。将现有的国家外汇管理局业务系统及中国人民银行跨境收付信息管理系统整合为统一的数据平台，建立一体化监管系统，全口径集中采集本外币数据，通过国际收支申报全面采集交易主体的跨境收支、结售汇及境内划转数据，实现本外币跨境资金流动统一监测（穆建敏等，2017）。

（3）实施本外币一体化的主体监测和分类管理。即以市场主体（包括涉及跨境资金流动的企业、个人和金融机构）为单位进行监督管理。对不同主体实行不同的分类管理措施。

（4）稳步推进人民币汇率利率市场化，从宏观上消除本外币套利基

---

① 彭化非. 本外币一体化监管的国际经验及启示 [EB/OL]. (2016-04-25) [2021-03-01]. https://www.financialnews.com.cn/llqy/201604/t20160425_96191.html.

础。加快改革步伐,完善人民币汇率市场化形成机制,加大市场决定汇率的力度,增强人民币汇率双向浮动弹性,保持人民币汇率在合理、均衡水平的基本稳定,进一步适应人民币国际化需要,打破现有离在岸人民币汇率差值较大的困境。同时,加强人民币利率汇率的市场化联动机制建设,通过利率变动对汇率变动及时有效传导,消除由于境内外利差诱发的资金套利行为,最高程度地减少本外币套利因素(穆建敏等,2017)。

2. 本外币合一跨境资金池

跨境资金池业务是指跨国企业集团根据自身经营和管理需要,在境内外非金融成员企业之间开展的跨境资金余缺调剂和归集业务,与跨境集中收付业务共同构成了跨境资金集中运营业务。与经常项下的集中收付业务相比,跨境资金池业务属于资本项下,资金的划转更为灵活,不依赖于实际的贸易背景和业务往来。一直以来,我国本币与外币跨境资金池业务的主管部门不同,分别遵循不同的规则。外币跨境资金池业务主管部门为国家外汇管理局。2009年10月,国家外汇管理局印发《境内企业内部成员外汇资金集中运营管理规定》,正式启动外币跨境资金池试点。2012年,国家外汇管理局针对上海市分局和北京外汇管理部关于跨国公司总部外汇管理集中运营改革的请示,印发《关于开展跨国公司总部外汇资金集中运营管理试点的批复》,同意选择符合条件的13家企业开展跨国公司总部外币跨境资金池改革试点。同年12月,中国银行为中国海运办理了首批业务。2014年4月,国家外汇管理局印发《跨国公司外汇资金集中运营管理规定(试行)》,对外币跨境资金池业务的准入门槛、账户管理和监管进行初步规范。2015年9月,国家外汇管理局印发《跨国公司外汇资金集中运营管理规定》,对外币跨境资金池业务进行了进一步深化。人民币跨境资金池业务的主管部门是中国人民银行,其发展稍滞后于外币跨境资金池业务。2013年12月,中国人民银行发布《中国人民银行关于金融支持中国(上海)自由贸易试验区建设的意见》,首次允许区内企业通过跨境人民币资金池业务的方式,实现其境内外关联企业经常项下的集中收付。2014年11月,中国人民银行发布《中国人民银行关于贯彻落实〈国务院办公厅关于支持外贸稳定增长的若干意见〉的指导意见》,跨境人民币资金池业务面向全国开放。2014年11月和2015年9月,中国人民银行相继发布《中国人民银行关于跨国企业集团开展跨境人民币资金集中运营业务有关事宜的通知》和《中国人民银行关于进一步便利跨国企业集团开展跨境双向人民币资金池业务的通知》，进一步确定和规范了全国范围内跨境人民币资金池业务的实施细则。随着跨境人民币资金池业务的不断成熟，广东、天津、福建、辽宁、四川、浙江、河南、重庆等地的中国人民银行也陆续将其作为支持我国自由贸易试验区建设的重要配套金融政策。

随着本币和外币跨境资金池业务不断发展，开展本外币合一跨境资金池业务的条件已经成熟，本外币跨境资金池融合已成为趋势。2019年3月，国家外汇管理局印发《跨国公司跨境资金集中运营管理规定》，放开了跨境资金池的币种限制，允许人民币入池，为本外币合一跨境资金池试点提供了政策依据。2020年5月，中国人民银行、中国银行保险监督管理委员会、中国证券监督管理委员会、国家外汇管理局发布《关于金融支持粤港澳大湾区建设的意见》，将开展本外币合一的跨境资金池业务试点，作为促进粤港澳大湾区跨境贸易和投融资便利化、提升本外币兑换和跨境流通使用便利度的重要举措。2020年9月，国务院发布《中国（北京）自由贸易试验区总体方案》，将探索开展本外币合一跨境资金池试点作为高质量发展优势产业、助力国际交往中心建设的重要措施。2020年10月11日，中共中央办公厅、国务院办公厅印发的《深圳建设中国特色社会主义先行示范区综合改革试点实施方案（2020—2025年）》提出了27条改革举措，其中包含了将开展本外币合一跨境资金池业务试点。2021年3月12日，为深入贯彻落实党中央、国务院关于推进粤港澳大湾区、中国（北京）自由贸易试验区和国家服务业扩大开放综合示范区建设的总体部署，中国人民银行、国家外汇管理局决定在深圳、北京开展跨国公司本外币一体化资金池业务首批试点，进一步便利跨国公司企业集团跨境资金统筹使用。

本外币合一跨境资金池业务具有多个方面的利好。（1）本外币合一跨境资金池业务试点对于跨国企业而言，无疑是个好消息。首先，单一的本外币资金池账户不仅有利于跨国企业从集团层面对本外币资金进行统筹管理，在降低开展国际业务的资金管理成本的同时，还为国际投融资业务的开展提供便利。其次，本外币跨境资金池融合消除了多头管理和监管差异，在简化跨国企业备案和审批程序的同时，避免了由于准入标准、资金期限和管理额度不同所导致的额外合规成本。最后，本外币合一的跨境资金池试点还允许企业资金在资金池内办理结售汇和完成套期保值等衍生品交易，为跨国企业汇率风险管理创造了更为有利的条件，显著地降低了企业的汇兑成本。(2) 本外币合一跨境资金池业务试点对于开展跨境资金池业务的结算银行而言，同样是一个利好。在双部门的监管框架下，结算银行同样需要遵循不同的管理规定，不同部门监管资金池的业务环节也需要执行不同的操作流程，而本外币合一跨境资金池同样也降低结算银行的运营成本。由于只有规模较大且交易频繁的资金池产生的收益才能够覆盖银行研发和构建资金池所产生的一系列成本，统一的跨境资金池账户显然比分立多个账户更容易实现规模收益。(3) 本外币合一跨境资金池业务试点有助于提升监管效率。一方面，本外币跨境资金池的融合从根本上改变了双政策双标准的跨境资金池监管架构，有利于形成合力，能够弥补由于两个部门协同产生的监管漏洞，杜绝监管套利行为。另一方面，本外币合一的跨境资金池为构建全口径监测系统创造了条件，能够快速、有效地发现跨境资金异常流动，提高了跨境资金流向的识别效率。① (4) 从宏观上看，本外币合一跨境资金池业务试点是中国推动资本账户开放、推动人民币国际化过程中的一个对外开放的步骤。这意味着对于国外的跨国公司进入中国市场更加友好，有助于吸引外资；同时，对于国内的企业"走出去"更加方便，特别是跨境电商、跨境支付等领域的中国企业"走出去"，这也是政策上的放宽。②

本外币一体化资金池业务试点面向信用等级较高的大型跨国公司企业集团，主要作用包括五个方面。③ (1) 统一本外币政策。整合现有各类资金池，实现跨国公司企业集团内跨境本外币资金一体化管理。(2) 实行双向宏观审慎管理。适度调整外债和境外放款额度，在稳慎经营理念基础上提升跨境投融资的自主性和资金利用效率。(3) 进一步便利资金划转和使用。主办企业国内资金主（子）账户结汇资金可直接进入人民币国内资金主（子）账户，国内资金主账户资金可直接下拨至成员企业自有账户办理相关业务。(4) 实现一定额度内意愿购汇。购汇所得外汇资金

---

① 佚名. 本外币合一跨境资金池试点，从"双轨制"迈向"一体化"[EB/OL]. (2020-12-12)[2021-03-02]. http://www.pinlue.com/article/2020/12/1215/1311407498758.html.

② 邵志媛. 跨国公司本外币一体化资金池试点启动[EB/OL]. (2021-03-21)[2021-03-30]. http://finance.sina.com.cn/roll/2021-03-22/doc-ikkntiam6059962.shtml.

③ 中新经纬. 两部门：在深圳、北京开展跨国公司本外币一体化资金池首批试点[EB/OL]. (2021-03-12)[2021-03-30]. https://baijiahao.baidu.com/s?id=16940256635045 21247&wfr=spider&for=pc.

可存入国内资金主账户，用于对外支付。（5）强化事中事后监管。加强统计监测，强化风险评估、非现场核查与现场检查，有效防范跨境资金流动风险。

二、跨境数据流动

1. 跨境数据流动的含义

跨境数据流动最初是从个人数据保护立法中开始提及，各国在个人数据保护法中对个人数据向第三国转移进行管理。云计算出现以后，大规模的政府数据、商业数据和个人数据通过云服务来存储和处理，并且数据的跨境更加频繁，各国开始重新审视跨境数据流动制度，并重点关注政府和公共部门数据的跨境管理。目前，国际上对跨境数据流动并没有一个明确的定义和界定。联合国跨国公司中心对跨境数据流动（Transborder Data Flow）的界定是：跨越国界对存储在计算机中的机器可读的数据进行处理、存储和检索。经济合作与发展组织对跨境数据流动的定义是个人数据跨越国界流动。澳大利亚在联邦个人隐私原则中对"数据的国际流动"进行了规定，要求机构向海外组织或信息主体以外的某人传送信息应该受到一定的制约。从国际组织及其他国家对跨境数据流动的管理制度来看，跨境数据流动有两种理解：一种是数据跨越国界传输和处理；另一种是数据即使没有跨越国界，但能够被第三国的主体访问。[①]

2. 跨境数据流动的意义

（1）促进经济增长。跨境移动、存储和处理数据的能力是现代经济的基础。在数字经济时代，数据已经成为重要的生产要素。自2008年以来，数据流动对全球经济增长的贡献已经超过传统的跨国贸易和投资，成为推动全球经济发展的重要力量。根据美国著名智库布鲁金斯学会的相关研究，2009—2018年十年间，全球数据跨境流动对全球经济增长贡献度高达10.1%，其中，2014年数据跨境流动对全球经济增长的价值贡献超过2.8万亿美元，预计2025年有望突破11万亿美元（张茉楠，2020）。数据的跨国界流动可以帮助企业更直接、更合理地利用全球要素资源，不仅支撑起包括商品、服务、资本、人才等其他几乎所有要素的全球化活

[①] 石月. 国外跨境数据流动管理制度及对我国的启示 [EB/OL]. (2017 – 04 – 21) [2021 – 03 – 03]. https://www.sohu.com/a/135449123_468622.

动,也在发挥着越来越独立且重要的作用。①

（2）提升创新能力。数据跨境流动意味着信息、知识的传播与共享,使创新性的想法在全球扩散,使全球的互联网用户都可以接触、利用最新研究成果和技术,并激发更多创意,催生新业务、新模式和新企业,实现国家创新能力的整体提升。同时被称为第四次工业革命标志性技术的大数据、人工智能、物联网（IoT）、区块链、云计算等技术都是以数据为核心,因此,数据跨境流动是新一轮技术创新的重要支撑。②

（3）推动全球化发展。跨境数据流动极有力地推动了企业面向全球的商业拓展。数据跨境流动使跨国公司、跨境电商、全球供应链、全球服务外包等商业活动得以开展,也推动企业全球价值链、供应链发展。跨境数据流动降低了企业的交易成本和参与国际贸易的门槛,大量中小型公司几乎和大型企业有了同样的国际贸易能力。

（4）构建人类命运共同体。通过跨境数据流动,世界各国能够加强在溯源、药物、疫苗、检测等领域的合作,共享科研数据和信息,共同研究解决问题的对策。③

3. 我国跨境数据流动的成就与挑战

我国在跨境数据流动方面所取得的成就至少体现在以下三个方面。（1）我国加快培育数据要素市场,推进数据市场化配置体制机制改革（刘宏松和程海烨,2020）。2019 年,党的十九届四中全会提出提升数据等生产要素推动经济高质量发展的总要求。2020 年,中国发布了关于完善要素市场化配置体制机制的文件,不仅将数据与土地、资本等传统要素并列为五大市场要素,而且进一步细化了数据市场化配置体制机制改革方向。（2）我国跨境数据流动治理框架持续完善。目前,我国有关跨境数据流动及"数据出境"的法规标准已达 5 部。以《中华人民共和国网络安全法》《个人信息和重要数据出境安全评估办法（征求意见稿）》等法律法规为基石,我国跨境数据流动的全局监管框架已经初现端倪（傅鹏,

---

① 阿里研究院. 重磅发布:全球数据跨境流动政策与中国战略研究报告 [EB/OL]. (2019 - 09 - 19) [2021 - 03 - 03]. https：//www.sohu.com/a/342053712_384789.
② NGK 区块链. 数据跨境流动的价值与意义 [EB/OL]. (2020 - 12 - 02) [2021 - 03 - 03]. https：//www.sohu.com/a/435778241_120852576.
③ NGK 区块链. 数据跨境流动的价值与意义 [EB/OL]. (2020 - 12 - 02) [2021 - 03 - 03]. https：//www.sohu.com/a/435778241_120852576.

2017）。（3）中国与"一带一路"沿线国家在"数字丝绸之路"建设方面取得了阶段性成果（刘宏松和程海烨，2020）。中国已与16个国家签署了关于加强"数字丝绸之路"建设合作的谅解备忘录，与19个国家签署了双边电子商务合作谅解备忘录。

然而，与我国数字经济和数字贸易高速发展的态势相比，跨境数据流动国际合作机制相对滞后，且与主要国家跨境数据流动政策及国际规制相比，仍面临不少挑战，主要表现在四个方面（张茉楠，2020）。

（1）与现行国际规则不兼容。在跨境数据流动属性方面，我国主要基于"属地原则"。"数据本地化"政策不仅难以支持WTO声明中"谋求禁止数据本地化"的主张和立场，还导致目前我国难以参与发达国家主导的双边/多边合作框架，如欧盟主导的《通用数据保护条例》（GDPR）、美国主导的亚太经济合作组织（APEC）的"跨境隐私保护规则"（CBPR），以及强调跨境数据自由流动的新一轮贸易协定，如《全面与进步跨太平洋伙伴关系协定》（CPTPP）、《美墨加协定》USMCA等，与其规则相悖。

（2）监管制度灵活性不够。当前《个人信息出境安全评估办法（征求意见稿）》在个人信息出境安全评估方面，摒弃了原有的"自评估+监管机构评估"的双轨路线，改而采用监管部门的全面审批机制。尽管这有利于保障跨境传输中的数据安全、推动数据的有效治理，但在一定程度上也加大了企业运营成本与市场监管成本。

（3）数据保护尚未形成广泛共识。虽然我国近年来不断加强数据领域的治理与监管，但数据治理能力仍存在不足。各类组织违规收集用户数据、缺乏必要的数据安全防护措施、滥用甚至贩卖用户数据等事件屡见不鲜。在跨境数据传输方面，由于跨境传输不仅牵涉不同的权利主体，还牵涉不同传输环节中的不同监管主体、不同法律管辖，因此，数据保护理念滞后所产生的监管框架漏洞将面临较大的安全风险。

（4）跨境数据治理的国际规制缺失。相较于美欧地区国家推进的数据战略和顶层设计，作为数据大国，中国目前并无一套清晰的跨境数据规制和国际战略，这可能使"数据垄断"与"数据孤岛"情况加剧，削弱数字治理的国际规则主导权。

4. 自由贸易试验区跨境数据流动未来探索方向

自由贸易试验区应积极探索建立一个开放、透明且可操作的跨境数据流动监管体系。通过在特定区域建立数据跨境流动自由区，吸引涉及数据跨境业务的一批企业入驻，从技术和政策等方面完善跨境数据流动的解决方案，推动建设全球数据港，通过探索监管经验，实现开放水平与监管能力的匹配，稳步实现我国其他地区城市的跨境数据流动水平的提升。[①] 跨境数据流动可从以下四个方向进行探索。

（1）跨境数据流动分级分类管理。对政府和公共部门、企业及个人数据进行分级分类，不同类别的数据采用不同等级的开放和管理措施。例如，对金融、石油、电力、水利等涉及国家机密、关系国计民生的政府数据，采取最为严厉的跨境数据流动管理措施。对一般性政府及行业数据，可采取有条件的限制性跨境流动管理，如审查许可、登记备案等措施。对其他普通的企业数据和个人数据等可采较为宽松的管理措施，放开跨境数据流动，充分发挥其对经济贸易活动的正面影响（王孝钰，2018）。

（2）跨境数据流动合同或协议管理。一是跨境数据流动格式合同管理。由政府相关部门制定跨境数据流动的标准格式合同，明确数据转移各方的安全保护责任，建立对跨境数据流动合同的监督机制。二是跨境数据流动安全协议控制。外资企业提供服务更有可能带来数据的跨境流动。在立法尚不完善的情况下，借鉴国外安全审查机制及签订安全协议的方式，通过协议对外资的数据安全管理人员、数据存储地址、数据处理方式、服务的范围等内容提出特殊要求，实现对外资企业的跨境数据流动管理。同时，加紧研究跨境提供服务模式的监管制度，通过对服务资质进行限制，对数据跨境流动提出要求，建立对跨境提供服务的事前、事中、事后的全生命周期管理，保护数据安全。[②]

（3）跨境数据流动安全风险评估。对涉及政府、重要行业的数据跨境转移，要建立事前和事中的安全风险评估机制。建立政府和公共部门数据处理服务商的安全认证制度，安全风险较高的数据只能由符合资质的服务商处理。

（4）探索跨境数据流动管辖与信任体系。学习借鉴美国等发达国家数据出境的"长臂管辖"，我国可以积极效仿并依据具体场景适当延长

---

① 阿里研究院. 重磅发布：全球数据跨境流动政策与中国战略研究报告［EB/OL］. (2019-09-19)［2021-03-05］. https://www.sohu.com/a/342053712_384789.

② 石月. 国外跨境数据流动管理制度及对我国的启示［EB/OL］. (2017-04-21)［2021-03-05］. https://www.sohu.com/a/135449123_468622.

"长臂管辖"的适用范围,制定出台重要数据出境的管理框架,为重要数据的保护、管理、利用完善政策环境。此外,可以借鉴欧盟模式,考虑建立"白名单制度",对相关国家实施个人信息保护及跨境数据流动的对等措施。将部分地区纳入可自由流动的国家与地区,构建数据跨境流动的信任体系(张茉楠,2020)。着力推进"一带一路"合作框架下的数据流通的协议和标准,促进数字互联互通,构建数字空间命运共同体。①

三、自然人流动

自然人流动(Movement of Natural Persons)是指一成员的自然人(服务提供者)到任何其他成员境内提供服务,以获取报酬。其特点是服务提供者在外国境内向在该成员境内的服务消费者提供服务,例如,专家教授到国外讲学、做技术咨询指导,文化艺术从业者到国外提供文化、娱乐服务等。②

自新中国成立一直到改革开放,我国对于自然人跨国流动尤其是外国自然人来华采取严格管理和限制流动为主的管理措施,对来华外国自然人的待遇、迁居和活动等进行全方位管控。自改革开放以来,我国开始放宽自然人流动的限制,相继参加了一些国际条约,并相应地制定、修改、出台了一系列法律、法规、政策、办法等。从《中华人民共和国宪法》赋予了外国人在我国相应的法律地位,到《中华人民共和国出境入境管理法》规定了外国自然人入境、居留和出境的具体条件和程序,再到《外国人在中国就业管理规定》《在中国境内就业的外国人参加社会保险暂行办法》等法律法规政策性文件,关于外国自然人在我国就业、保险尤其是高层次外国人才的待遇等更为具体和详尽的可操作性规范突出体现了自改革开放以来我国在引进外国高层次人才和促进自然人跨国流动等方面更加自信、更加规范(苏志明,2020)。从 2013 年开始,我国陆续建立自由贸易试验区。自由贸易试验区在自然人流动方面进行了大胆尝试和改革。上海、广东、福建、江苏、浙江、广西等自由贸易试验区都出台了相关的政策吸引高端人才尤其是外国人才,便利自然人流动。未来自由贸易

---

① 魏贝,周振松,秦雨. 美欧中数据跨境流动研究[EB/OL]. (2020-11-03)[2021-03-06]. https://zhuanlan.zhihu.com/p/272724046.
② 中国服务贸易指南网. 自然人流动[EB/OL]. (2019-09-02)[2021-03-06]. http://tradeinservices.mofcom.gov.cn/article/zhishi/jichuzs/201909/89346.html.

试验区还需要在以下六个方面进行探索。

1. 加大人才引进

分类研究制定自由贸易试验区高层次人才的评价认定标准。根据人才的重要程度和紧缺程度制定人才分类体系，探索制定分层分类人才吸引政策，吸引外国高端人才、专业人才以及国内重点高校的国际学生或者境外知名高校的外籍学生。试点开展外籍人才配额管理制度，探索推荐制人才引进模式。

2. 优化人才服务

优化人才全流程服务体系。根据不同层次人才，研究在自由贸易试验区工作和创业的外籍及港澳台人才办理就业许可、签证及居留许可的条件和便利措施。优化外国人来华工作许可、居留许可审批流程。采取"线上+线下"模式，建立全链条一站式服务窗口和服务站点，办理外国工作许可和居留许可申请。对境外人才发生的医疗费用，开展区内医院与国际保险实时结算试点。探索优化非标准就业形式下的劳动保障服务。①

3. 创新人才评价体系

探索建立过往资历认可机制，允许具有境外职业资格的金融、建筑设计、规划等领域符合条件的专业人才经备案后，依规办理工作居留证件，并在区内提供服务，其境外从业经历可视同境内从业经历。

探索建立自由贸易领域高端人才和紧缺人才职称评审绿色通道，使符合条件的人才不受现行职称评审标准关于资历、学历、年限、论文、课题等的限定，按规定直接申报高级专业技术职称。

实行更加简便高效的引进高层次人才评价认定办法。以用人主体认可、业内认同和业绩薪酬为导向，建立资格条件制、推荐制、积分制等人才评价机制。

4. 强化人才激励

根据各类人才的实际需求，综合采取人才限价房、人才公寓、购房补

---

① 国务院. 国务院关于印发北京、湖南、安徽自由贸易试验区总体方案及浙江自由贸易试验区扩展区域方案的通知［EB/OL］.（2020－09－21）［2021－03－07］. http：//www.gov.cn/zhengce/content/2020－09/21/content_5544926.htm.

贴、租房补贴等各种办法，多渠道多形式提供住房保障。① 对在自由贸易试验区内工作的高端人才、紧缺急需人才给予税收优惠。

提供子女入（转）学、医保社保、配偶安置、交通便利等方面支持。开展外国高端人才服务"一卡通"试点工作，建立安居保障、子女入学和医疗保健服务通道。

5. 建设人才发展环境

制定宽松灵活的出入境政策，实行自由、开放和便捷的出入境制度，简化人员出入自由贸易试验区手续，实现人员出入境简便，能够自由流动。② 探索建立与国际接轨的全球人才招聘制度和吸引外国高技术人才的管理制度。

6. 推动自然人跨境执业

允许取得国际专业资质或具有特定国家和地区职业资格的金融、规划、航运等领域专业人才经备案后提供服务，其境外从业经历可视同国内从业经历（有行业特殊要求的除外）。探索放宽港澳专业人才执业资质，推行"一试三证"评价模式，即一次考试可获得国家职业资格认证、港澳认证、国际认证，在港澳从业经历可视同内地从业经历。③

第四节
促进科技创新

党的十九届五中全会强调："坚持创新在我国现代化建设全局中的核心地位，把科技自立自强作为国家发展的战略支撑"。面向未来，自由贸

---

① 福建省委人才工作领导小组. 关于加强中国（福建）自由贸易试验区人才工作的十四条措施［EB/OL］.（2018－03－30）［2021－03－07］. http：//www.fvti.cn/rcyjzl/2018/0330/c2553a119720/page.htm.

② 张远鹏,于诚. 自贸试验区背景下长三角打造高水平对外开放先行区对策研究［EB/OL］.（2019－12－06）［2021－03－07］. https：//www.sohu.com/a/358740413_701468.

③ 上海市人民政府. 上海市人民政府关于印发《上海市全面深化服务贸易创新发展试点实施方案》的通知［EB/OL］.（2020－11－05）［2021－03－08］. http：//www.shanghai.gov.cn/nw12344/20201113/7093dba035ac4aff9503f649d47c3306.html.

易试验区发展应更加注重探索科技创新内涵式发展道路，做科技创新的"领头羊"和"急先锋"，在科技体制改革和激发人才创新活力方面起到示范性作用。①

一、推动创新资源集聚

科技创新要素不仅包括劳动、资本、土地、技术及数据等实体要素，还包括企业创新精神等虚拟要素。增加企业的核心竞争力必须要有创新能力的支撑，而科技创新要素是开展创新活动的基本立足点，是打通产学研、创新链、产业链、价值链的基本保障，更是提升科技创新体系化能力的基本途径。一方面，只有有效整合劳动、资本、土地、技术及数据等科技创新资源，让要素活力竞相迸发，才能提高科技创新支撑能力，稳定支持基础研究和应用基础研究；另一方面，企业也要根据市场需求及变化，及时整合企业自身的技术、团队、财力和硬件等要素，借力和整合社会创新要素资源和产业资源，提高企业创新活力，拓展发展空间。② 自由贸易试验区应积极探索集聚更多国内外资源要素的体制机制，促进人才要素、资本要素、技术要素、数据要素等重要资源集聚，加强国际交流合作，聚焦基础研究和原始创新，打造科技创新策源地，为高水平发展特别是创新发展提供动力。③

围绕创新链、产业链加快形成多层次创新人才梯队。自由贸易试验区应注重培养和引进一批世界级科学家和领军人才，发现和培养一批创新思维活跃、敢闯"无人区"的青年人才、专业人才和顶尖人才。加快营造崇尚创新、潜心钻研、包容失败的创新文化氛围，弘扬科学精神和工匠精神，加强国际学术交流与合作，营造有利于激发创新人才乐于创新的生态

---

① 北京市习近平新时代中国特色社会主义思想研究中心. 高水平建设自由贸易试验区的现实路径 [EB/OL]. (2020 – 12 – 31) [2021 – 03 – 09]. https://baijiahao.baidu.com/s?id = 1687544888906689415&wfr = spider&for = pc.
② 任晓刚, 方力. 全力提升科技创新要素整合力 [EB/OL]. (2020 – 10 – 02) [2021 – 03 – 09]. https://baijiahao.baidu.com/s?id = 1679391869524594342&wfr = spider&for = pc.
③ 马嘉璐. 自贸试验区如何促改革？已有 260 项制度创新成果向全国推广 [EB/OL]. (2021 – 02 – 24) [2021 – 03 – 09]. https://www.163.com/dy/article/G3KABSEB05129QAF.html.

系统。①

创新资源集聚离不开高水平的科技服务。自由贸易试验区利用政策优势，积极吸引国际知名研发机构及科技服务机构落地，加速国际知名科技服务机构聚集。围绕检验检测、创业孵化、科技咨询、知识产权等产业发展急需领域，引进一批国际知名科技服务机构。通过无偿资助、业务奖励和补助等多种方式支持众创空间、创业基地发展，引导科技企业孵化器向专业化、市场化、国际化方向发展。

二、打造科技创新平台

紧抓新技术、新产业、新业态不断涌现的历史机遇，在集成电路、高端装备、智能制造等领域，加速创新要素的跨境自由流动，增强基础创新能力和市场化水平，大力提升中国制造在全球价值链中的能级。顺应智能制造与数字服务融合趋势，积极发展数字经济，培育一批基于互联网的人工智能、云计算、大数据、5G通信、区块链等的创新平台。

培育和建设世界一流的新型研发机构。围绕量子科学、应用数学、人工智能、脑科学、生物医学与人类健康等领域，加快建设发展一批与国际接轨的新型研发机构，以放权赋能、松绑除障为重点，对引进的战略科技人才及其团队在研究路线决定权、团队组建自主权、职称评价、出国（境）学术交流等方面充分赋权，鼓励新型研发机构与高校联合招收博士研究生。

构建多元主体参与的创新平台。围绕大企业需求建立创新平台，一方面可以帮助大企业整合资源，满足大企业需求，同时能够为其他企业指明方向，快速找到市场。另一方面，大企业资金实力雄厚，能够帮助创新平台建立良性的盈利模式。鼓励研发机构、高校参与创新平台，它们不仅是最新的技术成果的产生者，还能够提供试验设施和研发服务（李广宇等，2017）。

三、促进科研成果转化

创新科技成果转化体制机制。持续推进赋予职务科技成果所有权或长

---

① 北京市科委科文处. 加快科技创新推动国家服务业扩大开放综合示范区和中国（北京）自由贸易试验区建设的工作方案［EB/OL］.（2021 - 01 - 08）［2021 - 03 - 09］. http：//kw. beijing. gov. cn/art/2021/1/8/art_736_576510. html.

期使用权改革试点,推动高校院所开展成果评价、收益分配等改革。建立对自由贸易试验区内高校院所、医疗卫生机构和国有企业的考核评价制度,将科技成果转化情况列入考核范围。支持自由贸易试验区内高校院所和高水平医疗卫生机构委托国有资产管理公司,代表单位统一开展科技成果转化活动。

加快建设技术转移服务体系。支持高校院所强化内部技术转移机构建设,探索建设技术许可办公室,开展成果筛选、中试熟化,引入专业化服务。支持高校院所建立职务科技成果披露制度,规范科技成果转化内部流程,开展科技成果评估、市场价值预测、专利申请保护等工作,从科技成果转化净收入中提取适当比例用于内部技术转移机构建设及人员奖励。①

四、推动合作创新

要坚持围绕产业链完善创新链,以企业为主体,强化与高校、科研院所、创新创业平台、科创投资机构等合作,打造创新联合体、新型研发机构,② 加强技术市场融通合作,设立联合研发计划,推进协同创新共同体建设。

大力推进产业跨境创新。推动领军企业和科研机构"出海"创新,通过设立跨界研发中心、全球孵化基地、海外创业联络服务站等载体,引导企业和科研机构在海外就地吸纳科研精英,进一步提升创新国际化水平。进一步引进跨国公司区域研发中心、国际知名孵化器、创新创业团队和知名科学家,集合全球之智。支持国有企业、民营企业等多种所有制市场主体以共建合作园、互设分基地、成立联合创投基金等多种方式,深化国际化创新创业合作。③

---

① 北京市科委科文处. 加快科技创新推动国家服务业扩大开放综合示范区和中国(北京)自由贸易试验区建设的工作方案 [EB/OL]. (2021 - 01 - 08) [2021 - 03 - 09]. http://kw.beijing.gov.cn/art/2021/1/8/art_736_576510.html.

② 张昕. 徐立毅在科技创新人才座谈会上强调 以人才为核心集聚创新要素 以科技创新为驱动促进高质量发展 [EB/OL]. (2020 - 11 - 30) [2021 - 03 - 10]. https://www.sohu.com/a/435419575_120575855.

③ 张远鹏,于诚. 自贸试验区背景下长三角打造高水平对外开放先行区对策研究 [EB/OL]. (2019 - 12 - 06) [2021 - 03 - 10]. https://www.sohu.com/a/358740413_701468.

五、加强知识产权保护

知识产权是指权利人对其智力劳动所创作的成果和经营活动中的标记、信誉所依法享有的专有权利。随着全球经济一体化的推进和数字经济的发展，各国普遍重视知识产权保护，主要原因有四个：一是保护权利人在科技和文化领域的智力成果关乎社会的创造力；二是能够为企业带来巨大的经济效益，增强经济实力；三是能促使品牌建设和品牌影响力的提升；四是有利于促进对外贸易，引进外商和外资投资。① 自由贸易试验区作为我国对外开放的"窗口"，势必要在知识产权创造、运用、保护、管理、服务水平上保持国际水准，这就需要自由贸易试验区积极开展知识产权综合管理改革试点。

自由贸易试验区开展知识产权综合管理改革试点，目的就是打通知识产权工作全链条，破解知识产权管理体制机制不完善、保护不够严格、服务能力不强、对创新驱动发展战略缺乏强有力的支撑等突出问题。知识产权综合管理改革试点这一前瞻性部署有利于提升自由贸易试验区对外开放水平，提供可复制可推广的改革发展经验。② 具体而言，自由贸易试验区未来可以在以下四个方面进行探索。

（1）紧扣创新发展需求，发挥专利、商标、版权等知识产权的引领作用，打通知识产权创造、运用、保护、管理、服务全链条，建立高效的知识产权综合管理体制，构建便民利民的知识产权公共服务体系，探索支撑创新发展的知识产权运行机制，推动形成权界清晰、分工合理、责权一致、运转高效、法制保障的体制机制。（2）探索建立自由贸易试验区跨部门知识产权执法协作机制，完善纠纷调解、援助、仲裁工作机制。探索建立自由贸易试验区重点产业专利导航制度和重点产业快速协同保护机制③。（3）加强知识产权管理、保护、运用，建立与国际接轨的知识产权机制。探索建立公允的知识产权评估机制，完善知识产权质押登记制度、

---

① 刘月好. 知识产权保护的重要性 [EB/OL]. (2020-06-28) [2021-03-10]. https://baijiahao.baidu.com/s?id=1670729142775178466&wfr=spider&for=pc.
② 王宇. 国务院在新设7个自贸试验区开展知识产权综合管理改革试点 [EB/OL]. (2017-04-14) [2021-03-10]. https://scjg.rednet.cn/c/2017/04/14/4266112.htm.
③ 王宇. 国务院在新设7个自贸试验区开展知识产权综合管理改革试点 [EB/OL]. (2017-04-14) [2021-03-10]. https://scjg.rednet.cn/c/2017/04/14/4266112.htm.

知识产权质押融资风险分担机制以及质物处置机制。(4)设立知识产权交易中心,审慎规范探索开展知识产权证券化。开展外国专利代理机构设立常驻代表机构试点工作。探索国际数字产品专利、版权、商业秘密等知识产权保护制度建设。①

第五节
发展优势产业

中国自由贸易试验区正在通过各种方式加速产业链发展,维护产业链、供应链安全,并在某些领域形成了具有国际竞争力的产业体系。《中国自由贸易试验区发展报告2020》称,一些自由贸易试验区立足核心产业,鼓励大型龙头企业向上下游拓展业务范围,或积极吸引上下游配套产业环节投资,逐步延伸构建起完整的产业链条。截至2019年,一些自由贸易试验区通过全产业链布局的方式促进产业发展,已经取得了较大成效,在某些领域形成了具有国际竞争力的产业体系。例如,天津自由贸易试验区承接空客A320、A330飞机总装线,成为欧洲之外最大的空中客车生产基地。②

从国内看,我国经济已转向高质量发展的新阶段,明确提出在"十四五"时期,我国经济发展以推动高质量发展为主题、以深化供给侧结构性改革为主线。而供给侧结构性改革的核心要义就是要发展现代产业体系,推动经济体系优化升级,提升产业核心竞争力,实现质量效益明显提升。从国际看,全球产业链、供应链正面临深刻重塑。同时,欧美等地区的发达国家持续重视并继续寻求扩大制造业优势,国际竞争加剧。中国积极发展现代产业体系,推动经济体系优化升级,可以使中国尽快在新一轮

---

① 陈琳. 北京自贸试验区突出科技创新,要用好人才与资本两个要素 [EB/OL]. (2020 - 09 - 24) [2021 - 03 - 11]. https://baijiahao.baidu.com/s?id = 1678705933423995194&wfr = spider&for = pc.

② 李晓喻. 报告:中国自贸试验区在某些领域已形成具有国际竞争力的产业体系 [EB/OL]. (2020 - 12 - 14) [2021 - 03 - 12]. https:// baijiahao.baidu.com/s?id = 1686042846099139732&wfr = spider&for = pc.

世界格局变化中把握机遇迎接挑战,向产业链上游移动,打造新的"比较优势"。① 根据《中华人民共和国国民经济和社会发展第十四个五年规划和2035年远景目标纲要》,自由贸易试验区应该在制造业、战略性新兴产业、服务业方面积极探索,发展优势产业。

一、深入实施制造强国战略

坚持自主可控、安全高效,推进产业基础高级化、产业链现代化,保持制造业比重基本稳定,增强制造业竞争优势,推动制造业高质量发展。

1. 加强产业基础能力建设

实施产业基础再造工程,加快补齐基础零部件及元器件、基础软件、基础材料、基础工艺和产业技术基础等瓶颈短板。依托行业龙头企业,加大重要产品和关键核心技术攻关力度,加快工程化、产业化突破。实施重大技术装备攻关工程,完善激励和风险补偿机制,推动首台(套)装备、首批次材料、首版次软件示范应用。健全产业基础支撑体系,在重点领域布局一批国家制造业创新中心,完善国家质量基础设施,建设生产应用示范平台和标准计量、认证认可、检验检测、试验验证等产业技术基础公共服务平台,完善技术、工艺等工业基础数据库。

2. 提升产业链、供应链现代化水平

坚持经济性和安全性相结合,补齐短板、锻造长板,分行业做好供应链战略设计和精准施策,形成具有更强创新力、更高附加值、更安全可靠的产业链供应链。推进制造业补链强链,强化资源、技术、装备支撑,加强国际产业安全合作,推动产业链供应链多元化。立足产业规模优势、配套优势和部分领域先发优势,巩固提升高铁、电力装备、新能源、船舶等领域全产业链竞争力,从符合未来产业变革方向的整机产品入手打造战略性、全局性产业链。优化区域产业链布局,引导产业链关键环节留在国内,强化中西部地区和东北地区承接产业转移能力建设。实施应急产品生产能力储备工程,建设区域性应急物资生产保障基地。实施领航企业培育工程,培育一批具有生态主导力和核心竞争力的龙头企业。推动中小企业提升专业化优势,培育专精特新"小巨人"企业和制造业单项冠军企业。

---

① 张莫,郭倩,汪子旭."十四五"将加速构筑现代产业体系[EB/OL]. (2020 - 11 - 03) [2021 - 03 - 12]. https://baijiahao.baidu.com/s?id = 1682293041077993202&wfr = spider&for = pc.

加强技术经济安全评估，实施产业竞争力调查和评价工程。

3. 推动制造业优化升级

深入实施智能制造和绿色制造工程，发展服务型制造新模式，推动制造业高端化、智能化、绿色化。培育先进制造业集群，推动集成电路、航空航天、船舶与海洋工程装备、机器人、先进轨道交通装备、先进电力装备、工程机械、高端数控机床、医药及医疗设备等产业创新发展。改造提升传统产业，推动石化、钢铁、有色、建材等原材料产业布局优化和结构调整，扩大轻工、纺织等优质产品供给，加快化工、造纸等重点行业企业改造升级，完善绿色制造体系。深入实施增强制造业核心竞争力和技术改造专项，鼓励企业应用先进适用技术、加强设备更新和新产品规模化应用。建设智能制造示范工厂，完善智能制造标准体系。深入实施质量提升行动，推动制造业产品"增品种、提品质、创品牌"。

二、发展壮大战略性新兴产业

战略性新兴产业是以重大技术突破和重大发展需求为基础，对经济社会全局和长远发展具有重大引领带动作用，知识技术密集、物质资源消耗少、成长潜力大、综合效益好的产业，包括：新一代信息技术产业、高端装备制造产业、新材料产业、生物产业、新能源汽车产业、新能源产业、节能环保产业、数字创意产业、相关服务业等九大领域。

1. 构筑产业体系新支柱

聚焦新一代信息技术、生物技术、新能源、新材料、高端装备、新能源汽车、绿色环保以及航空航天、海洋装备等战略性新兴产业，加快关键核心技术创新应用，增强要素保障能力，培育壮大产业发展新动能。推动生物技术和信息技术融合创新，加快发展生物医药、生物育种、生物材料、生物能源等产业，做大做强生物经济。深入推进国家战略性新兴产业集群发展工程，健全产业集群组织管理和专业化推进机制，建设创新和公共服务综合体，构建一批各具特色、优势互补、结构合理的战略性新兴产业增长引擎。鼓励技术创新和企业兼并重组，防止低水平重复建设。发挥产业投资基金引导作用，加大融资担保和风险补偿力度。

2. 前瞻谋划未来产业

在类脑智能、量子信息、基因技术、未来网络、深海空天开发、氢能与储能等前沿科技和产业变革领域，组织实施未来产业孵化与加速计划，谋划布局一批未来产业。在科教资源优势突出、产业基础雄厚的地区，布局一批国家未来产业技术研究院，加强前沿技术多路径探索、交叉融合和颠覆性技术供给。实施产业跨界融合示范工程，打造未来技术应用场景，加速形成若干未来产业。

三、促进服务业繁荣发展

聚焦产业转型升级和居民消费升级需要，扩大服务业有效供给，提高服务效率和服务品质，构建优质高效、结构优化、竞争力强的服务产业新体系。

1. 推动生产性服务业融合化发展

以服务制造业高质量发展为导向，推动生产性服务业向专业化和价值链高端延伸。聚焦提高产业创新力，加快发展研发设计、工业设计、商务咨询、检验检测认证等服务。聚焦提高要素配置效率，推动供应链金融、信息数据、人力资源等服务创新发展。聚焦增强全产业链优势，提高现代物流、采购分销、生产控制、运营管理、售后服务等发展水平。推动现代服务业与先进制造业、现代农业深度融合，深化业务关联、链条延伸、技术渗透，支持智能制造系统解决方案、流程再造等新型专业化服务机构发展。培育具有国际竞争力的服务企业。

2. 加快生活性服务业品质化发展

以提升便利度和改善服务体验为导向，推动生活性服务业向高品质和多样化升级。加快发展健康、养老、托育、文化、旅游、体育、物业等服务业，加强公益性、基础性服务业供给，扩大覆盖全生命期的各类服务供给。持续推动家政服务业提质扩容，与智慧社区、养老托育等融合发展。鼓励商贸流通业态与模式创新，推进数字化智能化改造和跨界融合，线上线下全渠道满足消费需求。加快完善养老、家政等服务标准，健全生活性服务业认证认可制度，推动生活性服务业诚信化、职业化发展。

四、各自由贸易试验区重点发展产业

由于各自由贸易试验区在资源禀赋、区位优势、产业优势等方面存在差异，因此在未来产业发展方面各有侧重，具体如表7-1所示。

表 7-1 各自由贸易试验区及重点发展产业

序号	自由贸易试验区	重点发展产业
1	上海自由贸易试验区	发展总部经济、航运金融、高端服务业；发展集成电路、人工智能、生物医药、民用航空、智能新能源汽车、高端装备制造、绿色再制造等前沿产业，以及发展以新型国际贸易、跨境金融服务、现代航运服务、信息服务、专业服务为代表的高能级服务业
2	广东自由贸易试验区	发展航运物流、特色金融、国际商贸、高端制造等产业；发展金融、现代物流、信息服务、科技服务等战略性新兴服务业；发展旅游休闲健康、商务金融服务、文化科教和高新技术等产业
3	天津自由贸易试验区	发展航运物流、国际贸易、融资租赁等现代服务业；发展航空航天、装备制造、新一代信息技术等高端制造业和研发设计、航空物流等生产性服务业；发展以金融创新为主的现代服务业
4	福建自由贸易试验区	发展两岸新兴产业和现代服务业；发展两岸区域性金融服务和两岸贸易；发展先进制造业
5	辽宁自由贸易试验区	发展港航物流、金融商贸、先进装备制造、高新技术、循环经济、航运服务等产业；发展装备制造、汽车及零部件、航空装备等先进制造业和金融、科技、物流等现代服务业；发展商贸物流、跨境电商、金融等现代服务业和新一代信息技术、高端装备制造等战略性新兴产业
6	浙江自由贸易试验区	发展油品等大宗商品贸易、保税燃料油供应、石油石化产业配套装备保税物流、仓储、制造等产业；发展航空制造、零部件物流、研发设计及相关配套产业，发展水产品贸易、海洋旅游、海水利用、现代商贸、金融服务、航运、信息咨询、高新技术等产业；发展油气资源、智能制造；发展新一代人工智能创新、金融科技创新、跨境电商、数字经济；发展小商品贸易、数字贸易、物流
7	河南自由贸易试验区	发展智能终端、高端装备及汽车制造、生物医药等先进制造业以及现代物流、国际商贸、跨境电商、现代金融服务、服务外包、创意设计、商务会展、动漫游戏等现代服务业；发展医疗旅游、文化传媒、文化金融、艺术品交易等服务业；发展装备制造、机器人、新材料等高端制造业以及研发设计、电子商务、国际文化旅游、文化创意、文化贸易、文化展示等现代服务业

续表

序号	自由贸易试验区	重点发展产业
8	湖北自由贸易试验区	发展新一代信息技术、生命健康、智能制造等战略性新兴产业和国际商贸、金融服务、现代物流、检验检测、研发设计、信息服务、专业服务等现代服务业；发展高端装备制造、新能源汽车、大数据、云计算、商贸物流、检验检测等产业；发展先进制造、生物医药、电子信息、新材料等高新产业及研发设计、总部经济、电子商务等现代服务业
9	重庆自由贸易试验区	发展高端装备、电子核心部件、云计算、生物医药等新兴产业及总部贸易、服务贸易、电子商务、展示交易、仓储分拨、专业服务、融资租赁、研发设计等现代服务业；发展电子信息、智能装备等制造业及保税物流中转分拨等生产性服务业；发展国际中转、集拼分拨等服务业，探索先进制造业创新发展
10	四川自由贸易试验区	发展现代服务业、高端制造业、高新技术、临空经济、口岸服务等产业；发展国际商品集散转运、分拨展示、保税物流仓储、国际货代、整车进口、特色金融等口岸服务业和信息服务、科技服务、会展服务等现代服务业；发展航运物流、港口贸易、教育医疗等现代服务业，以及装备制造、现代医药、食品饮料等先进制造和特色优势产业
11	陕西自由贸易试验区	发展战略性新兴产业和高新技术产业，着力发展高端制造、航空物流、贸易金融等产业；发展国际贸易、现代物流、金融服务、旅游会展、电子商务等产业；发展现代农业
12	海南自由贸易港	发展旅游业、现代服务业、高新技术产业
13	山东自由贸易试验区	发展人工智能、产业金融、医疗康养、文化产业、信息技术等产业；发展现代海洋、国际贸易、航运物流、现代金融、先进制造等产业；发展高端装备制造、新材料、新一代信息技术、节能环保、生物医药和生产性服务业
14	江苏自由贸易试验区	发展现代产业、高科技产业
15	广西自由贸易试验区	发展现代金融、智慧物流、数字经济、文化传媒等现代服务业，大力发展新兴制造产业；发展港航物流、国际贸易、绿色化工、新能源汽车关键零部件、电子信息、生物医药等产业；发展跨境贸易、跨境物流、跨境金融、跨境旅游和跨境劳务合作

续表

序号	自由贸易试验区	重点发展产业
16	河北自由贸易试验区	发展新一代信息技术、现代生命科学和生物技术、高端现代服务业等产业；发展临空产业、生物医药、国际物流、高端装备制造等产业；发展国际大宗商品贸易、港航服务、能源储配、高端装备制造等产业；发展航空物流、航空科技、融资租赁等产业
17	云南自由贸易试验区	发展高端制造、航空物流、数字经济、总部经济等产业；发展加工及贸易、大健康服务、跨境旅游等产业；发展跨境电商、跨境产能合作、跨境金融等产业
18	黑龙江自由贸易试验区	发展新一代信息技术、新材料、高端装备、生物医药等战略性新兴产业，以及科技、金融、文化旅游等现代服务业和寒地冰雪经济；发展跨境能源资源综合加工利用、绿色食品、商贸物流、旅游、健康、沿边金融等产业；发展木材、粮食、清洁能源等进口加工业和商贸金融、现代物流等服务业
19	北京自由贸易试验区	发展新一代信息技术、生物与健康、科技服务等产业；发展数字贸易、文化贸易、商务会展、医疗健康、国际寄递物流、跨境金融等产业；发展商务服务、国际金融、文化创意、生物技术和大健康等产业
20	湖南自由贸易试验区	发展高端装备制造、新一代信息技术、生物医药、电子商务、农业科技等产业；发展航运物流、电子商务、新一代信息技术等产业；发展有色金属加工、现代物流等产业
21	安徽自由贸易试验区	发展高端制造、集成电路、人工智能、新型显示、量子信息、科技金融、跨境电商等产业；发展智能网联汽车、智慧家电、航空、机器人、航运服务、跨境电商等产业；发展硅基新材料、生物基新材料、新能源等产业

第六节
完善监管体系

"放管服"改革的持续推进对监管提出了更高要求。监管包括事前、事中、事后监管。由于事前监管具有局限性，不利于提升市场活力，因此，自由贸易试验区应该注重从事前监管向事中事后监管的转变，探索构建权责明确、公平公正、公开透明、简约高效的事中事后监管体系。

一、完善监管体系的思路

自由贸易试验区在探索完善监管体系方面应着力实现四个转变。①

1. 监管理念由单纯依靠政府转向多元主体协商共治

当前，执法理念应从传统重处罚、强管制加快转向以教育为先、服务为重。在此基础上，进一步转变现有的政府集中型监管执法模式。按照党的十八大提出的发挥市场在资源配置中决定性作用的要求，体现"自由+秩序"，实行政府主导和市场化、社会化参与相结合的监管执法模式。从政府"单一"主体转变为"多元参与"，通过政府服务外包、下放行政审批事项、转移部分政府管理性职能或事务等方法，吸引专业化、专家型的行业协会、社会组织、新闻媒体等第三方力量参与运行、监督、评估等工作，建立以行业自律、新闻监督、群众参与为主要内容的综合监管体系，形成社会业界参与的协商共治机制。同时，依托执法诚信体系建设，激励提升企业自我监管能力，推进人性化执法。

2. 监管模式从条线"单打独斗"转向部门协同联动

按照协同监管和精简高效的原则，逐步转变条线管理模式下的多头管理、信息沟通闭塞状况，促进监管与服务相结合，以更好地为企业服务为目标，加强海关、检验检疫、海事、出入境边检、市场监管、税务等部门密切协作。从各个执法条线单打独斗转向部门间联勤联动、协同执法。实现监管执法信息共享共通、业务并联并审，为区内外企业提供"一站式"服务，进一步提高综合监管执法的水平和效率。

3. 执法方式从运动式突击转向注重长效化制度管理

传统的监管执法方式主要通过各种专项整治行动进行突击式、运动式的管理，忽视基础性的、长效性的制度化监管，加上监管执法方法、手段落后以及部门职能边界不清，导致监管成本过高和自由裁量权过大。改革优化监管要结合电子信息数据网络平台建设，完善综合执法制度、规则和

---

① 何卫东. 放管服背景下事中事后监管制度研究 [EB/OL]. (2020-04-22) [2021-03-15]. http://sfj.sh.gov.cn/zwdt_fzyj/20201111/e90470b417064f648febb5b0e99d0b60.html.

法律，整合监管执法资源和工作流程，建立条、块之间的沟通协作机制。构建完整的监管制度和法律体系，实施依法监管，主动接受法律监督和法律制约，实现从"人治"转向"法治"，最高程度地减少了自由裁量权，形成高效能的长效监管机制。逐步转变以往注重后期处罚的被动执法模式，综合运用物联网、移动互联等现代先进技术，进一步扩大监管范围和内容。通过建立"事中事后动态监管+大数据网络平台"为支撑的综合监管执法制度框架，对自由贸易试验区内企业原料采购、生产、销售、投资、流通整个过程，以及土地、规划、环保、水务等监管执法条线的管理情况进行即时的动态监管。建立企业执法异常名录制度，进一步减少监管执法的空白和盲区，从注重后期处罚转向更加注重动态的全过程监管。

4. 监管手段从初步信息化转向智能化与高科技监管

随着信息技术和电子政务的飞速发展，为应对自由贸易试验区内高频次、大流量的商品、资金、信息流，政府执法部门需要适应智能化发展潮流，在实现综合执法初步信息化的基础上，要注重大数据物联网、智能管理等现代化技术手段的综合运用。对政府和市场的管理信息系统进行优化整合，建立能够与现代企业业务流程全面对接的电子化、智能化、智慧化的高科技监管网络体系平台，简化金融、贸易、投资等管理流程，减少操作的时间、费用以及文件数量，进一步提升监管效率，确保各个监管环节的无缝对接和有机整合。

二、创新和完善监管方式

2019年9月6日，国务院印发《关于加强和规范事中事后监管的指导意见》。[①] 2020年9月29日，上海市人民政府印发《关于加强和规范事中事后监管的实施意见》。[②] 此外，山东、江苏、天津、湖北等省（市）也印发了《关于加强和规范事中事后监管的实施意见》。这些文件为自由贸易试验区未来创新和完善监管方式指明了方向，文件内容主要包括以下五个方面。

---

① 国务院. 国务院关于加强和规范事中事后监管的指导意见 [EB/OL]. (2019-09-12) [2021-03-16]. http：//www.gov.cn/zhengce/content/2019-09/12/content_5429462.htm.

② 澎湃新闻. 持续优化营商环境，上海将加强和规范事中事后监管 [EB/OL]. (2020-10-23) [2021-03-16]. https：//baijiahao.baidu.com/s?id=1681309849485356678&wfr=spider&for=pc.

（1）深入推进"互联网+监管"。依托"互联网+监管"系统，推动各部门监管业务系统互联互通，加强监管信息归集共享和应用。推行远程监管、移动监管、预警防控等非现场监管，为开展"双随机、一公开"监管、分类监管、信用监管、联合执法等提供支撑。把"互联网+监管"纳入"一网统管"，统筹建设、协同推进，强化态势感知、智能预判、资源统筹等功能共享应用。利用大数据、物联网、人工智能等新技术，探索动态监测、智能预警、快速处置、跟踪反馈的"互联网+监管"模式。

（2）推进实施信用监管。以统一社会信用代码为标识，依法依规建立权威、统一、可查询的市场主体信用记录。大力推行信用承诺制度，将信用承诺履行情况纳入信用记录。推进信用分级分类监管，依据企业信用情况，在监管方式、抽查比例和频次等方面采取差异化措施。规范认定并设立市场主体信用"黑名单"，建立企业信用与自然人信用挂钩机制，强化跨行业、跨领域、跨部门失信联合惩戒。对失信主体在行业准入、项目审批、获得信贷、发票领用、出口退税、出入境、高消费等方面依法予以限制。建立健全信用修复、异议申诉等机制，在保护涉及公共安全、国家秘密、商业秘密和个人隐私等信息的前提下，依法公开在行政管理中掌握的信用信息，为社会公众提供便捷高效的信用查询服务。

（3）全面实施"双随机、一公开"监管。在市场监管领域全面实行随机抽取检查对象、随机选派执法检查人员、抽查情况及查处结果及时向社会公开，除特殊行业、重点领域外，原则上所有日常涉企行政检查都应通过"双随机、一公开"的方式进行。不断完善"双随机、一公开"监管相关配套制度和工作机制，健全跨部门随机抽查事项清单，将更多事项纳入跨部门联合抽查范围。将随机抽查的比例频次、被抽查概率与抽查对象的信用等级、风险程度挂钩，对有不良信用记录、风险高的要加大抽查力度，对信用较好、风险较低的可适当减少抽查。抽查结果要分别通过企业信用信息公示系统、"互联网+监管"系统等全面进行公示。

（4）对重点领域实行重点监管。对直接涉及公共安全和人民群众生命健康等特殊重点领域，依法依规实行全覆盖的重点监管，强化全过程质量管理，加强安全生产监管执法，严格落实生产、经营、使用、检测、监管等各环节质量和安全责任，守住质量和安全底线。对食品、药品、医疗器械、特种设备等重点产品，建立健全以产品编码管理为手段的追溯体系，形成来源可查、去向可追、责任可究的信息链条。地方各级人民政府可根据区域和行业风险特点，探索建立重点监管清单制度，严格控制重点监管事项数量，规范重点监管程序，并筛选确定重点监管的生产经营单位，实行跟踪监管、直接指导。

（5）落实和完善包容审慎监管。营造创新氛围，为新技术、新产业、新业态、新模式创新发展留下足够空间；注重引导规范，及时纠正企业首次轻微违法行为；坚持底线思维，将主观故意的严重违法违规、影响恶劣的市场主体清除出市场，维护市场正常秩序。加强对新生事物发展规律研究，分类量身定制监管规则和标准，推进线上线下一体化监管，统一执法标准和尺度。探索建立"沙盒"监管机制，实行"观察期"管理，给予市场主体"容错""试错"的空间。审慎行使行政处罚裁量权，拓展轻微违法免罚清单覆盖范围，明确轻微违法违规行为的具体情形，并依法不予行政处罚。

三、构建协同监管格局

（1）明确监管主体职责。推出监管主体的责任清单，避免出现责任悬空现象。应当说，在责任清单问题上，职责非常明确的领域和环节是比较容易区分的，也是不会存在现职不清、责任难以落实的问题的。关键就在于职责的模糊地带、责任的共管区域，往往会出现互相推诿、互相推责的现象。因此，必须界定好监管主体的职责范围和责任界限，让责任能够真正归位，能够非常明确地划归到监管主体的责任清单之中。这就需要政府的有形之手发挥作用，按照监管主体的三定方案，由政府明确监管主体的责任。一旦责任清单确定，就必须严格执行。[1]

（2）强化市场主体责任。建立完善市场主体首负责任制，促使市场主体在安全生产、质量管理、营销宣传、售后服务、诚信纳税等方面加强自我监督、履行法定义务。督促涉及公众健康和安全等的企业建立完善内控和风险防范机制，落实专人负责，强化员工安全教育，加强内部安全检查。规范企业信息披露，进一步加强年报公示，推行"自我声明＋信用管理"模式，推动企业开展标准自我声明和服务质量公开承诺。加快建

---

[1] 谭浩俊."放管服"不是放而不管，而是提升事中事后监管效率［EB/OL］.（2020-01-22）［2021-03-17］. https：//www.sohu.com/a/368388425_569716.

立产品质量安全事故强制报告制度,切实保障公众知情权。

（3）探索行业自治。推动行业协会商会建立健全行业经营自律规范、自律公约和职业道德准则,规范会员行为。支持制定发布行业产品和服务标准,将行业协会商会的意见建议作为制定政策法规、地方标准、行业规划及评估执行效果的重要参考。发挥行业协会商会在权益保护、纠纷处理、资质认定、行业信用建设和信用监管等方面的作用,支持行业协会商会开展或参与公益诉讼、专业调解工作。规范行业协会商会收费、评奖、认证等行为。①

（4）发挥社会监督作用。建立"吹哨人"、内部举报人等制度,对举报严重违法违规行为和重大风险隐患的有功人员予以重奖和严格保护。探索政府监管信息和市场信用信息双向流动机制,深化政府与平台企业、征信机构合作监管模式。培育信用服务机构,鼓励开展信用评级和第三方评估。发挥会计、法律、资产评估、认证检验检测、公证、仲裁、税务等专业机构的监督作用,在监管执法中更多参考专业意见。利用新媒体等手段,畅通公众监督投诉渠道,及时收集社会反映的问题,曝光典型案件,震慑违法犯罪行为,提高公众认知和防范能力。

总之,自由贸易试验区应加快建立以信息归集共享为基础、以信息公示为手段、以信用监管为核心的新型监管制度。切实贯彻"谁审批、谁监管,谁主管、谁监管"原则,行业主管部门应当切实承担监管责任,针对改革事项分类制定完善监管办法,明确监管标准、监管方式和监管措施,加强公正监管,避免出现监管真空。全面推进"双随机、一公开"监管,构建全国统一的"双随机"抽查工作机制和制度规范,逐步实现跨部门"双随机"联合抽查常态化,推进抽查检查信息统一归集和全面公开,建立完善惩罚性赔偿、"履职照单免责、失职照单问责"等制度,探索建立监管履职标准,使基层监管部门在"双随机"抽查时权责明确、放心履职。健全跨区域、跨层级、跨部门协同监管机制,进一步推进联合执法,建立统一"黑名单"制度,对失信主体在行业准入环节依法实施限制。探索对新技术、新产业、新模式、新产品、新业态采取包容审慎的监管方式,着力为新动能成长营造良好的政策环境。强化企业的市场秩序

---

① 国务院. 国务院关于加强和规范事中事后监管的指导意见［EB/OL］.（2019-09-12）［2021-03-17］. http://www.gov.cn/zhengce/content/2019-09/12/content_5429462.htm.

第一责任人意识,建立完善信用修复机制,更好地发挥专业服务机构的社会监督作用,引导社会力量共同参与市场秩序治理,逐步构建完善多元共治格局。①

---

① 国务院. 国务院关于在全国推开"证照分离"改革的通知 [EB/OL]. (2018 - 10 - 10) [2021 - 03 - 18]. http://www.gov.cn/zhengce/content/2018 - 10/10/content_5329182.htm.

参 考 文 献

[1] Conti R M, Jodes D K. Policy diffusion across disparate disciplines: Private-and Public-sector dynamics affecting state-level adoption of the ACA [J]. Journal of Health Politics Policy and Law, 2017, 42 (2): 377–385.

[2] Wejnert B. Response to Kurt Weyland's review of diffusion of democracy: The past and future of global democracy [J]. Perspectives on Politics, 2015, 13 (2): 496.

[3] 诺顿. 中国经济: 转型与增长 [M]. 上海: 上海人民出版社, 2018.

[4] 白永秀, 任保平. 区域经济理论的演化及其发展趋势 [J]. 经济评论, 2007 (1): 124—130.

[5] 卜珍和. 充分认识加快转变政府职能的重大意义 [N]. 企业家日报, 2021-01-07.

[6] 蔡振伟. 自贸试验区制度创新要做到"四个瞄准" [N]. 中国贸易报, 2019-12-19.

[7] 曹晓路, 王崇敏. 中国特色自由贸易港事中事后监管创新研究 [J]. 行政管理改革, 2019 (5): 37—44.

[8] 陈宏, 程健. "一带一路"建设与中国自贸区战略协同对接的思考 [J]. 当代经济管理, 2019, 41 (1): 62—66.

[9] 陈华, 刘永新. 区域经济增长理论与中国区域经济非均衡协调发展 [J]. 国际技术经济研究, 2006, 9 (2): 6—10.

[10] 陈奇星. 强化事中事后监管: 上海自贸试验区的探索与思考 [J]. 中国行政管理, 2015 (6): 25—28.

[11] 陈奇星. 推进自贸试验区政府治理创新的趋势与路径 [J]. 行政管理改革, 2016 (12): 28—32.

[12] 陈仁芳. 福建自贸区社会治理创新及风险防控研究 [J]. 福建论坛·人文社会科学版, 2017 (11): 114—120.

[13] 陈文福. 西方现代区位理论述评 [J]. 云南社会科学, 2004 (2): 62—66.

[14] 迟福林, 郭达. 在大变局中加快构建开放型经济新体制 [J]. 开放导报, 2020 (4): 27—36.

[15] 戴翔, 张二震. "一带一路"建设与中国制度型开放 [J]. 国际经贸探索, 2019, 35 (10): 4—15.

[16] 戴翔. 在扩大服务业开放中发展更高层次开放型经济 [J]. 国家治理, 2018 (45): 3—7.

[17] 戴翔. 制度型开放：中国新一轮高水平开放的理论逻辑与实现路径 [J]. 国际贸易, 2019 (3): 4—12.

[18] 邓翊平. 跨国公司跨境双向人民币资金池初探 [J]. 吉林金融研究, 2014 (5): 32—35.

[19] 邓翊平. 浅析离岸金融与离岸账户、NRA 账户 [J]. 金融理论与教学, 2016 (6): 35—37.

[20] 邓志超, 景建国. 自由贸易账户与多账户体系比较研究 [J]. 新金融, 2019 (12): 21—25.

[21] 丁宏. 新一轮自贸试验区制度创新的趋势与路径研究 [J]. 江苏社会科学, 2020 (4): 121—127.

[22] 丁一.《外商投资法》中负面清单制度研究 [J]. 法制与经济, 2020 (10): 43—44.

[23] 董淳锷. 市场事前监管向事中事后监管转变的经济法阐释 [J]. 当代法学, 2021 (2): 69—81.

[24] 杜国臣, 徐哲潇, 尹政平. 我国自贸试验区建设的总体态势及未来重点发展方向 [J]. 经济纵横, 2020 (2): 73—80.

[25] 杜金岷. 开放蓝本：自由贸易试验区 [M]. 重庆：重庆大学出版社, 2018.

[26] 杜雨萌. "十四五"打造金融高水平开放新高地 [N]. 证券日报, 2020-09-09.

[27] 冯宗宪. 自贸试验区与"一带一路"融合发展的新路径 [J]. 人民论坛, 2020 (27): 38—41.

[28] 顾学明. 提升服务业开放水平 助力加快形成双循环新发展格局 [J]. 中国外资, 2021 (1): 40—42.

[29] 顾学明. 推动服务业扩大开放 汇聚开放新动能 [N]. 光明日报, 2020-09-07.

[30] 关秀丽. 管控服务业开放风险 服务开放合作大局 [J]. 中国经贸导刊, 2014 (36): 4—9.

[31] 韩博天. 中国经济腾飞中的分级制政策试验 [J]. 开放时代, 2008 (5): 31—51.

[32] 何碧英, 等. 人民币国际化背景下本外币一体化账户体系建设研究 [J]. 区域金融研究, 2017 (7): 27—33.

[33] 何曼青, 张壹岚, 曹靓宁. "十四五" 扩大服务业开放进路 [J]. 开放导报, 2020 (2): 66—74.

[34] 何彦婕. 粤港澳大湾区及自由贸易账户新政下的银行跨境业务新机遇 [J]. 今日财富, 2020 (6): 52—53.

[35] 黄永富. 为什么要扩大开放再出发 [J]. 中国经贸导刊, 2019 (11): 37—39.

[36] 全维雄. 自由贸易试验区的概念辨析 [J]. 环渤海经济瞭望, 2019 (7): 45.

[37] 李广宇, 吕文博, 王祎枫, 等. 中国创新平台的过去与未来 [J]. 麦肯锡季刊, 2017 (2): 12—16.

[38] 李路. 以体制机制创新提升政府事中事后监管能力研究 [J]. 理论导刊, 2019 (9): 46—52.

[39] 李猛. 中国自贸区服务与 "一带一路" 的内在关系及战略对接 [J]. 经济学家, 2017 (5): 50—57.

[40] 李明圣, 高春花. 改革开放的能量红利 [J]. 前线, 2019 (3): 22—25.

[41] 李善民. 实现中国自贸试验区更高质量发展 [N]. 广州日报, 2020-09-29.

[42] 李善民. 中国自贸区的发展历程及改革成就 [J]. 人民论坛, 2020 (27): 12—15.

[43] 李勇坚. "十三五" 我国服务业成就、经验与 "十四五" 发展趋势 [J]. 人民论坛, 2020 (36): 80—83.

[44] 李志成. 筑牢金融创新风险防范堤坝 [J]. 中国金融, 2021 (3): 41—43.

[45] 刘长杰, 耿瑞蝶. 新形势下服务业的制度型开放与深层次改革: 专访国务院发展研究中心市场经济研究所所长王微 [J]. 中国发展观察, 2020 (15): 12—17.

[46] 刘宏松, 程海烨. 跨境数据流动的全球治理: 进展、趋势与中国路径 [J]. 国际展望, 2020, 12 (6): 65—88.

[47] 刘健, 马丽靖. 自由贸易账户体系发展现状、问题及未来展望 [J]. 清华金融评论, 2020 (1): 60—62.

[48] 刘芹. 论自由贸易理论的演变与发展 [J]. 首都经济贸易大学学报, 2004 (4): 54—56.

[49] 陆燕. 2019年世界经济形势回顾与展望 [J]. 国际经济合作, 2020 (1): 4—12.

[50] 罗清和, 曾婧. "一带一路"与中国自由贸易区建设 [J]. 区域经济评论, 2016 (1): 40—46.

[51] 马宝成, 吕洪业, 王君琦, 等. 党的十八大以来政府职能转变的重要进展与未来展望 [J]. 行政管理改革, 2017 (10): 28—34.

[52] 马庆强. 从国外经验看我国自贸区金融开放过程中的金融风险与防范 [J]. 国际商务财会, 2016 (2): 28—31.

[53] 莫文杰. 市场监管中系统性风险与区域性风险成因及防范对策 [J]. 商讯, 2019 (24): 170—171.

[54] 穆建敏, 马超, 牛珊珊. 跨境资金本外币一体化监管问题研究 [J]. 河北金融, 2017 (4): 69—72.

[55] 穆军全. 政策试验的机制障碍及对策 [J]. 中国特色社会主义研究, 2015 (3): 57—62.

[56] 欧阳卿. 我国自贸试验区金融风险管理研究 [J]. 金融与经济, 2017 (6): 58—62.

[57] 钱克明. 更加注重制度型开放 [J]. 对外经贸实务, 2019 (12): 4—6.

[58] 饶慧君, 刘李. 探析自由贸易账户体系 [J]. 中国外汇, 2016 (2): 112—114.

[59] 沈荣华. 推进"放管服"改革: 内涵、作用和走向 [J]. 中国

行政管理，2019（7）：15—18.

[60] 施元红. 我国自由贸易试验区负面清单管理模式探讨 [J]. 对外经贸实务，2018（11）：61—64.

[61] 宋世明. 以现代政府治理之道 创新事中事后监管方式 [N]. 中国经济时报，2015-08-20.

[62] 苏志明. 我国自由贸易试验区自然人流动的法律创设探析 [J]. 厦门广播电视大学学报，2020（3）：80—85.

[63] 王春丽，冯莉. 国际经贸规则重构对中国对外开放的影响与应对策略 [J]. 亚太经济，2020（5）：126—131.

[64] 王娟娟，汪海. 充分重视数据跨境流动的风险 [N]. 经济日报，2019-05-15.

[65] 王浦劬，赖先进. 中国公共政策扩散的模式与机制分析 [J]. 北京大学学报（哲学社会科学版），2013，50（6）：14—23.

[66] 王素娟. 西方区域经济理论综述 [J]. 赤峰学院学报（自然科学版），2009，25（9）：79—81.

[67] 王孝钰. 上海自贸试验区扩大开放与风险防范 [J]. 科学发展，2018（12）：51—57.

[68] 王旭阳，肖金成，张燕燕. 我国自贸试验区发展态势、制约因素与未来展望 [J]. 改革，2020（3）：126—139.

[69] 魏葭. 福建自贸试验区金融改革的风险与挑战 [J]. 时代经贸，2015（7）：108—113.

[70] 魏礼群. 转变政府职能为加快经济发展方式转变提供制度保障 [J]. 求是，2010（12）：30—33.

[71] 文博. 构建本外币一体化账户 [J]. 中国外汇，2016（7）：74—75.

[72] 夏杰长，徐紫嫣. 迈向2035年的中国服务业：前景、战略定位与推进策略 [J]. 中国经济学人：英文版，2021，16（1）：58—75.

[73] 夏杰长，姚战琪. 中国服务业开放40年：渐进历程、开放度评估和经验总结 [J]. 财经问题研究，2018（4）：3—14.

[74] 夏志芳. 我国国际贸易"单一窗口"发展的几点思考 [J]. 中国经贸导刊，2020（2）：37—38.

[75] 肖捷. 加快转变政府职能 [N]. 人民日报，2020-12-03.

[76] 谢谦,刘洪愧."一带一路"与自贸试验区融合发展的理论辨析和实践探索[J].学习与探索,2019(1):84—91.

[77] 辛昱辰,萧安.思索·改革:自由贸易试验区[M].上海:上海社会科学院出版社,2020.

[78] 徐洪才.我国金融业对外开放:回顾及展望[J].金融发展研究,2018(9):38—42.

[79] 徐云松.区域经济理论:历史回顾与研究评述[J].石家庄铁道大学学报(社会科学版),2014,8(3):8—12.

[80] 杨芳.中国自贸区战略下的"一带一路"合作、协调与对接[J].价格月刊,2018(6):72—75.

[81] 叶辅靖,原倩.我国金融开放的历程、现状、经验和未来方向[J].宏观经济管理,2019(1):21—27.

[82] 张国平.外资准入前国民待遇加负面清单的法律解读[J].江苏社会科学,2015(3):140—146.

[83] 张晖明,郑海鳌.积极探索制度型开放新路[N].经济日报,2020-04-22.

[84] 张金杰.中国自贸区的战略布局与发展重点[J].人民论坛,2020(27):20—22.

[85] 张茉楠.跨境数据流动:全球态势与中国对策[J].开放导报,2020(2):44—50.

[86] 张兴祥,王艺明."双循环"格局下的自贸试验区[J].人民论坛,2020(27):34—37.

[87] 张耀木.东部率先发展政策评价[J].中国市场,2019(7):26—29.

[88] 张怡.中国自由贸易试验区制度创新研究[D].长春:吉林大学,2018.

[89] 钊阳,桑百川.对标高标准国际经贸规则优化外商投资制度环境[J].国际贸易,2019(10):19—26.

[90] 赵红军.自由贸易试验区改革的核心任务在于政府职能转变[M]//上海对外经贸大学2011计划办公室,上海对外经贸大学科研处.2014年中国(上海)自由贸易试验区研究蓝皮书.上海:格致出版社,2014:1—20.

[91] 周望. "政策试验"解析: 基本类型、理论框架与研究展望 [J]. 中国特色社会主义研究, 2011 (2): 84—85.

[92] 周望. 政策扩散理论与中国"政策试验"研究: 启示与调适 [J]. 四川行政学院学报, 2012 (4): 43—46.

[93] 周英男, 黄赛, 宋晓曼. 政策扩散研究综述与未来展望 [J]. 华东经济管理, 2019, 33 (5): 150—157.

[94] 朱亚鹏. 政策创新与政策扩散研究述评 [J]. 武汉大学学报 (哲学社会科学版), 2010, 63 (4): 565—573.

[95] 左娜. 为什么是自由贸易账户? [J]. 上海金融, 2018 (12): 1—5.